스트레인지 아미

스트레인지 아미

2차 대전을 뒤흔든 낯선 부대들의 역사

1판 1쇄	2026년 3월 27일
지은이	이준호
편집	강지수
펴낸이	이재희
펴낸곳	유월서가
전화	070-4900-3094
팩스	0504-011-3094
이메일	bitsogul@gmail.com
ISBN	979-11-995749-2-2(03900)

스트레인지 아미

2차 대전을 뒤흔든 낯선 부대들의 역사

목차

프롤로그
낯설고 조금은 이상했던 사람들의 숨겨진 이야기

많은 이들이 '2차 세계대전' 하면 떠올리는 인상은 자유와 정의의 편인 미군과 영국군이 잔인한 악당인 독일군과 일본군을 상대로 승리하는 모습일 것이다. 또 어떤 이들은 유대인들이 일방적으로 학살당하는 비극적인 모습을 떠올릴 수도 있다. 이런 장면들은 주로 〈콰이강의 다리〉, 〈라이언 일병 구하기〉, 〈쉰들러 리스트〉와 같은 주류 할리우드 영화를 통해 반세기 이상 정형화되었으며, 대부분 미군이나 영국군이 싸웠던 주요 전투나 홀로코스트(유대인 대학살)에 대해 다루고 있다. 물론 앞선 영화들이 다루는 사건들이 전쟁의 거대한 흐름이나 인류의 역사 관점에서 볼 때 중요한 소재들인 것은 분명한 사실이다. 다만 2차 세계대전은 그 여파가 전 세계 거의 대부분의 나라들에 미칠 만큼 엄청난 규모였기 때문에, 앞서 언급한 주류 국가들 외에 보다 다양한 나라의 수많은 사람들이 전쟁에 연관

되었다는 점 또한 주목할 필요가 있다. 더불어 주류 국가 내에서도 인종, 성별, 사회적 계급에 따른 뿌리 깊고 다양한 갈등이 존재했는데, 거대한 전쟁은 이러한 갈등을 정면으로 드러나게 만들었다.

전쟁의 규모가 커지면서 싸움의 주체는 더 이상 정규 훈련을 받은 군대에만 국한되지 않았다. 수많은 평범한 일반 시민들이 비정규군(또는 게릴라나 의용병)의 형태로 전투에 참여했다. 이들 중 많은 이들이 적국에 점령당한 조국을 살리거나 고통받는 타국민들을 돕기 위해 기꺼이 자신의 목숨을 내놓기도 했다. 특히 프랑스나 폴란드와 같이 나치 치하에서 커다란 고통을 당한 국가들에서 흔히 '레지스탕스Résistance(프랑스어로 '저항'이라는 의미)'로 불렸던 비정규군의 활약은 여느 정규군과 비교해도 부족하지 않았다. 전쟁의 과정에서 이들은 연합군의 승리에 상당한 영향을 미쳤으며, 때로는 자신들의 땅을 스스로 해방시키기까지 했다! 이러한 비정규군의 기여를 통해 한때 '무능한 패전국'으로 세상에 낙인찍혔던 이들 조국의 명예가 전후 다소나마 회복될 수 있었다. 하지만 냉전이 도래하면서 이들 소속 국가의 정치 체제에 따라 그 무공이 인정받기까지 상당한 시간이 걸리기도 했다.

나치 독일이 대부분을 점령했던 유럽 대륙에서는 많은 중소국가들이 국가의 생존을 걸고 이합집산을 하게 된다. 그중 핀란드, 헝가리, 루마니아, 크로아티아, 불가리아 그리고 체코와 분리된 슬로바키아 등이 잔인한 역사의 소용돌이 속에서 자의 또는 타의에 의해 독일이 주도하는 추축국 편에 섰다. 또한 국가 단위는 아니었지만 소련의 강제 병합을 경험했던 발트 3국이나 독립을 원했던 보스니아, 우크라이나의 많은 민족주의자들이 나치의 편에 서서 조국의 운명을 바꾸려 했다. 한편 전쟁의 참화에 휩쓸리지 않고 어느 편에도 속하지 않은 중립국도 있었는데, 스페인과 포르투갈, 스웨덴, 스위스 등이 여기에 속한다. 스페인과 포르투갈은 당시 정부 체제가 확실한 파시즘 국가였기에 사실상 나치와 같은 편이었다. 그럼에도 그 지도자들은 자신의 이익과 국제 정세를 잘 저울질하며 최후까지 전쟁에 휩쓸려 들지 않았다. 스웨덴과 스위스의 경우 표면적으로는 중립을 유지했지만 이웃한 나치의 눈치를 보지 않을 수 없었고, 생존을 위해 살얼음판을 걸어가고 있었다. 한편 자신의 국가가 중립일지라도 당시 지배 체제나 개인의 의지와 신념에 따라 전쟁터에 뛰어든 사람들도 많았다. 이들의 존재는 당시의 복잡했던 이념과 국제 정세의 복합적인 결과물이었는데, 특히 자신의 신념에 따라 전쟁터에 뛰어든 개인들은 다른 누구보다도 치열하게 싸웠다.

20세기 전반까지 미국과 같은 'WASP White, Anglo-Saxon, Protestant (백인이자 앵글로색슨 계통의 개신교도)'가 주류인 국가에서 흑인, 아시아인 같은 유색인종은 지독한 편견과 차별을 받았다. '백인의 책무'[1]를 내세우며 해가 지지 않는 나라를 만들었던 영국도 크게 다르지 않았다. 더불어 이들 국가에 이민 등의 이유로 거주하던 남·동유럽의 가난한 나라 출신들 역시 백인이었지만 이러한 편견과 차별에서 예외가 되지 못했다. 또한 당시 거의 모든 나라에서 여성들은 그들의 능력과 재능을 마음껏 발휘할 수 없었고 그 권리 역시 지극히 제한

---

1 The white man's burden. 『정글북』으로 유명한 영국 작가 러디어드 키플링Rudyard Kipling의 시 제목으로, 서구 제국주의가 확장하여 미개한 유색인종을 올바르게 이끄는 것이 백인의 의무라고 밝히고 있다.

되었다. 2차 세계대전을 지나며 이 모든 부조리의 뿌리가 흔들렸다. 이는 사회적 비주류나 약자였던 사람들이 전쟁에 적극적으로 참여함으로써 가능했다. 이들은 자신의 숨겨진 능력을 유감없이 발휘했고 국가의 승리에 크게 기여했다. 이들을 한 수 아래의 2등 시민 또는 사회적 패배자로 무시하기만 했던 주류들은 비주류가 만든 성과에 처음에는 놀라며 믿지 않았지만 결국에는 인정하게 되었다. 무시받고 차별당하던 이들도 누구 못지않게 잘할 수 있다는 것을 행동으로 증명한 것이다. 또한 이러한 과정을 통해 각 사회나 국가는 정면으로 드러난 차별과 편견의 문제를 해결하기 위해 적극적으로 방법을 찾아가는 과정을 겪었고, 결국 사회가 한 단계 진일보하는 계기를 마련했다. 우리가 오늘날 당연한 듯이 누리고 있는 기본권으로서의 평등은 많은 경우에 있어 이때 그 씨앗이 뿌려졌던 것이다.

수천만 명의 대규모 병사들이 참여한 국가총력전에서 병력의 숫자는 중요한 요소였다. 하지만 기술이 발전하며 시대가 변하고 있었다. 각국은 양적으로는 많지만 평범한 다수보다 질적으로 우수한 소수정예 병력에 주목했다. 특히 영국과 독일 두 나라가 이 분야에서 선구적인 역할을 했다. 특수 훈련을 받은 이들의 소수정예 병력이 적진을 마구 헤집으며 엄청난 혼란을 야기했고 결국 적군을 무너뜨렸다. 많은 사상자들이 발생했던 대규모 전쟁에서 이러한 소수 엘리트들의 '최소 희생을 통한 활약'은 각국 지도자들의 주목을 받았다. 실제로 그 효과도 상당했는데, 무엇보다도 그 정확한 실체는 베일에 싸인 채 멋진 모습을 부각시키며 대중의 호기심과 상상력을 자극했다. 오늘날 세계 각국은 거의 예외 없이 이러한 특수부대를 운용하며 적에게 비장의 일격을 가할 준비를 하고 있다.

전쟁의 막바지 단계에 나치 독일이나 군국주의 일본과 같은 패전 직전의 국가들은 결코 쉽게 항복할 생각이 없었다. 이 국가들은 극단적이고 광기 어린 이념과 신념을 바탕으로 국민들을 세뇌시켰다. 국가와 체제를 위해 문자 그대로 '최후의 일인'까지 희생하는 것이 최고의 미덕인 양 국민들을 속이고 기만했던 것이다. 이를 위해 자국민은 물론 자국의 극단적 이념이나 정체성에 적합지 않은 이들까지 이러한 광란에 끌어들이려 했다. 더욱 무시무시한 것은 이들 국가가 이런 계획을 실제 행동으로 옮겼다는 점이다! 그 최후는 인류 역사상 최악이라고 해도 좋을 만큼 지극히 잔인한 결과로 귀결됐다. 많은 청년들과 노인들, 심지어 유소년들이 참혹한 전쟁터 한 가운데 무의미하게 내동댕이쳐진 후 허무하고 비극적인 최후를 맞게 된다. 천만다행으로 이러한 시련에서 살아남은 이들은 이후 새로운 국가를 건설하고 다른 방향으로 발전시키는 주역이 되었다.

지금부터 소개하고자 하는 다소 '낯설고 이상한 부대Strange Army'의 사연은 독자들이 흔히 알고 있는 '메인 스트림' 전쟁사 이야기와 비교했을 때 다소 생소할 수도 있다. 하지만 이들은 전쟁이라는 극한 상황 속에서 어떤 주류 못지않게 자신의 나라와 민족의 생존은 물론 소속집단의 명예를 위해 격렬히 고민하고 목숨까지 바쳤다. 나아가 이들 대다수가 자신이 속한 공동체의 운명을 긍정적인 방향으로 바꾸었다. 이들의 이야기가 대중에게 잘 알려지지 않은 비주류일 수는 있지만, 이들의 행적과 자취가 씨줄과 날줄처럼 엮이며 후대에 끼친 영향은 주류에 못지않거나 오히려 훨씬 더 컸다고 감히 말할 수 있다.

　낯설고 이상한 이들의 치열했고 때로는 처절했던 사연을 통해 많은 독자들이 '비주류가 세상에 전하는 강렬하면서도 비장한 외침'을 들을 수 있기를 바란다.

1부.
정규군보다 강했던 비정규군

비록 조국이 전쟁에서 패했더라도 희망을 버리지 않고 끝까지 적과 맞서 싸운 사람들이 있었다. 군대가 해체되어 비정규군 신분이었지만, 그들은 정규군 못지않은 활약을 펼쳐 조국 해방에 크게 기여했다. 또한 모험과 이상을 좇아 머나먼 타국으로 건너가 전쟁에 참전한 이들도 있었다. 이들의 용감한 행동은 결국 역사의 흐름까지 바꾸어놓았다.

1장

마키단

빼앗긴 땅을 스스로 해방하다

독일군에 대항한 프랑스의 각 지역별 무장 레지스탕스(1940~1944)

프랑스 북부에서 활약한 마키단의 모습과 레지스탕스의 상징인 프랑스 국기 배경의 로렌의 십자가.
Donald I. Grant, Department of National Defence / Public Domain

"프랑스의 해방 과정에서 레지스탕스(마키단) 전사들의
활약은 연합군 병력 12개 사단에 맞먹을 정도로 대단했다."

서유럽 연합군 총사령관 드와이트 아이젠하워 장군

15

2024년은 프랑스인들에게 뜻깊은 해였다. 우선 유례없는 폭염 속에 세계인의 이목이 집중되었던 파리 올림픽이 열렸다. 또한 역사적으로도 의미가 깊었으니, 2차 세계대전 중 프랑스에서 벌어졌던 노르망디 상륙작전이나 파리 해방 등 굵직한 사건들이 80주년 되는 해였다. 특히 프랑스의 마크롱 대통령은 연중 2차 세계대전과 관련한 각종 행사에 참석해서 프랑스를 구하기 위해 희생한 이들을 추모하고 감사를 표시했다. 마크롱은 4월 16일에 남부 프랑스의 바시외앙베르코르Vassieux-en-Vercors에 방문했는데, 이곳에서 다소 특별한 행사에 참석했다. 행사는 오후 3시부터 마을의 한 묘지에서 시작되었다. 대통령은 예복을 입은 근위병들이 도열한 마을의 중앙광장으로 이동했고 이곳에 있는 추모비에서 본격적인 행사를 진행했다. 묘지와 추모비의 주인공들은 2차 세계대전 중 나치에 저항했던 레지스탕스 희생자들이었으며, 그 숫자가 무려 840명에 달했다. 이들은 연합군이 프랑스에 진군하기 두 달 전인 1944년 4월 16일부터 본격적으로 연합군의 해방 작전이 진행되던 7월 21일까지 석 달 동안 독일군과 싸웠고, 이때 많은 희생자가 발생했다. 당시 나치 측에서 싸운 사람들 중에는 프랑스인도 있었으므로, 대통령실은 이날의 방문이 한때 서로 대결했던 프랑스인들의 어두운 과거를 있는 그대로 드러내고 의로운 희생은 희생대로 추모하는 의미를 가지고 있다고 설명했다. 아울러 전 세계에 타전된 이날 행사에서 마크롱은 희생자들을 가리키며 외국인들에게는 다소 생소한 한 단어를 언급했는데, 바로 그가 '레지스탕스 전사들' 앞에 덧붙인 '마키Maquis'였다.

패자의 운명

1940년 6월 14일 '무방비 도시'로 선언된 파리의 샹젤리제와 개선문 일대에는 프랑스군의 카키색 군복이 아닌 회녹색 제복을 입은 군인들로 가득했다. 이들은 파리에 입성하는 독일군 선발대로, 프랑스 정부는 이미 파리를 떠나 보르도Bordeaux로 피난했고 독일에 항복하는 것을 고려하고 있었다. 파리에 들어온 독일군을 보고 시내에 남아 있던 시민들은 처음에는 경악했고 이내 많은 이들이 눈물을 흘렸다. 1차 세계대전에서 무려 180만 명이 전사하는 엄청난 희생을 치르면서도 끝내 승리해서 독일의 긍지와 자부심을 짓밟았던 프랑스인들이 불과 20년 만에 승자에서 패자로 전락하게 된 것이다. 결국 6월 22일에 공식적인 항복 조인식이 파리 인근 콩피에뉴

파리에 입성한 독일군을 보며 오열하는 파리 시민.

Compiègne 숲에서 열렸다. 당대의 육군 최강국 프랑스를 물리치고 신이 난 히틀러는 이 항복 조인식에 1차 세계대전 당시 독일이 프랑스에 항복문서를 서명했던 바로 그 열차를 그대로 가져왔고, 그 안에서 조인식을 열게 했다. 더불어 인근에 있는 프랑스의 1차 세계대전 승전기념비를 폭파해 버렸다. 독일 입장에서는 20년 전의 패배에 대한 완벽한 복수인 셈이었다. 항복 후 프랑스는 두 개의 지역으로 분리되었다. 북부와 대서양 연안은 독일군의 직접 통치를 받기 시작했고, 남부와 지중해 쪽 프랑스 영토는 페탱 원수를 수반으로 한 친독 '비시 프랑스' 괴뢰 정부가 세워졌다. 이제 나치에 대항하는 것은 오직 영국뿐으로, 외부의 객관적인 시각으로 볼 때 그 투쟁이 그다지 오래 걸리지는 않을 것 같았다.

이런 절망적인 상황 전후로 런던 BBC의 라디오 채널에서 한 메시지가 전파되었다. 목소리의 주인공은 런던에 망명한 프랑스 육군 장군이자 국방부 차관보였던 샤를 드골Charles de Gaulle이었다. 그는 6월에 여러 차례 실시된 라디오 방송에서 "프랑스가 비록 전투에서는 졌지만 전쟁에서 진 것은 아니다"라며 동포들에게 끝까지 투쟁할 것을 호소했다. 또한 드골은 "저항운동의 불꽃은 꺼지지 않을 것이며, 꺼질 수도 없다"라고 강조하며 프랑스 국내의 대독 저항운동을 고취하고자 했다. 또한 자신은 '자유 프랑스France libre'를 결성하여 투쟁을 이어갈 것이며 동포들에게 조국을 탈출하여 자유 프랑스에 합류하라고 요청했다. 많은 프랑스인이 이를 듣고 감동하며 저항을 다짐했다는 것은 후대의 과장일 뿐이고, 사실 당시 그의 연설을 들은 프랑스인들은 거의 없었다. 대부분의 프랑스인은 비록 나치는 싫어

했지만 당장 독일군 치하에서 어떻게 먹고살 것인가를 걱정하는 것이 당면한 과제였으니, 그것이 당시의 냉엄한 현실이었다. 한편 공산당 및 좌익계는 '빅 보스'인 소련이 나치 독일과 불가침조약을 맺은 상황을 의식해, 나치에게 감시나 탄압을 받으면서도 공식적으로는 나치에 반대하지 않고 침묵을 유지했다. 많은 프랑스인이 이러한 공산당의 표리부동한 행태에 분노했다. 동시에 독일인과의 협력을 택한 프랑스인들도 있었는데, 독일 대외정보부 압베어Abwehr는 이미 1940년 가을에 프랑스인 정보원 3만 명 이상을 포섭했다고 전해진다. 한편 프랑스인들은 독일군이 실시하는 고통스러운 배급제를 따라야 했다(당시 파리 시민들 사이에서 퍼진 블랙 유머 중 하나는, 독일군이 배급해 주는 고기 양이 너무 적어 지하철 표 안에 담을 수 있을 정도라는 것이었다. 다만 개찰구 구멍이 뚫리기 전의 카드만 가능했는데, 구멍이 뚫려 있으면 그 사이로 고기가 빠져나갈 수 있기 때문이다⋯⋯). 더불어 단순히 독일군과 시비가 붙거나 이들의 선전 포스터를 훼손하는 등의 행위로도 목숨을 잃을 수 있다는 것을 깨달아가고 있었다. 당시 프랑스 내부 상황은 피아가 분명히 구분되지 않았고, 우리가 생각하는 것보다 훨씬 복잡했다.

시간이 흘러 1941년이 되면서 전반적인 상황이 급격히 뒤집히는데, 1941년 6월에 독일이 공산주의 맹주인 소련을 침공했기 때문이다. 그때까지 양국은 독소불가침 조약을 통해 동맹 관계를 유지하며 협력해 왔지만 하루아침에 이 관계가 깨져버렸다. 소련은 코민테른(소련이 창설한 국제공산당 조직)을 통해 전 세계 공산당 조직에 나치에 대항해서 투쟁할 것을 지시한다. 프랑스 공산당도 예외는 아니었으니, 이들은 급작스럽게 반독 노선을 취하게 되었고 많은 조직원이 나치를 피해 지하로 잠적했다. 이후 프랑스 곳곳에 좌익 계열의 저항 단체가 탄생하기 시작했다. 공산당은 1941년 10월에 여러 단체들의 통합을 추진했고, 이에 따라 무장 단체인 '프랑스 저항 파르티잔FTP: Francs-Tireurs et Partisans'이 결성되었다. 초기에 FTP는 지하 팸플릿을 무수히 만들어내며 조직원을 모집했는데, 사실 이때까지는 보유한 무기가 거의 없어서 할 수 있는 것이 많지 않았다. 한편 당시 프랑스에는 스페인 내전을 피해 피난 온 30만 명의 반파시스트 스페인 난민들이 있었다. 이들 중 과거 전투 경험을 가졌던 6만 명 이상의 사람들이 FTP를 비롯한 좌익계 저항 단체에 가입하며 큰 보탬이 되었다. 그러다 1941년 8월에 파리 지하철에서 프랑스 공산주의자에 의해 독일 해군 장교가 살해당한 사건이 발생했는데, 독일 당국은 이에 대한 보복으로 3명의 프랑스인을 처형했다. 또한 독일 당국은 이후 구금되는 모든 프랑스인을, 새로운 저항 사건이 발생할 경우 그에 대한 보복으로 처형될 수 있는 '인질'로 간주하겠다고 경고했다. 이후 보르도나 낭트 등지에서 독일군 장교가 살해되었을 때 무려 50명의 프랑스인이 보복 처형되었다. 엄청난 보복 규모에 놀라며 프랑스인들 내에서도 독일군을 암살하고 공격하는 행위를 두고 반대 여론이 일기 시작했다. 그럼에도 불구하고 저항에 대한 의지는 수그러들지 않았기에, 나치는 1941년 12월 7일 히틀러의 직접 지령을 통해 저항하는 모든 프랑스인을 체포하고 독일 등으로 이송한다고 공포했다. 저항운동을 발본색원하고자 하는 나치의 의도가 노골적으로 드러나고 있었다.

저항의 강도를 올리다

1942년 1월 1일 밤, 프랑스 남부의 알피유Alpilles 상공에서 영국 군용기 한 대가 날아갈 때 기체에서 한 사람이 낙하산을 메고 강하했다. 뛰어내린 이는 프랑스의 전직 정치가이자 지방 관료였던 장 물랭Jean Moulin이었다. 물랭은 프랑스가 독일에 항복했을 때 북프랑스의 사르트르Sartres라는 도시에서 지방 행정관을 지내고 있었다. 그러던

프랑스 저항운동의 상징적 인물, 장 물랭.
© Studio Harcourt

어느 날 독일군이 물랭에게 한 문서에 서명을 하라고 요구했는데, 이는 독일군들이 죽인 프랑스 피난민을 세네갈계 흑인 프랑스군들이 죽였다고 기록한 거짓 문서였다. 이러한 거짓 증언을 거부한 물랭은 즉시 체포되어 고문을 당했다. 견디다 못한 그는 감옥에서 목에 칼을 그어 자살을 시도했으나 경비병에게 발견되어 겨우 살아났다. 이후 목에 있는 상처를 가리기 위해 스카프나 머플러를 착용했는데, 이것이 그의 상징이 되었다. 이후 몰래 런던으로 건너간 물랭이 당시 프랑스에 난립하던 레지스탕스를 통합하라는 드골의 특명을 받고 다시 프랑스에 돌아온 것이었다. 물랭은 당시 FTP 등의 좌익 계열이 주도하던 저항운동을 좌우를 망라하는 '범프랑스적인 조직'으로 통합하려 했고, FTP는 물론 '전투Combat', '해방Libération' 등 다

양한 저항 단체와 접촉했다. 좌익 계열은 드골이라는 우파 지도자에 반감을 가졌지만 결국 물랭의 끈질긴 설득을 통해 1943년 1월에 8 개 저항 단체가 연합한 '저항운동연합MUR: Mouvements Unis de la Résistance'이 결성된다. 드디어 독일에 대한 저항운동이 뼈대를 갖춘 것이었다.

1942년 11월 8일 모로코의 카사블랑카에서 3만 5천 명의 미군 이 상륙하며 '햇불 작전Operation Torch'을 개시했다. 동시에 알제리의 오랑, 알제 등에도 미군과 영국군이 상륙하며 북아프리카에서 추축군 을 몰아내기 위한 작전에 돌입했다. 방어하는 병력은 비시 프랑스 휘하의 프랑스군이었는데, 이들은 나치를 위해 싸울 의지가 거의 없 었고 별다른 저항도 못 한 채 무너졌다. 심지어 일부 방어지에서는 상륙하는 연합군을 얼싸안으며 환영하는 모습이 보이기도 했다. 히 틀러는 비시 프랑스군의 무기력한 모습에 상당히 실망했으며 무엇 보다도 병사들의 친연합군적인 태도에 격분했다. 더불어 히틀러를 더욱 화나게 한 것은 비시 프랑스의 북아프리카 사령관인 프랑수아 다를랑François Darlan 제독이었다. 연합군에 포로로 잡힌 제독이 자유 프 랑스의 현지 고등판무관 자리를 제안받자 즉시 휘하 부대에 항복하 라는 지시를 내렸기 때문이다. 다를랑의 연합군 측 전향 소식을 듣 고 분노에 찬 히틀러는 즉시 비점령 지대로 남아 있던 비시 프랑스 영토를 점령하라는 명령을 내린다. 독일군은 대외적으로는 연합군 의 남프랑스 침공을 대비한다는 구실을 내세웠지만 사실 더 이상 비시 프랑스를 신뢰할 수 없다는 것이 주된 이유였다. 이렇게 해서 프랑스 전역이 나치의 손아귀에 들어왔다. 이 과정에서 지중해의 툴 롱Toulon 항구에 주둔하던 비시 프랑스 해군은 독일군에게 모든 함정

을 넘겨줘야 했다. 이들은 독일군의 함정 인수에 반발하여 자유 프
랑스 측에 합류하려 했으나 툴롱 항구가 독일군에 의해 기뢰로 해
상 봉쇄되어 사실상 탈출이 불가능했다. 비시 프랑스 해군은 나치에
게 함정을 빼앗길 바에는 차라리 자침시켜 버린다는 비장한 결정을
내렸다. 이 과정에서 전함 3척을 포함한 비시 프랑스 해군 함정 77
척이 침몰 또는 손상되었으며, 독일과 프랑스는 완전히 지배자와 피
지배자의 관계가 되었다.

    1942년 말 이후 벌어진 각종 전투는 확실히 서방 연합군 및 소
련군의 우세로 흘러가고 있었다. 앞서 말했듯 연합군이 북아프리카
에 상륙했고 영국군은 엘 알라메인El Alamein에서 추축군을 몰아냈으
며 소련군이 스탈린그라드에서 승기를 잡고 있었다. 더 많은 병력
이 필요했던 히틀러는 1942년 12월에 30만 명의 독일 노동자를 징
집하도록 명령했다. 이것은 동시에 30만 명의 다른 외국인 노동자
들이 이들을 대체해야 함을 뜻했다. 1943년이 되자 독일군의 상황
은 더욱 불리해지는데, 2월 초에는 파울루스Friedrich Paulus 원수 휘하의
제6군 병력 30만 명이 전멸하는 엄청난 위기가 닥쳤다. 패배의 충격
속에서 나치는 점점 더 극단적인 조치를 취하기 시작했다. 선전장관
괴벨스Joseph Goebbels는 2월 18일, 그 유명한 '스포츠 궁전 연설'을 통해
독일 국민에게 총력전Totaler Krieg을 요구한다. 한편 여전히 부족한 인
력 문제를 해결하기 위해 나치 정권은 유럽의 여러 점령국에서 강
제 징용에 박차를 가했다. 프랑스에서는 '의무 노동 봉사Service du travail
obligatoire'라는 비시 프랑스 정부의 법령을 통해 나치의 정책이 집행
되었다. 당시 독일에는 여전히 180만 명 가까운 프랑스군 포로가 있

었고 이 여파로 프랑스 안에서도 노동력이 부족한 상황이었다. 하지만 의무 노동 봉사는 20세 이상의 모든 프랑스 남성들을 대상으로 했다. 당국은 이들을 면제 대상자, 프랑스에서 독일을 위해 일할 자, 그리고 독일로 이동해서(즉 강제로 끌려가서) 봉사할 자들로 구분했다. 독일군은 독일로 보낼 인원들을 대대적으로 확보해 강제적인 노예 노동에 투입하려 했다. 프랑스 전역에서 사람들이 분노로 들끓었고 극심한 반발이 일어났다. 이에 아랑곳하지 않은 나치는 점점 수위를 높여갔으며, 1943년 5월에는 12만 명, 6월에는 10만 명의 프랑스 인력을 요구했다. 이제 독일에 끌려가기 싫은 사람들은 결정을 해야 했다. 당시 무려 20만 명의 프랑스 청년들이 독일행을 피해 은신을 선택했다. 그리고 그중 4분의 1 정도인 약 5만 명은 독일에 대한 적극적인 저항을 선택했다. 드디어 본격적인 무장 투쟁의 시기가 도래한 것이다.

1942년 중반부터 1944년 연합군이 프랑스에 다시 올 때까지 무려 65만 명의 청년들이 독일로 끌려갔고 비참한 상황에서 나치의 전쟁 수행을 위한 노예 노동에 종사해야만 했다.

덤불로 간 용사들

원래 '마키'라는 프랑스어 단어는 주로 남동부 프랑스의 산지에서 흔히 볼 수 있는 나무 덤불을 뜻한다. 많은 프랑스 청년이 독일군의 징용을 피해 은신했던 고지대의 덤불이 하나의 고유명사처럼 쓰였고, 따라서 이들을 마키단Maquisard이라 부르게 되었다. 대부분의 마키단원들은 20대였고 사회적으로는 노동자 계층의 젊은이들이 주를 이루었다. 이들의 주요 활동 무대는 덤불이나 숲 같은 은신처가 많은 대서양 연안의 북서부 브르타뉴Bretagne 지방이나 남동부의 산악지대였다. 이들은 숨어 있다가 치고 빠지는 게릴라 전술을 구사했는데, 주 공격 대상은 독일군이나 비시 프랑스의 전투 경찰인 밀리스Milice였다. 밀리스는 같은 프랑스인인 레지스탕스를 매우 잔인하게 대했고, 어느 순간부터 마키단에게는 독일군보다 훨씬 더 증오하는 적이 되었다. 마키단은 무장을 위해 자유 프랑스나 영국 등 외부 세력에 의존해야 했다. 하지만 자유 프랑스 당국은 좌익 성향의 그룹을 지원하는 데는 상대적으로 소극적인 태도를 보였다. 자유 프랑스는 마키단을 비롯한 저항 세력이 연합군의 본격적인 진공이 시작될 때까지 무기를 비축하며 봉기를 준비하길 원한 반면, 좌익 계열 조직은 당장이라도 독일군과의 전투를 개시하길 원했기 때문이다. 또한 마키단은 전국 각지에 분산된 지역 단위 조직으로 활동했기 때문에 하나의 통일된 단체라기보다는 이념이나 지역 정체성을 기반으로 자발적으로 결성된 무장 그룹들의 연합체에 가까웠다. 숫자도 수십 명에서 수백 명까지 제각각이었다. 대부분의 마키단은 작은 권총이나 집안에 숨긴 사냥용 엽총 또는 프랑스 항복 과정에서 은닉한 구식 프랑스군 소총 몇 정 정도로 무장하기 시작했다. 자유 프랑스 측과 연결된 그룹은 1943년 중반 이후 영국에서 공수된 스텐건Sten Gun이나 리엔필드Lee Enfield 소총 등을 보급받았으나 이 역시 대원들을 무장시키기에는 충분치 않은 양이었다. 때로 마키단은 독일군을 공격하는 과정에서 독일군의 소총이나 기관단총을 탈취하기도 했다. 그 결과 프랑스제, 영국제, 독일제 무기가 혼재된 형태의 무장이 마키단의 전형적인 특징이 되었다. 이들에게는 별도의 군복이 없었지만, 많은 이들이 사복 차림에 '베레모'라고 불리는 바스크 지방 목동들의 전통 모자를 착용하곤 했다. 마키단의 상징은 프랑스 깃발에 새겨진 붉은색 '로렌의 십자가Croix de Lorraine'였는데, 프랑스와 독일의 경계지대이자 프랑스 패전 이후 독일에 합병된 북동부 로렌 지방의 전통적인 상징이기도 했다. 로렌의 십자가는 과거 보불전쟁(1870~1871)에서 프랑스가 알자스-로렌 지역을 잃자 프랑스 애국자들이 수복을 기원하며 사용했다. 그리고 이제 프랑스를 독일의 압제로부터 해방시키고 로렌 지역을 되찾겠다는 강한 의지를 드러내기 위해 다시 등장한 것이다.

사열 중인 마키단.
© State Library of New South Wales, PXE 1397

많은 마키단이 나치의 탄압과 강제 징용에 반발해 도망친 뒤무장 투쟁에 나서긴 했지만, 1943년 초까지만 해도 프랑스에는 아직 연합군의 진공이 시작되지 않은 상태였고 곳곳에서 벌어진 전투는 소규모 습격에 불과한 수준이었다. 그러나 1943년 중반부터 1944년 사이, 연합군의 프랑스 진공에 대한 기대와 분위기가 본격적으로 무르익기 시작했다. 당시 마키단들은 열악한 무장 상태로 프랑스의 숲과 산악 지대에 몸을 숨긴 채 마치 원시시대의 혈거인처럼 혹독한 생활을 견디고 있었다. 하지만 마침내 스스로의 해방을 위한 결전의 시기가 도래했으니, 그 시작은 지중해의 프랑스령 코르시카 섬이었다.

스스로를 해방하다

지중해 한가운데, 이탈리아와 가까운 곳에 위치한 코르시카 섬은 나폴레옹의 출생지이자 본래 비시 프랑스의 관할 지역이었다. 연합군이 북아프리카에 상륙한 1942년 11월 이후, 이 섬에는 22만 명의 주민을 통제하기 위해 3만 명 이상의 이딸리아군이 진주하게 된다. 양측은 점령 초기만 해도 겉보기엔 별다른 충돌 없이 지내는 듯보였다. 심지어 일부 코르시카 주민들은 프랑스로부터의 독립을 꿈꾸며 이탈리아와의 협력을 모색하기도 했고, 일부는 아예 이탈리아와의 합병을 원했다. 하지만 이런 복잡한 민심 속에서 이탈리아군 병력이 점점 늘어나자 곳곳에서 주민들과의 마찰이 일어나기 시작했다. 이 무렵부터 섬 안에서 마키단이 결성되기 시작했고, 이들은 여러 산악 은신처로 흩어져 활동을 개시했다. 섬의 약 3분의 2를 차지하는 산악 지형과 험한 절벽, 깊은 계곡은 현지 지리에 익숙한 마키단에게는 최고의 은신처였다. 자유 프랑스는 잠수함과 항공을 통해 무기와 보급품을 전달하며 이들을 지원했고, 1943년 여름 무렵에는 마키단 병력이 2만 명에 이를 정도로 성장해 있었다. 명목상으로는 여전히 이탈리아가 이 섬을 점령 중이었지만 실제로는 마키단이 섬의 상당 지역을 장악하고 있었고, 산악 지대에서는 이탈리아군과의 전투도 빈번하게 벌어졌다.

1943년 9월 8일, 이탈리아가 전격적으로 연합군에 항복했다. 곧바로 코르시카 남쪽에 위치한 이탈리아령 사르데냐Sardegna 섬에 주둔하던 독일군이 코르시카로 이동하기 시작했다. 독일군은 항복한 이탈리아군이 연합군 측에 가담할 가능성을 경계했는데, 실제로 독일군이 처음 코르시카에 상륙했을 당시만 해도 이탈리아군은 별다른 저항을 하지 않았다. 9월 중순까지 기갑사단과 항공기 44대를 포함한 약 3만 명의 독일군이 코르시카에 집결했다. 이 과정에서 8만 명에 달하는 이탈리아군은 연합군 측에 가담해 독일군에 맞서 싸우기 시작했고, 양측 간의 전면전이 벌어졌다. 여기에 프랑스 마키단들도 얼마 전까지는 적이었던 이탈리아군과 손을 잡고 독일군에 맞섰다. 사실 연합군은 처음에는 코르시카를 점령하지 않고 우회하려 했지만, 급박하게 변한 현지 상황을 외면할 수 없었다. 비록 이탈리아군과 마키단이 수적으로는 우세했지만, 전투력이 강한 독일군에게 그대로 밀릴 가능성이 컸다. 문제는 그 시기 연합군의 주력 병력 대부분이 시칠리아 상륙작전에 집중되어 있었다는 점이다. 자유 프랑스는 자체 함선과 병력을 사용하는 조건으로 아이젠하워Dwight D. Eisenhower로부터 전투 참가를 승인받았다. 이후 모로코 출신 구미에 병사들Goumiers로 구성된 자유 프랑스군 6천 명이 프랑스 함선을 타고 코르시카에 상륙했다. 히틀러는 코르시카에 있는 독일군에게 인근 엘바 섬Elba으로 철수하라는 명령을 내렸지만, 도처에서 발생한 마키단과 이탈리아군의 공격으로 1,600명 이상의 사상자와 포로가 발생했다. 지형을 완벽히 꿰고 있던 마키단은 연합군의 길잡이이자 정찰대로 활약하며, 퇴각하는 독일군을 끝까지 괴롭혔다. 전투는 10월 4일, 마키단과 함께한 모로코 병사들이 섬 북쪽의 테김 고개Col de Teghime를 점령하며 막을 내렸다. 이 과정에서 마키단은 200명의 전사자를 냈지만, 연합군의 '눈과 귀'로서 결정적인 역할을 해냈다. 무엇보다 영예로운 점은 코르시카가 추축군 점령 아래 있던 프랑스 영토 중 최초로 해방되었다는 점이다. 이후 코르시카는 남프랑스와 이탈리아 북부의 독일군을 공격하는 중요한 항공 및 해상 전략 거점으로 역할하게 된다.

1944년 6월 초, 영국 BBC 방송은 "까마귀가 아침에 세 번 울 것이다." 같은 무의미해 보이는 프랑스어 문장들을 반복 송출하고 있었다. 하지만 이 암호문은 프랑스 해안을 향한 연합군의 대규모 진공을 알리는 신호였다. 프랑스 북부, 특히 노르망디, 파 드 칼레, 브르타뉴 지방의 레지스탕스와 마키단은 이 암호의 의미를 즉시 파악하고 다가오는 작전에 대비해 기민하게 움직이기 시작했다. 이들은 사전에 파악해 둔 독일군의 철도, 통신선, 교량 등의 전략시설을 분주히 파괴했다. 6월 5일 저녁, 미국과 영국의 공수부대 3개 사단이 먼저 투입되었고, 다음 날 아침에는 노르망디 해안의 5개 지점에 미국, 영국, 캐나다군 6개 사단이 상륙작전을 개시했다. 드디어 프랑스 해방을 향한 '노르망디 상륙작전Operation Overlord'이 시작된 것이다! 오마하 해변Omaha Beach에서는 한때 미군이 거의 궤멸될 뻔할 정도로 치열한 전투가 벌어졌지만, 그날 저녁까지 연합군은 프랑스 본토에 교두보를 확보하는 데 성공했다. 이제 다음 과제는 병력

영국 특수작전국 소속으로 프랑스에
파견되어 마키단을 지원한 낸시 웨이크.
© Australian War Memorial on line catalogue
ID Number: P00885.001

을 계속 투입하고, 점령지를 내륙으로 확대하는 것이었다. 이 과정에서 마키단은 다시 한번 중요한 역할을 맡게 된다. 영국 특수작전국 SOESpecial Operations Executive는 상륙작전 이전부터 마키단을 지원하기 위해 특수 훈련을 받은 요원들을 프랑스 각지에 잠입시킨 터였다. 그중 한 명이 바로 뉴질랜드 출신의 베테랑 여성 요원 낸시 웨이크Nancy Wake였다. 그녀는 프랑스 중부의 알리에Allier 지역에 투입되어 마키단 지휘관 에밀 쿨로동Emile Coulaudon 휘하 7천 명 이상의 병력의 보급과 작전을 총괄했다. 이 시기 보급 무기는 소화기 수준을 넘어 기관총과 대전차 로켓으로 진화하고 있었다. 연합군 상륙 후인 6월 20일, 낸시 웨이크와 2,700명의 마키단은 남프랑스로 가는 길목

인 몽무셰Mont Mouchet 일대에서 나치 최정예 부대 중 하나인 제2SS 기갑사단 '다스 라이히Das Reich' 소속 부대와 격돌하게 된다. 비록 막강한 독일군과의 전투에서 마키단은 큰 피해를 입고 후퇴해야 했지만, 이들의 지속적인 공격으로 독일군은 전방의 미·영 연합군에 집중하지 못하고 후방에서 끊임없이 저항 세력을 상대해야 하는 상황에 놓이게 된다. 결국 1944년 9월, 쿨로동의 마키단은 중부 프랑스의 니에브르Nièvre 지역에서 2천 명에 달하는 독일군을 포로로 잡는 대성과를 거둔다. 당시 독일군은 마키단에 포로로 잡히는 것을 극도로 두려워했다. 왜냐하면 불과 몇 달 전인 6월 10일, 나치 친위대가 오라두르쉬르글란Oradour-sur-Glane 마을에서 무고한 주민 642명을 집단학살한 바 있었고, 독일군은 자신들이 레지스탕스에 가한 만행이 결국 부메랑처럼 돌아올 것을 잘 알고 있었기 때문이다.

위대한 결말

노르망디 상륙작전 전후, 프랑스 남동부 베르코르 고원Massif du Vercors 일대에는 약 4천 명의 마키단이 활동하고 있었다. 하지만 연합군의 본격적인 진격 시점을 예측할 수 없는 탓에 이들은 매일처럼 긴장 속에서 때를 기다려야 했다. 이미 전년도 11월부터 이 지역에서는 산발적인 저항 활동이 시작됐고, 1944년 6월 노르망디 상륙 이후에는 그 강도와 빈도 모두 더욱 거세졌다. 7월에 접어들자 마키단원들은 라디오를 통해 드골의 격정적인 연설을 듣고 마침내 봉기할 때가 왔다고 확신하게 된다. 그리고 7월 3일, 그들은 '베르코르 자유

공화국'의 수립을 전격 선포했다. 연합군은 당장 이 지역을 점령할 수는 없었기에 수송기를 통해 보급품을 전달하는 데 집중했으며, 투하 물자의 회수율을 높이기 위해 보급은 주간에 실시되었다. 그러나 이 투하 장면을 포착한 독일군은 베르코르 일대 마키단의 규모가 예상보다 훨씬 크며 자신들이 후퇴할 경우 심각한 위협이 될 수 있다고 판단하게 된다. 결국 독일군은 사단급 병력을 동원해 7월 21일 대대적인 공격을 개시한다. 이 과정에서 마키단 659명과 민간인 201명이 학살당하는 참극이 벌어졌다. 희생자 중에는 훗날 에마뉘엘 마크롱 대통령이 직접 방문한 바시외엉베르코르 마을 주민들도 포함되어 있었다. 7월 23일, 베르코르 일대의 모든 저항은 결국 독일군의 공세에 밀려 끝나버렸고, 마키단은 뿔뿔이 흩어졌다. 하지만 이것이 끝은 아니었다. 베르코르에서 벌어진 이 치열한 항전의 소식은 빠르게 주변 지역으로 퍼져나갔고, 남프랑스의 수많은 마을로 저항의 불씨가 들불처럼 번져갔다.

파리 해방 전투에 참여한 프랑스 레지스탕스.
© National Museum of the U.S. Navy

1944년 8월 15일 새벽 6시, 남프랑스 코트다쥐르Côte d'Azur (툴롱과 칸 사이 해안 일대)에서 연합군 폭격기 1,300대가 독일군 진지에 어마어마한 화력을 퍼부었다. 곧이어 미군과 프랑스군 상륙 부대가 해안을 향해 돌진하며, 남프랑스 해방을 목표로 한 '용기병 작전Operation Dragoon'이 시작되었다. 이 지역을 방어하던 독일군은 주로 동방 부대 Ostlegion 소속 병력이었는데, 이들은 소련군 포로 출신 전향자들로 구성된 2선급 병력에 방어선도 상대적으로 약해 노르망디처럼 강력한 저항은 하지 않았다. 덕분에 연합군은 비교적 빠르게 해안에 교두보를 확보할 수 있었다. 이후 약 4주 동안 연합군은 북쪽으로 빠르게 진격해 남부 프랑스를 해방시키고, 마르세유와 툴롱 항구를 점령하면서 시급했던 보급 문제도 해결할 수 있었다. 이 작전에서 다시 한 번 주목할 만한 활약을 펼친 이들은 무려 7만 5천 명에 달하는 남프랑스의 마키단원들이었다. 이들은 미국 전략사무국OSS Office of Strategic Services 요원들과 함께 독일군 후방 지역에 투입되어, 통신선을 절단하고 주요 도로와 교량을 확보한 뒤 진격해 오는 연합군을 위해 이를 지켜냈다. 때로는 연합군보다 먼저 독일군을 선제 공격해 마을을 스스로 해방시키기도 했다. 실제로 생테티엔드티네Saint-Étienne-de-Tinée, 가프Gap, 디뉴레뱅Digne-les-Bains 등 여러 마을은 마키단에 의해 자력 해방되었다. 이 시기부터 많은 마키단과 레지스탕스는 신설된 프랑스 국내군FFI Forces Françaises de l'Intérieur에 편입되어 조직적인 투쟁을 이어갔다. 그리고 8월 25일, 마침내 수도 파리가 해방되며 FFI의 활동은 절정에 이르렀다. 그 후 드골의 명령에 따라 대부분의 마키단과 레지스탕스는 FFI에 공식적으로 편입되거나 고향으로 복귀하게 된다(사실 이 조치는 전후 FFI 병력의 규모가 감당하기 어려울 정도로 커지고 정치적 영향력까지 확대되는 것을 우려한 드골 측의 전략적인 판단이기도 했다).

　1944년 10월 기준으로 마키단을 포함한 FFI의 규모는 무려 40만 명에 달했다. 이들은 전선에서의 전투뿐만 아니라 후방 치안과 질서 유지까지 포함하는 다양한 임무를 수행하게 된다. 그중 다수는 전쟁 후반 프랑스 정규군에 편입되어 독일과의 마지막 전투에 직접 참여했고, 이를 통해 전쟁 초기 바닥까지 추락했던 프랑스의 명예를 다시 세우는 데 크게 기여했다. 전후 프랑스가 다시금 '승전국'으로 자리매김할 수 있기까지는, 드골의 정치 및 외교적 리더십은 물론 레지스탕스와 마키에서 싸운 평범한 프랑스 시민들의 헌신과 희생이 큰 밑거름이 되었다. 그렇게 마키단은 빼앗긴 자신의 고향을 투쟁을 통해 되찾았고 더 나아가 전후 '위대한 프랑스'의 재건을 위한 초석을 놓은 존재로 우뚝 서게 되었다.

2장

플라잉 타이거스

붉은 태양을 저물게 했던 하늘의 호랑이들

미국의 태평양전쟁 참전 전후 중화민국을 지원한 미국인 의용비행사들(1941~1942)

플라잉 타이거스의 전투기 앞에서 경계 중인 중국 병사와
월트 디즈니가 디자인한 부대의 상징.
© U.S. National Archives and Records Administration

"과거 중국과 미국 두 나라는 일본의 제국주의에 맞서 함께 싸웠고,
피와 불의 시험을 견뎌내며 서로 깊은 우정을 쌓았습니다."

플라잉 타이거스 노병에게 보낸 시진핑 주석의 편지 중

미국과 중국 사이의 대결 구도가 점점 심화되는 가운데, 중국 관영 매체『환구시보』의 영문판인『글로벌 타임스』는 2023년 9월 19일 자 기사에서 시진핑 주석의 편지 한 통을 공개했다. 흥미로운 점은 이 편지의 수신인이 미국의 평범한 노인들이었다는 사실이다. 정확히 말하자면, 이들 미국 노인들이 먼저 시 주석에게 편지를 보냈고, 이에 대해 시 주석이 직접 답장을 보낸 것이었다. 편지를 보낸 이는 100세 전후의 고령 참전용사들인 해리 모이어Harry Moyer와 멜 맥멀런Mel McMullen이었다. 이들은 2차 세계대전 당시 '플라잉 타이거스Flying Tigers, 飛虎隊'로 알려진 중국 주둔 미공군 지원 부대 소속 조종사들이었다. 플라잉 타이거즈는 중국 본토에서 압도적인 숫자의 일본군과 맞서 싸우며 중국의 항전에 큰 기여를 했다. 시진핑 주석은 편지에서 이들의 용감했던 행동을 극찬하며, 중국 국민을 대표해 깊은 감사를 전했다. 또한 과거 플라잉 타이거스를 통해 중국과 미국이 힘을 합쳐 일본 제국주의에 맞섰던 것처럼, 앞으로도 양국 간의 우정이 이어지고 이들의 고귀한 정신이 영원히 기억되기를 바란다는 뜻을 밝혔다. 당시 이 편지는 수년간 고조되어 온 미·중 갈등 국면에서 상당히 이례적인 행보로 받아들여졌다. 게다가 이를 관영 매체를 통해 공식 보도했다는 점에서 중국 정부의 의중이 반영된 것이라는 의견도 있었다. 더 나아가 일각에서는 이 편지를 양국 간 '관계 개선을 위한 신호탄'으로 해석하려는 움직임까지 나타났다. 자연스럽게 사람들의 관심은 편지에 언급된 플라잉 타이거스 부대원들로 향했다. 이들은 과거 중국과 미국 사이의 강력한 연대를 상징하는 존재이자 전쟁 기간 중 가장 어두웠던 시기를 밝혔던 존재로, 연합군 전체에도 큰 의미를 지녔다. 플라잉 타이거스의 설립 과정에는 두 명의 핵심 인물이 등장한다. 한 명은 당시까지 거의 무명에 가까웠던 미국인, 다른 한 명은 당대 중국 및 전 세계에 매우 잘 알려졌던 인물이다. 아마 이들조차도 훗날 이 작고 특별한 비행대가 양국 사이의 외교적 가교로 역할하는 것은 물론 세계적으로 주목받게 될 것이라고는 미처 상상하지 못했을 것이다.

특명을 받은 사나이

클레어 셔놀트와 장제스, 쑹메이링 부부.
© Secretary of State, Louisiana, Delta State Museum

1940년 10월 15일, 한 중년의 미국인이 중화민국의 임시 수도였던 충칭重慶을 떠나 영국령 홍콩으로 향하는 비행기에 올랐다. 강인한 인상을 풍기던 이 남성은 다른 중국 관리들과 함께 홍콩에서 비행정으로 환승한 뒤, 미국 샌프란시스코를 향해 머나먼 여정을 이어갔다. 출발 후 한 달이 지난 11월 14일, 그는 마침내 미국 샌프란시스코에 도착했고 이후 수도 워싱턴의 중국 대사관에 들어서며 기나긴 여정을 마무리했다. 그러나 진짜 목적은 이제부터 시작이었다. 일행은 미국 고위 관료들과의 비공식 접촉을 준비하고 있었다. 이 중년의 미국인은 클레어 셔놀트Claire Chennault였다. 그는 전직 미 육군 항공대 소령 출신으로, 예편 후인 1937년 4월부터 중국에 체류하며 중국 공군 비행학교의 책임자로 근무해 오고 있었다. 그를 미국으로 보낸 이는 다름 아닌 중국의 최고 지도자 장제스蔣介石 총통이었다. 셔놀트는 일종의 고위급 밀사로서 미국으로부터 항공기와 조종사 지원을 얻어내라는 특명을 안고 출국한 것이었다. 1937년 7월 중일전쟁이 발발한 이후 중국군은 전선 전반에서 일본군에 밀리고 있었고, 같은 해 말에는 수도 난징南京이 함락당했다. 이후 점령된 도시에서는 대규모 민간인 학살과 성폭력이 자행되었다(이 시기에 아이러니하게도 나치당원이었던 독일계 상하이 거류민 욘 라베John Rabe는 '난징 안전지대'를 설치해 수많은 중국 민간인들을 보호하기도 했다). 중국 정부는 수도를 내륙 깊숙한 충칭으로 옮기며 항전을 지속하려 했다. 셔놀트는 이 시기 장제스의 수석 항공고문으로서 현대적 공군 전력과 조종사 양성에 매진하고 있었다. 한편 중국은 1937년 8월 소련과 불가침조약을 체결하고 비밀리에 군사 협력을 강화했다. 특히 소련 공군 의용대가 중국에 파견되어 항공 전력을 적극 지원했다. 1937년부터 1941년까지 소련은 약 1,200대의 항공기와 3,600명이 넘는 조종사 및 정비사를 파견했고, 그들은 민간인으로 위장해 중국에 입국한 후 난징, 한커우, 란저우 등의 전선에서 일본군에 맞서 방어 작전에 투입되었다. 당시 중국 공군은 수량과 성능 양면에서 일본군에 현저히 열세였다. 보유 항공기 수는 13분의 1 수준에 불과했고, 그나마도 대부분은 노후한 소련제 기종이었다. 그런 상황에서 소련 의용대의 투입은 일본군에게도 충격이었다. 중국 영공을 마음껏 누비던 일본군은 전례 없는 저항에 직면했고, 1938년 2월에는 소련 의용대가 대만 내 일본군 비행장을 폭격하기도 했다. 이들의 존재는 사기와 전력이 바닥나 있던 중국 공군에 새로운 활력을 불어넣었다. 그러나 1939년 8월, 독일과 소련 사이의 불가침조약 체결 이후 소련 조종사와 고문단은 점진적으로 철수하기 시작했고, 1940년 여름 무렵 대부분의 의용대가 귀국하면서 전력 공백이 생기기 시작했다. 이러한 위기 속에서 장제스가 셔놀트에게 미국행 특명을 내린 것이다. 아직은 미국의 참전 이전 시점이었음에도 불구하고, 장제스는 그에게 최대한 많은 항공기를 확보하고 '미국인 용병 조종사'를 데려오라는 지시를 내렸다. 당장 수백 명 규모의 숙련된 조종사가 절실했기 때문이다. 오랜만에 고국 땅을 밟은 셔놀트는 안도의 숨을 쉬기도 전에 막중한 임무의 무게를 실감하며 미국 정부 주요 인사들과의 면담을 준비하기 시작했다.

중국 대표단이 만난 많은 미국인은 일본 제국에 맞서 싸우는 중국의 외로운 투쟁에 깊은 관심과 지지를 표명했고, 최대한의 지원이 필요하다는 데에도 공감했다. 마침 당시 미국에서 로비스트로 활동하던 장제스의 처남 쑹쯔원宋子文은 사전에 미국 내 친중 그룹들을 관리하며 이들과의 만남을 적극적으로 주선하고 있었다. 그중에서도 특히 주목할 인물은 연방정부의 자금줄을 쥐고 있던 실세 중 실세, 헨리 모겐소 2세Henry Morgenthau Jr. 재무장관이었다. 모겐소와의 대화에서 셔놀트를 포함한 중국 대표단은 미국의 안정화 자금 및 다양한 지원 방안을 긍정적으로 논의할 수 있었다. 그리고 12월 말, 셔놀트는 국무부와 국방부는 물론 루스벨트 대통령까지 면담하게 된다. 루스벨트는 일본에 맞서 싸우는 중국의 고립된 투쟁을 적극 지지하며 즉시 미국 전투기 100대를 중국에 지원하는 데 동의했고 관련 협정도 체결되었다. 중국에 공급될 전투기는 최고 사양은 아니었지만 단단하고 무난한 성능으로 알려진 커티스 P-40 전투기였다. 하지만 예상치 못한 문제가 발생했다. 해당 전투기들은 이미 독일과 전투 중이던 영국 공군RAF이 주문한 물량이었던 것이다. 이에 미국은 영국에게 더 성능이 뛰어난 전투기를 공급하겠다고 제안하며 양보를 유도했고, 결국 영국은 이 물량을 중국 측에 양보하게 된다. 커티스 사는 이 100대의 전투기를 분해한 뒤 나무 상자에 포장하여, 당시 일본과 중립 관계였던 영국령 버마(현 미얀마)의 랑군으로 1941년 봄에 발송한다. 한편 셔놀트는 전투기만큼이나 중요한 문제에 매달리고 있었다. 그것은 바로 전투기를 조종하고 수리할 '조종사'와 '정비사'를 확보하는 일이었다.

호랑이들을 한데 모으고 조련하다

셔놀트는 조종사 100명과 지상요원 200명 등, 총 300명 이상의 인원을 모집해야 했다. 이를 충원하는 과정은 결코 순탄치 않았다. 그는 먼저 미 육군항공대와 해군항공대에 접촉해 중국 정부로부터 약속받은 '높은 보수'를 내세웠다. 하급 장교라 하더라도 월 600달러가 보장되었는데, 이는 당시 평균 월급의 약 3배에 달하는 고액이었다. 여기에 총통 부인인 쑹메이링宋美齡 여사의 적극적인 개입으로 적기 1대를 격추할 때마다 500달러의 추가 인센티브까지 약속되면서 지원자들에게 상당한 매력 요소로 작용했다. 셔놀트는 또 하나의 전략으로, 근무지에 대한 환상을 부풀리는 방식을 사용했다. 중국이나 동남아시아의 이국적인 풍경 속 야자수 아래 여가를 즐기며 근무할 수 있을 것이라는 낭만적 이미지를 심어준 것이다. 그러나 무엇보다도 미국 청년들의 마음을 움직인 것은 '어려움에 처한 중국'을 돕는다는 정의감과 의협심에 대한 호소였다. 결국 해군항공대 및 해병대에서 60명, 육군항공대에서 40명이 지원하면서 총 100명의 조종사를 구하게 된다. 이들은 좋게 말하면 '진취적이고 터프한 성향'을 가진 인물들이었다. 1941년 중반, 선발된 인원들은 중국행 준비를 마쳤다. 이 무렵 일본은 동남아시아에 대한 침략 야욕을 본격적으로 드러내고 있었고, 이를 저지하려는 미국 및 영국과의 보이지 않는 대립도 고조되고 있었다. 특히 일본은 1940년 6월, 프랑스가 독일에 항복한 이후 프랑스의 아시아 식민지에 주목했다. 당시 프랑스령 인도차이나(오늘날의 베트남, 캄보디아, 라오스)는 사실상 무주공산 상태였고, 일본은 같은 해 9월에 베트남에 군대를 진주시켰다. 일본의 침략이 이웃 식민지로까지 확장될 것임은 이미 누구나 예상할 수 있는 시나리오였다. 미국은 이 같은 상황의 위중함을 인식하고, 일본의 전쟁 수행에 필수적인 석유에 대해 금수 조치를 단

행함으로써 침략 의지를 억제하려 했다. 이러한 위기 속에서 미국과 일본 간에는 평화를 위한 비공식 협상도 이어졌지만, 역사의 시계는 점점 더 일본과 서구 열강 간의 전면전을 향해 숨가쁘게 흘러가고 있었다.

P-40 전투기 앞에서 포즈를 취한 플라잉 타이거스 대원들.

　　의용대를 파견하는 데는 약간의 절차상 문제가 있었다. 당시 미국은 아직 일본과 전쟁 중이 아니었기 때문에, 현역 군인 신분으로 이들을 중국에 파견하는 것이 불가능했던 것이다. 그래서 지원자들은 형식상 자신이 소속된 부대에서 제대한 뒤 '센트럴 항공 제작사 CAMCO: Central Aircraft Manufacturing Company'라는 민간 회사에 고용된 것처럼 위장해 중국행 여정에 오르게 된다. 1941년 7월 10일, 민간 여권을 소지한 의용비행대 제1진 300명이 샌프란시스코에서 출발했다. 약 3주간의 항해 끝에 이들을 태운 선박은 목적지인 영국령 버마의 랑군에 도착한다. 도착 후 의용대는 랑군 북쪽의 퉁구Toungoo에 있는 영국군 비행장에 집결해 본격적인 훈련 준비에 돌입한다. 이후 두 달 뒤에는 제2진 잔여 인원 약 30명이 출발했고, 1941년 11월 초까지 모든 의용비행대 인원이 버마를 거쳐 중국 본토에 도착하게 된다.

셔놀트가 의용비행대를 조직해 본격적인 전투 준비에 돌입했을 무렵, 그는 예상치 못한 문제에 직면하게 된다. 지원자 중 일부가 고액의 보수나 낭만적인 모험에 이끌려, 조종 혹은 정비 경력을 허위로 기재한 사실이 드러난 것이다. 전투를 앞두고 이들을 그대로 받아들일 수는 없었다. 결국 실력이 현저히 부족한 일부 인원은 부대에서 제외되었고, 기초 실력은 있지만 추가 훈련이 필요한 인원들을 위한 비행학교 프로그램이 따로 개설되었다. 셔놀트는 전체 의용비행대를 3개의 비행대로 편성했다. 각 비행대는 개성 있는 별칭을 갖고 있었는데, 제1비행대는 '아담과 이브Adam & Eve', 제2비행대는 '판다곰Panda Bear', 제3비행대는 '죽음의 천사들Hell's Angels'이라 불렸다. 전략적 배치는 당시 중국군의 전황과 해외 보급로 상황을 고려해 이뤄졌다. 제1, 2비행대는 중국 윈난성의 쿤밍昆明에, 제3비행대는 버마의 랑군Rangoon에 배치되었다. 이 두 지역은 중국이 해안 대부분을 일본군에 섬령당한 상황에서 해외 원조 물자기 유입되던 보급로의 양 끝 지점이었다. 의용대의 P-40 전투기 100대는 랑군 항구에서 하역된 후 조립되었으나, 그중 1대가 하역 도중 항구 바다에 추락해 파손되어 최종적으로 99대가 비행대에 인도되었다. 이 전투기들은 미국 공군 표준 사양보다 다소 낮은 영국 수출용 사양이었으며, 피격 시 연료 탱크 자동 밀봉 기능이나 조종석 전방 방탄판 등 안전 장비가 미비한 상태였다. 상황이 어찌 되었든 이제 그들은 실전을 준비해야 했다. 의용비행대는 일본군의 사기를 꺾기 위해 기체 기수에 전설적인 '상어 이빨' 노즈 아트Nose Art(주로 미군들이 2차 세계대전 중 항공기 기수 부분에 그리던 그림)를 그려 넣었다. 이는 북아프리카에 배치된 영국군 P-40에서 처음 도입된 디자인이었고, 영국군 역시 독일 공군의 Me-110 전투기에서 영감을 얻은 것이었다(결국 원본은 독일군의 도안이었다). 또한 조종석 캐노피 아래에는 월트 디즈니가 도안한 것으로 알려진 '날개 달린 호랑이' 캐릭터가 그려졌는데, 조종사들 사이에서는 "귀여운 아기 고양이 같다"라며 불호의 반응이 나오기도 했다. 전투기 날개에는 미국 공군의 파란 별 대신 중화민국 공군의 청천백일기青天白日旗가 도색되어 있었다. 이를 통해 의용비행대가 정식 미군 소속이 아니라 중화민국을 돕는 민간 자원조직임을 분명히 했다.

의용비행대가 전투 준비에 한창이던 그때 일본과 미국 간의 외교 협상은 결국 결렬되었고, 1941년 12월 7일 일본군이 하와이 진주만을 기습 공격하며 태평양전쟁의 막이 오른다. 마침내, '하늘의 호랑이들'이 본격적으로 비상할 순간이 도래했다.

창공에서의 포효

의용비행대의 첫 전투는 1941년 12월 20일, 제1, 2비행대가 주둔하고 있던 중국 쿤밍 상공에서 벌어졌다. 이날 의용대는 일본 육군항공대의 가와사키 Ki-48 쌍발 경폭격기 10대를 요격하게 된다. 그때까지 일본군은 소련 의용대와 중국 공군의 부재로 쿤밍의 하늘을 사실상 마음껏 유린하고 있었으나, 갑작스러운 전투기 요격에 당황하며 순식간에 폭격기 3대를 상실했다. 상황을 파악한 일본군은 상대적으로 속도가 느린 폭격기들이 공격당할 것을 두려

편대 비행 중인 플라잉 타이거스 전투기들.

위하여 이후 쿤밍에 대한 공습을 일시적으로 중단한다. 이 승리는 태평양전쟁이 시작되고 연합군이 속수무책으로 밀리고 있을 때 나온 보기 드문 반격이었다. 그만큼 연합군이 연전연패하던 시기, 하나의 상징과도 같은 공격이었다. 한편 18대로 구성된 랑군의 제3비행대는 일본군의 진격을 막기 위해 사투를 벌이고 있었다. 1941년 12월 23일, 일본군은 랑군 일대 연합군 공군력을 무력화하기 위해 미쓰비시 Ki-21 중폭격기와 나카지마 Ki-27 호위 전투기를 집중 투입하며 대규모 공습을 감행했다. 이 전투에서 일본군은 폭격기 8대를 잃었고, 구형 고정식 랜딩기어를 장착한 나카지마 Ki-27 호위 전투기도 의용비행대의 P-40 전투기에 의해 가볍게 격추되었다. 의용비행대도 3대의 P-40을 잃고, 연합군 활주로 및 지상에 있던 전투기 몇 대가 파괴되는 등 상대적으로 비슷한 피해를 입었다. 그러나 당시 연합군이 육상과 해상에서 일본군에 일방적으로 밀리고 있던 상황을 감안하면, 의용비행대의 이 '하늘에서의 분투'는 말 그대로 메마른 땅을 적시는 단비와 같았다. 이후 플라잉 타이거스의 활약은 더욱 속도를 내기 시작한다. 특히 영국령 홍콩이 항복한 12월 25일

크리스마스, 일본군은 폭격기 63대와 호위 전투기 25대를 동원해 대대적으로 랑군을 공격했다. 당시 일본군의 호위 전투기 중 상당수는 최신형 나카지마 Ki-43 하야부사였다. 이에 맞서는 연합군은 의용비행대의 P-40 전투기 14대와 영연방군 소속의 구형 버펄로Buffalo 전투기 15대, 총 29대에 불과했다. 그러나 놀랍게도 이날 전투는 연합군의 완승으로 끝났다! 일본군 항공기 35대가 격추된 반면 연합군은 총 13대를 잃었는데, 그중 영국군의 구형 버펄로 전투기 8대가 포함되었으며 의용비행대의 손실은 P-40 전투기 5대로 비교적 적었다. 이날을 기점으로 플라잉 타이거스의 전설이 본격적으로 펼쳐지기 시작했다.

셔놀트는 일본군과 맞서기 전에 먼저 자신과 부대를 냉정하게 분석했다. 그중에서도 가장 중요한 것은 의용비행대가 운용하는 P-40 전투기에 대한 평가였다. 이 기체는 최고 속도 580km로, 여느 일본군 전투기에 뒤지지 않을 만큼 빠른 스피드를 자랑했다. 여기에 튼튼한 기체 강성 덕분에 피탄被彈을 당해도 생존 가능성이 높다는 것도 큰 장점이었다. 하지만 문제는 있었다. P-40은 일본군의 날렵하고 가벼운 전투기에 비해 '선회 능력'이 현저히 떨어졌다. 이를 간파한 셔놀트는 절대 일본기 앞에서 선회전을 하지 말라고 강력히 명령했다. 대신 P-40이 가진 저고도 급강하 능력을 최대한 살리기 위해 그는 두 대씩 편대를 이뤄 중고도에 미리 대기하다가 적이 접근하면 위에서 기습 후 빠르게 이탈하는 전술을 고안했다. 이러한 전략을 성공시키기 위해서는 적의 접근을 미리 감지할 수 있는 조기 경보 체계가 필수였다. 셔놀트는 적의 예상 경로를 따라 감시 초소 네트워크를 구축하는 데 혼신의 노력을 기울였다. 이 방식은 과거 영국 본토 항공전Battle of Britain 때 영국군이 사용한 시스템과 유사했다. 하지만 셔놀트가 마주한 적은 일본군만이 아니었다. 그는 자신의 부하들이 어떤 성향의 인물들인지 누구보다 잘 알고 있었다. 이들 대부분은 모험심이 강하고, 술과 유흥, 싸움을 즐기는 '마초' 같은 성격의 사내들이었는데 바로 여기서 문제가 발생했다. 이들이 쿤밍 일대의 유흥가를 돌아다니며 문제를 일으키기 시작했던 것이다. 그는 부하들이 유흥가에서 성병에 걸려 전투 불능 상태에 빠지는 상황을 크게 걱정했다. 결국 셔놀트는 질병 관리가 되는 매춘업소를 개설하고, 여기에 영어가 가능한 여성 접객원을 고용하도록 중국 측에 요구하기까지 했다. 이러한 파격적인 조치를 두고, 청교도적 기질이 강하고 원칙주의자였던 조지프 스틸웰Joseph Stilwell 장군과 때때로 격렬한 충돌이 벌어졌다. 반듯한 신사였던 스틸웰에게 셔놀트의 제안은 '미군 장교의 위신을 깎아먹는 저급한 행동'으로 비쳤고, 반대로 셔놀트는 '최상의 전투 준비를 위해 최선을 다해 노력하는 자신을 이해 못 한다'며 스틸웰을 적대시했다. 둘의 관계는 장제스에게 서로를 해임해 달라고 요청할 정도로 극단적으로 악화됐다. 이 둘을 훗날 카이로 회담(1943년 11월)에서 만났던 영국군 참모총장 앨런 브룩Allan Brooke 장군이 이들의 관계를 두고, "스틸웰은 비전 없는 괴짜이며, 셔놀트는 용감하지만 두뇌가 다소 부족하다"라고 평가했다. 비록 셔놀트에 대한 브룩 장군의 평가는 상당히 박했지만 적어도 그가 '용감하고 저돌적'인 인물임을 인정했다는 점은 확실했다. 당시는 태평양 전역에서는 연합군이 매우 불리했던 시기였고 이

럴 때일수록 셔놀트와 같은 저돌적인 성향의 지휘관이 필요했던 것
또한 분명한 사실이었다.

짧은 활약 뒤 영원한 전설로 남다

플라잉 타이거스 조종사의 재킷 뒤에 부착된 신분 표시.

1942년 초가 되자 연합군의 전황은 더욱 악화되어 갔다. 일본군
은 남쪽으로 말레이 반도를 가로질러 싱가포르 공략을 위해 남진했
고, 서쪽으로는 버마로의 육상 공세를 본격화했다. 12월부터 버마로
공격했던 일본 15군은 영국군의 저항을 간단히 물리치며 수도인 랑
군 쪽으로 계속해서 맹렬하게 진격했다. 육지에서의 이러한 상황에
서 플라잉 타이거스 비행대가 할 수 있는 일은 많지 않았다. 하지만

이들은 일본군 폭격기와 호위기의 요격을 위해 전력을 다했다. 1월 24일에는 6대의 Ki-27 호위 전투기를 만나 전부 격추시키는 기염을 토했고, 1월 28일과 29일 중에도 7대의 일본기를 격추했다. 놀랍게도 이때까지의 플라잉 타이거스와 일본군의 누적 교환비(전투에서 양측 병력이나 무기의 상호 교환 비율)는 무려 16:1까지 치솟았다. 당시 일본군 비행기들의 숫자가 압도적이었고 조종사들의 경험과 실력이 더 우수했다는 점을 감안하면 정말 믿기지 않는 결과였다! 하지만 이러한 실적에도 불구하고 연합군 지상군은 계속 밀리고 있었고 플라잉 타이거스 대원들 역시 철수해야 했다. 2월 말에 랑군이 일본군 손에 떨어진 이후 대원들은 북쪽 480km에 위치한 마그웨Magwe의 영국군 비행장으로 이동해 작전을 이어갔다. 이즈음에는 플라잉 타이거스의 소모율도 상당히 증가하기 시작해 더 이상 3개 비행대의 구분이 의미가 없는 상황이었다. 3월 중순에는 잠시 가동 가능한 전투기가 10대 이하로 떨어지기도 했다. 3월 말에 비행대는 좀 더 북쪽으로 이동했고 결국 중국의 바오산保山을 거쳐 쿤밍으로 완전히 철수하게 된다.

버마가 완전히 손아귀에 들어오자 일본군은 다음 목표를 중국 동남부의 쿤밍으로 잡았다. 이곳은 플라잉 타이거스의 기지인 동시에 인도에서 히말라야산맥을 넘어 중국으로 들어가는 항공 보급로의 종착지로서 전략적인 요충지였다. 5월 7일에 일본군은 중국과 버마의 국경인 살윈 강Salween River 상류에 부교를 부설하여 대규모 도하를 시도한다. 이곳에서 일본군의 도하가 성공한다면 이후 바오산을 거쳐 쿤밍까지 진격하는 건 시간문제였고, 중국 동남부에 큰 위협이 될 터였다. 중국군은 긴급히 2개 사단을 투입하여 일본군을 저지하려 했다. 이때 플라잉 타이거스는 새로 공급된 P-40E형을 투입했고 나흘 동안의 항공 공격을 통해 분투하는 중국군을 지원했다. 플라잉 타이거스 전투기들은 500파운드(250kg) 폭탄을 장착하고 번갈아 가며 일본군을 공격했다. 공중 지원의 결과는 대단히 효과적이었으니, 일본군의 진격이 좌절되었으며 전선이 유지될 수 있었다. 이후 플라잉 타이거스는 베트남 북부에서 공격해 오는 일본 공격기들을 요격하며 중국군을 지원하고 시민들을 보호했다. 한편 의용대 조종사들의 비행 재킷 뒷면에는 만약의 불시착이나 격추를 대비해 중국어로 "중국에 와서 우리의 전쟁을 도와주는 서양인들이니 군민이 하나 되어 도와주시오來華助戰洋人(美國)軍民一體救護"라고 적혀 있었다. 플라잉 타이거스는 이미 중국 내에서도 유명했다. 많은 중국인이 머나먼 이국땅에서 자신들을 도와주는 이 푸른 눈의 사나이들에게 유무언의 응원을 보내고 있었다. 이는 미국인들도 마찬가지였다. 당시 미국인들의 전시 사기를 올리기 위해 전력을 다하던 할리우드는 존 웨인John Wayne 같은 일급 배우를 동원하여 플라잉 타이거스의 스토리를 영화로 제작한다. 1942년 하반기에 개봉된 영화는 대중과 비평가들의 호평을 받았고, 대중에게 플라잉 타이거스라는 존재를 정의로운 의용병이자 미국과 중국의 강철 같은 연대와 투쟁의 상징으로 각인시켰다.

　전쟁이 진행되는 과정에서 플라잉 타이거스의 활약에 강한 인상을 받은 미군 지휘부는 이들을 미군이 지휘하는 부대로서 재편하고자 했다. 마침내 미국의 독립기념일인 1942년 7월 4일에 미군 지휘부는 의용대로서의 플라잉 타이거스를 공식적으로 해체했고 미 육군의 '중국 항공특임대China Air Task Force'로 개편했다. 플라잉 타이거스의 첫 전투가 벌어진 지 7개월 만의 일이었다. 마지막 전투일에도 비행대는 4대의 일본군 전투기를 격추한다. 이후 부대는 다시 중국 주둔 미 육군항공대 소속의 '제14공군'으로 재편되었다. 공식적으로 미군 소속이 되면서 이들의 비행기 국적 표지는 중국군의 청천백일기를 제거하고 미군의 하얀 별 마크로 새로 도색되었다. 한편 대부분의 플라잉 타이거스 조종사들이 신규 부대 합류를 거부했다. 이들이 '천성적으로 간섭을 싫어하는 자유로운 영혼이자 보헤미안들'이었기 때문이다. 이들에겐 중국에서 자신들만의 자유로운 부대 분위기를 이끌어왔던 경험이 있었기에 경직된 미군 조직에 다시 합류하기보다는 차라리 민간인이 되거나 다른 병과 또는 이전 부대로의 전출을 요청했다. 이곳에서 활약했던 수족Sioux 인디언 혈통의 그레고리 '패피' 보잉턴Gregory 'Pappy' Boyington은 기존 부대인 해병대로 복귀했는데 이후 남태평양에서 그 유명한 '검은 양 비행대Baa Baa Black Sheep'를 이끌며 최고의 활약을 펼쳐 훗날 명예훈장을 받는다. 부대원 중 최고의 에이스는 로버트 닐Robert Neale로서 일본기 13대 격추를 인정받았다. 최종적으로 로버트 닐을 포함한 다섯 명의 조종사들만 부대에 잔류하기를 희망했으며, 이미 4월에 준장으로 승진한 셔놀트가 지휘관으로 유임되어 계속 활약했다. 비록 부대 자체는 공식적으로 해체되었지만 이들의 용맹함을 인정이라도 하듯 '플라잉 타이거스'라는 강렬한 부대명은 미군 휘하에서도 계속 유지되었다.

플라잉 타이거스는 7개월의 짧은 활약 기간 동안 297대의 일본기를 격추한 것으로 공인받았다. 12명의 조종사들이 전투 중 사망하거나 실종되었고 2명은 일본군의 포로가 되었다. 이러한 희생을 통해 이들은 연합군의 가장 어두웠던 시기를 밝게 비추었던 등불이 되었다. 더불어 일본군에 포위당해 고립되어 있던 중국과 서구라는 두 세계를 연결했던 최상의 연결 통로였다. 플라잉 타이거스는 시진핑 주석의 편지에서도 보았듯 오늘날에도 유사한 역할을 수행할 수 있다는 가능성을 보여주었다. 트럼프의 2기 집권 속에 미국과 중국 간 갈등이 깊어지던 2025년 3월 25일, 미국 주재 중국 대사인 셰펑謝鋒은 2차 세계대전 승전 80주년을 기념하는 미국의 한 리셉션에 참석했다. 그는 이 자리에서 과거 플라잉 타이거스와 같은 정의로운 미국인들이 중국의 전장으로 건너와 자신의 목숨을 바치면서 헌신한 것에 깊은 감사를 표했다. 더불어 미국과 중국 양국이 이러한 과거의 협력과 희생정신을 토대로 함께 나아가야 한다고 밝혔다. 이를 위해 양국의 미래 세대가 21세기에 호랑이의 강인함과 투지를 바탕으로 새로운 '플라잉 타이거스' 정신을 이어나가고, 성숙한 상호 이해와 번영을 이루기를 바란다고 언급했다.

오늘날 중국에는 플라잉 타이거스를 기념하는 박물관이나 기념관이 무려 네 군데나 있다. 중국인들에게 플라잉 타이거스는 제국주의 침략자로서의 '악한 미국'이 아닌 '선하고 정의로운 미국인'을 표현하는 확고한 상징이다.

과거의 좋았던 연대의 기억이 오늘날 양국의 갈등을 봉합하고 미래로 나아가게 만드는 초석이 될 수 있을지는 앞으로 두고 볼 일이다.

3장

폴란드 국내군

지독히도 불운했던 바르샤바의 투사들

독일군 치하 폴란드에서 활동한 지하 저항군(1942~1945)

폴란드군의 열병식과 폴란드 국내군의 상징물인 코트비차.
© U.S. Army National Guard photo by Staff Sgt. Garrett Dipuma

"폴란드 국내군은 독일 점령하의 유럽에서 가장 크고 잘 조직된
저항 세력이었다. 비록 전쟁에 대한 그들의 기여는 묻혔지만
그 중요성은 결코 간과될 수 없다."

노먼 데이비스(영국 역사가)

53

우크라이나-러시아 전쟁 이후 한국산 무기 구매를 통해 언론에 자주 언급되는 국가가 있다. 바로 동유럽의 관문에 위치한 폴란드다. 인접 국가들의 전쟁 이후 자국 안보에 큰 불안을 느낀 폴란드는 단기간에 대량 공급이 가능한 한국산 무기를 구매하여 국방력을 강화하고 있다. 폴란드는 2차 세계대전 때 그 어느 나라보다도 많은 피해를 본 국가로, 무려 자국민 중 근 20%인 560만 명이 침략자의 손에 무참히 살해당했다. 폴란드는 당시의 희생을 교훈 삼아 다시는 그와 같은 비극을 되풀이하지 않겠다는 굳은 결의를 되새기고 있는 것이다. 이런 폴란드에서는 매년 8월 1일에 국가적인 차원의 거대한 추모식이 열린다. 이 추모식은 2차 세계대전 당시의 '한 사건'을 기리는 행사로서 대통령과 정부 각료들이 모두 참석할 정도로 폴란드에서 중요한 의미를 가진다. 대중들은 행사 도중 주변을 장식한 수많은 폴란드 국기들을 볼 수 있는데, 이들 국기에는 좀 특이한 문양이 들어가 있다. 흰색과 붉은색의 폴란드 국기 가운데 마치 배의 닻이나 가톨릭의 상징처럼 보이는 특이한 로고가 하나 있기 때문이다. 국기 속의 이 문양은 폴란드가 가장 암울했던 시기에 탄생했으며, 지금부터 설명하고자 하는 한 단체와 관련이 있다. 그 단체는 암흑으로 꺼져 있던 폴란드에 필사적으로 저항의 불을 밝혔지만 전쟁이 끝난 후 정치적인 문제로 인해 그 역할이 폄훼되었고, 오랜 기간 많은 폴란드 국민들에게 접근할 수 없는 '금단의 영역'으로 남아 있었다.

국가의 부활과 패배

유럽에 있는 여러 나라 중 폴란드처럼 기구한 역사를 가진 나라도 드물다. 과거 15세기 이후 폴란드는 리투아니아와 함께 '폴란드-리투아니아 연합왕국'을 결성하면서 동유럽의 강자로 부상하기도 했다. 폴란드는 강력한 독일 기사단을 물리쳤고 발트해와 우크라이나 쪽으로 영토를 확장했으며 러시아가 아직 미약했던 1611년에는 훗날 히틀러도 넘보지 못했던 모스크바까지 점령했다. 더불어 그 유명한 폴란드의 '날개 달린 창기병대Winged Hussars'(이들은 실제로 몸 뒤에 깃털 모양의 날개를 달고 싸웠다)는 1683년 오스만튀르크에 포위된 오스트리아의 빈을 구원하는 등 폴란드는 명실상부한 유럽 역사의 주역으로 활약했다. 하지만 이후 사익을 지키려는 귀족들의 내분과 프로이센, 스웨덴, 러시아, 오스만튀르크 등 주변 강대국과의 잇단 분쟁으로 국력이 급격히 쇠퇴한다. 급기야 1773년부터 1795년 사이에 세 차례나 강대국들에게 잔인하게 분할되면서 폴란드는 역사의 뒤안길로 사라지게 되었다. 이후 폴란드라는 이름이 다시 역사에 등장한 것은 약 120년 이상이 지난 1918년의 일이었다.

폴란드 창기병대를 재현한 모습.
© kdkirina5@mail.ru

1차 세계대전이 끝나고 유럽에서는 독일, 러시아, 오스트리아-헝가리라는 3개의 거대 제국이 무너졌다. 특히 러시아에는 공산혁명이 일어나 기존의 모든 것을 뒤집었고 인근 지역으로 혁명을 퍼뜨리려 했다. 한편 피지배 민족인 폴란드인들은 이러한 혼란의 시기를 국가 재건의 기회로 이용했고, 1차 세계대전이 끝나던 1918년 11월 11일 에 독립을 선포하며 폴란드공화국을 수립한다. 하지만 신생 폴란드 공화국에 얼마 지나지 않아 커다란 위기가 닥치게 되는데, 패배한 독일군이 기존 러시아와 우크라이나 등의 점령지에서 철수하자 동 쪽에서부터 혁명을 전파하려는 볼셰비키들이 쳐들어온 것이다. 이 에 맞서 폴란드를 비롯한 우크라이나 및 발트 국가들이 싸우게 되 었으며, 신생 폴란드군은 1919년 2월부터 볼셰비키와 본격적으로 전투를 벌인다. 그런데 이때 아무도 예상치 못한 일이 벌어지기 시 작했다. 약체라 평가받던 신생 폴란드군이 볼셰비키를 연속적으로 격파하며 동진하기 시작한 것이다. 폴란드군은 벨라루스 서부와 리 투아니아를 점령했고 우크라이나의 키이우까지 진군한다. 사실 러 시아 내전에서 백군과의 싸움도 병행해야 했던 볼셰비키로서는 병 력을 나눠서 싸울 수밖에 없는 상황이라 폴란드군에 오롯이 집중할 수 없었다. 이후 양측의 소모전이 계속되었고, 1920년 중반이 넘어 가자 이번에는 상황이 볼셰비키에게 유리하게 전개된다. 폴란드군 은 6월 키이우 전투에서 1만 5천 명이 전사하는 큰 피해를 입고 서 쪽으로 후퇴를 거듭했다. 신생 폴란드의 멸망을 우려한 영국은 볼셰 비키에게 진군을 멈추고 휴전할 것을 제안했지만 레닌은 들은 체도 하지 않고 붉은 군대에게 공격을 계속하라고 명령했다. 결국 볼셰 비키는 8월 초에 바르샤바 비스와 강Vistula River까지 도달했고, 이들의 지휘관인 미하일 투하쳅스키Mikhail Nikolayevich Tukhachevsky (소련판 전격전인 종심타격이론의 주창자로 대숙청 때 스탈린에게 숙청되었다)는 가련한 신생 폴란드의 운명을 끝장내려 하고 있었다. 그런데 이때 기적이 일어났다. 자만한 볼셰비키를 유인한 폴란드 총사령관 유제프 피우수트스키Józef Piłsudski 지휘하의 폴란드군이 이들을 역포위하며 문자 그대로 전멸시켜 버린 것이다. 무려 8만여 명의 볼셰비키가 포로가 되었고 레닌은 폴란드와의 강화를 수락하지 않을 수 없었다. 한편 서방 국가들은 볼셰비키의 진격이 멈춘 데 안도했다. 1920년대가 지나면서 폴란드는 볼셰비키와의 국경선을 확정지었고 국가로서의 정체성을 확고히 할 수 있었다. 비록 폴란드가 원하는 평화는 지켜냈지만, 문제는 이러한 일련의 대결을 통해 소련 지도부가 폴란드에 깊은 원한이 생겼다는 점이었다. 그러한 지도부 중 한 명이 당시 폴란드 남서부 전선에서 볼셰비키를 지휘하던 스탈린이었다. 그는 바르샤바의 붉은 군대를 지원하라는 공산당의 명령에 불복했다는 이유로 트로츠키와 투하쳅스키로부터 패배의 원인으로 비난받았다. 이때부터 스탈린에게 '두 사람(트로츠키와 투하쳅스키)'과 폴란드라는 이름은 치가 떨리는 증오의 대상이 된다. 20년 후에 덮친 비극의 그림자가 이때부터 형성되기 시작했던 것이다.

폴란드의 오른쪽 국경이 어느 정도 정리되는 가운데, 왼쪽에 위치한 독일과의 문제는 더욱 복잡했다. 문제의 핵심은 베르사유조약(1919년 베르사유궁전에서 1차 세계대전의 전후 처리를 위해 연합국과 독일이 맺은 평화 조약)에 따라 폴란드에게 바다로 가는 통로를 내주려고 만든 '폴란드 회랑'이었다. 이 회랑을 위해 독일 땅 일부를 폴란드에게 떼어주고 그 중간에 위치한 단치히Danzig(폴란드명 그단스크. 훗날 레흐 바웬사가 자유노조를 통해 활약한 곳이다)를 국제 자유도시로 만들었다. 이 조치는 결과적으로 독일 본토와 철학자 칸트의 고향 쾨니히스베르크Königsberg(현재 러시아령 칼리닌그라드)가 포함된 동프로이센을 단절시키는 결과를 낳았다. 이는 독일인들에게 두고두고 원한의 이유가 되었다. 그래도 바이마르공화국(1919~1933) 시절까지는 그저 속으로만 불평을 삭이던 독일인들이 나치 집권 이후로는 노골적으로 영토에 대한 불만의 목소리를 높이기 시작했다. 1938년 뮌헨 협정(뮌헨에서 열린 독일·이탈리아·영국·프랑스의 정상회담으로, 전쟁을 피하기 위해 독일이 체코슬로바키아의 주데텐 지방을 합병하도록 승인했다) 이후 체코슬로바키아를 삼켜버린 나치는 자연스럽게 다음 목표로 폴란드의 바다 쪽 통로인 폴란드 회랑 지대의 통행권을 요구했다. 사실상 그 땅을 독일에 달라는 얘기였고, 폴란드로서는 절대 선택할 수 없는 옵션이었다. 그 전까지는 나치를 자극하길 원치 않았던 영국과 프랑스도 이제는 상황의 심각성을 인식했다. 그들은 독일이 폴란드를 공격하면 양국 모두 폴란드를 방어하기 위해 행동을 취할 것임을 분명히 경고했다. 문제는 이들 두 나라가 폴란드에서 멀리 떨어져 있다는 점이었다. 이런 상황에서 폴란드에게 더욱 우려할 만한 일이 벌어졌다. 1939년 8월 23일, '물과 기름' 같은 나치 독일과 공산주의 소련이 상호 불가침조약을 맺은 것이다! 이 조약의 의미는, 독일이 폴란드와 싸울 경우 동쪽의 폴란드는 소련이라는 또 하나의 잠재적인 적을 둘 수도 있다는 것이었다. 고작 20년 된 국가의 운명이 점점 위태로워지고 있었다.

1939년 9월 1일 새벽 4시 45분, 단치히 항구에 '친선 항해'라는 목적으로 정박 중이던 독일 해군의 구식 전함 슐레스비히-홀슈타인호의 11인치 주포가 포격을 가하면서 2차 세계대전이 시작되었다. 폴란드군은 전쟁이 곧 일어날 것을 알고 준비하려 했지만 병력이나 무기의 양과 질 모든 면에서 독일군의 상대가 되지 못했고, 결정적으로 전광석화와 같은 '전격전Blitzkrieg'에 압도당했다. 독일군은 폴란드 북부와 남부에서 거대한 두 개의 집단군을 거침없이 돌진시키며 폴란드군 주력을 궤멸시켜 버렸다. 독일군 선두는 9월 8일에 수도 바르샤바에 도달해 도시를 포위했다. 폴란드군은 수도에서 격렬히 저항하며 끈질기게 버텼지만 9월 17일 동쪽에서 60만 명의 소련군마저 침공하자 더 이상의 희망이 사라졌다. 일부 고립된 지역에서 산발적인 저항이 있는 가운데 9월 22일 전 세계 사람들은 폴란드 동부의 브제시치Brześć(현재 벨라루스의 브레스트)에서 나치 독일군과 공산주의 소련군이 함께 악수하며 퍼레이드를 하는 장면을 보고 경악하고 만다. 10월 6일에는 모든 저항이 종식되었고 폴란드라는 국가는 다시 한번 지도상에서 사라져 버렸다. 하지만 폴란드인들의 저항의지마저 사라진 것은 아니라는 사실이 오래지 않아 밝혀지게 된다.

저항운동의 시작

바르샤바가 독일군에 포위된 기간의 막바지이던 9월 27일, 폴란드 방어군 사령관인 율리우시 롬멜Juliusz Rómmel 장군은 모든 것이 끝났다는 걸 알고 있었다. 째지는 듯한 사이렌 소리를 내는 슈투카

Stuka 급강하 폭격기의 공격과 독일군의 포격은 포위된 폴란드군과 시민들의 사기를 바닥으로 끌어내렸다. 이러한 가운데 전기, 가스, 수도 등 도시의 인프라가 무너졌으며 9월 26일에는 독일군이 폴란드군 남쪽 방어선을 무너뜨리고 시내로 들어오기 시작했다. 롬멜 장군은 더 이상의 저항은 무의미하다고 판단해 항복을 위한 독일군과의 협상을 준비한다. 바로 그때 그의 마음 한구석에서는 또 다른 목소리가 울려 퍼지기 시작했다. 롬멜은 비록 조국이 전투에서는 패했지만 이것이 끝이 아니라는 신념을 가지고 있었다. 마침 그는 신뢰하는 부하였던 미하우 토카르제프스키Michał Tokarzewski 장군으로부터 전후 침략자에 대항하는 저항 조직에 관한 기본 제안을 보고받았다. 롬멜은 이를 즉시 승인했고, 그 결과로서 토카르제프스키를 수장으로 '폴란드 승리단Służba Zwycięstwu Polski'이 결성된다. 롬멜은 바르샤바 항복 이후 전쟁의 나머지 기간을 독일군 포로수용소에서 보내야 했는데, 토카르제프스키와 함께 뿌린 씨앗이 미래에 어떻게 자라날지 상상도 못 했을 것이다. 한편 폴란드 승리단은 1939년 11월 당시 프랑스에 있던 '폴란드 망명정부'의 지령에 따라 '무장투쟁 연합Związek Walki Zbrojnej'으로 이름을 변경했고 외연을 확장하기 시작했다. 독일과 소련에 분할된 조국의 상황에 따라 무장투쟁 연합은 크게 2개의 지역으로 구분되었다. 1940년 1월부터 소련 점령 지구에서는 토카르제프스키가 조직을 이끌었고, 독일 점령 지구에서는 간신히 독일군의 체포를 피한 바르샤바 기갑부대 출신의 스테판 로베츠키Stefan Rowecki 대령이 리더가 되었다. 이들은 점령지 내를 은밀히 이동하며 지인들을 포함한 조직원들을 포섭하기 시작했고 해외의 폴란드 망명정부와의 연락망을 강화했다. 패전 초기 폴란드 여기저기에 난립했던 무장투쟁 단체들이 깔때기처럼 무장투쟁 연합으로 모여들면서 점차 통합되어 가고 있었다. 점령군의 서슬 퍼런 감시가 이어지는 시점에서 이들은 당장의 대규모 투쟁을 할 수는 없었지만 미래의 결전을 위해 병력을 모집하고 무기를 은닉하기 시작했다.

독일군과의 항복 협상을 위해 접촉 중인 폴란드군 대표.
© Imperial War Museums

점점 세력을 넓히던 무장투쟁 연합은 독일이나 소련 같은 점령군에게는 골칫거리이자 미리 뿌리를 제거해야 할 위험 요소였다. 1940년 3월에 토카르제프스키는 독일군 점령 지역인 바르샤바에서 회합을 마치고 소련군 지역인 르보프(현재 우크라이나 르비우)로 돌아오던 중 NKVD(소련 비밀경찰, KGB의 전신)에 체포되고 만다. 처음에는 체포한 '중년 사내'의 정확한 신원을 몰랐던 소련 당국은 곧 그들이 엄청난 대어를 낚았음을 확인하고 그를 모스크바의 악명 높은 루반카 교도소로 압송한다. 토카르제프스키가 NKVD의 끔찍한 고문을 받으며 인간의 한계에 직면하는 동안 소련군 점령 지역의 무장투쟁 연합은 지도자 없는 상태로 방치되었다. 독일군 지역에서는 그나마 사정이 조금 더 나았는데, 1940년 6월에 준장으로 진급한 스테판 로베츠키가 무장투쟁 연합의 전체 대표가 되며 확고한 입지를 다졌다. 그는 조직 내 다양한 기능들을 강화하며 역할 확대에 힘썼는데, 특히 선전과 심리전을 담당하는 '정보-선전국'을 신설하여 일반인들이 가지고 있는 '장교 출신에 대한 불신'(1939년 9월 폴란드군의 너무나도 무기력한 패배로 인해 당시 폴란드 대중 사이엔 군 장교를 불신하고 무시하는 태도가 널리 퍼져 있었다)을 해소하기 위해 노력했다. 정보-선전국은 자체 라디오 방송 및 최대 5만 부에 달하는 주간 팸플릿 발행을 통해 런던 망명정부에 정보를 전달하고 폴란드인들의 사기 고양에도 힘썼다.

1941년 6월 22일에 독일이 같은 편이었던 소련을 침공하자 폴란드 저항운동에 많은 변화가 일어나기 시작한다. 런던에 있던 폴란드 망명정부는 얼마 전까지 자신들을 점령했던 소련이 독일의 침공 이후 영국과 연합을 한 상황에서 소련과의 관계를 재정립할 필요가 있었다. 폴란드 지도부는 전쟁의 승리와 조국의 해방이라는 대의가 무엇보다도 중요하다는 것을 분명히 인식했다. 1941년 7월 30일 폴란드 망명정부의 총리였던 브와디스와프 시코르스키Władysław Sikorski가 영국 주재 소련 대사 마이스키와 양국 간 협정을 체결하며 과거 소련과 독일 간의 모든 협정은 무효라고 천명했다. 고위급 차원에서 이렇게 협력적인 전략 방향이 결정되었지만, 폴란드 내 지하 저항 세력 안에는 왠지 모를 미묘한 반발 기류가 감돌고 있었다. 폴란드의 좌익과 공산주의 계열은 애초에 소련의 지침에 따라 독일과 소련 점령군 모두에 대한 저항에 참여하지 않으려는 입장이었다. 더구나 소련이 점령한 이후 폴란드군 포로 25만 명을 포함해 무려 120만 명의 폴란드인이 '인민의 적'이라는 이름 아래 소련으로 강제 이송되었다. 이런 상황에서 기존의 폴란드 저항 세력이 소련 및 좌익과 손잡는다는 것은 뒷맛이 개운치 않은 선택일 수밖에 없었다. 그럼에도 불구하고, '나치'라는 거대한 공동의 적을 마주한 지금만큼은 협력이 절실하다는 사실을 누구도 부정할 수 없었다. 이러한 상황에서 무장 투쟁 연합 지도자인 로베츠키는 소련군의 전투 수행을 지원하기 위해 동부 전선 독일군 후방에 수색, 정찰 인원을 파견한다. 이들은 독일군 후방에서 정보를 수집하거나 지역 파르티잔과 함께 사보타주 활동을 전개했다. 한편 소련에 억류되었던 토카르제프스키는 감옥에서 석방되어 새로 결성된 자유 폴란드군의 일원이 되었고, 이후 북아프리카와 이탈리아에 파견되어 영국군과 함께 대對독일 전투를 이어나간다. 이렇게 전쟁이 새로운 국면에 들어가면서 폴란드 저항 운동 역시 커다란 변화의 시기를 마주하게 된다.

국내군의 탄생과 시련

해가 바뀌어 1942년이 되었다. 독일군은 전해 겨울부터 이어진 모스크바 공방전에서 소련군의 반격과 혹독한 추위를 맞닥뜨리고 처음으로 후퇴를 하기 시작했다. '무적 독일군'의 신화가 무너지는

순간이었고, 이를 본 폴란드인들을 포함한 유럽의 피지배 국민들은
작은 희망을 느꼈다. 이러한 상황에서 런던에 있는 폴란드 망명정부
의 시코르스키는 폴란드 내 저항운동을 보다 공식화하고 조직화해
야 할 필요성을 느끼게 된다. 시코르스키는 2월 14일에 기존에 있던
무장투쟁 연합을 '폴란드 국내군Armia Krajowa'이라는 명칭으로 변경하
고 지위까지 격상시켰으며, 이에 따라 로베츠키는 폴란드 국내군 사
령관이 되었다. 시코르스키는 국내군을 단순히 명목상의 존재로만
여기지 않았으며 북아프리카에서 활동 중인 '폴란드 군단'과 함께
나치와의 전투에 참여하는 저항의 양대 축으로 보았던 것이다.

국내군의 규모는 1942년 초 약 10만 명으로 파악되었다. 폴란
드 각지에서 지원자가 몰려들었다. 가입을 하려면 대개 인적이 드문
야외나 개인 주택에서 십자가를 동반한 충성 맹세를 해야 했다. 선
서의 내용은 다음과 같았다.

> 나는 전능하신 하나님과 복되신 동정녀 마리아 앞에서 수난과 구
> 원의 징표인 이 거룩한 십자가에 손을 얹고 나의 조국 폴란드공
> 화국에 충실할 것을 맹세합니다. 굳건히 그 명예를 지키고, 온 힘
> 을 다해, 심지어 내 생명을 희생할 때까지 압제로부터 해방을 위
> 해 싸울 것입니다. 난 폴란드공화국 대통령과 그가 임명한 총사
> 령관, 국내군 사령관의 명령에 복종할 것이며, 내게 무슨 일이 일
> 어나더라도 비밀을 확고히 지킬 것입니다. 신께서 도우시기를!

국내군은 이렇게 맹세한 지원자의 가입을 허락하며 "반역자는

사형이다"라는 섬뜩한 말과 함께 모든 절차를 종료했다. 이때 동료들의 환영 인사와 함께 폴란드군의 특이한 두 손가락 경례(검지와 중지를 모으는 이 독특한 경례는 과거 나폴레옹 시절, 전투에서 손가락을 부상당한 폴란드 병사에서 유래되었다고 한다)를 해야 했다. 더불어 이제는 군인 소속이기에 철저한 상명하복에 따라야만 했다. 여자도 예외는 없었으니, 폴란드 국내군이 그 이름뿐만 아니라 실제로도 군대였기 때문이다.

국내군은 폴란드 전역에 3개의 지역별 지부와 11개 독립 지부를 갖추었고, 심지어 베를린과 부다페스트에 해외 조직까지 구축했다. 국내군이 커지면서 독일군 요충지, 산업시설 및 물자 보급소에 대한 사보타주를 보다 광범위하게 수행할 수 있었고 이런 작전은 전쟁 기간 내내 수십만 건 단위로 실시되었다. 정보 수집 역시 중요한 핵심 업무였다. 전후 영국정보국 리포트에 따르면 전쟁 중 대륙에서 오는 정보의 거의 절반이 폴란드에서 온 것이었으며 이들이 전쟁 수행 전반에 상당한 도움이 되었다고 밝히고 있다. 이 중에는 유대인 학살을 위해 건설된 게토나 강제수용소에 대한 최초의 보고서 등이 포함된다. 또한 필요에 의해 기능별로 다양한 조직이 신설되었다. 그중 하나가 특수작전국 소속 '특별 전투행동 조직'으로 불린 부서였는데, 이름만 봐서는 그 목적을 정확히 파악하기 어렵지만 사실 이 조직의 역할은 사령관의 직접 명령에 따른 나치와 그 부역자들의 암살이었다. 나치는 이들을 잡으려 혈안이 되어 있었고, 대대적인 검거로 인해 조직의 기능이 중단된 적도 있었다. 하지만 후속 조직이 빠르게 신설되었고 점령군 핵심 인물을 대상으로 한 암살 작업을 계속 이어갔다. 한편 국내군 출신으로 영국에 있던 이들 중 특수 공수 교육을 받은 군인들이 있었다. 약 600명에 이르는 이들은 선택된 소수로서 스코틀랜드의 영국 특수작전국에서 낙하, 통신, 파괴 및 생존에 대한 종합적인 훈련을 이수했고, 316명의 대원들이 실제로 폴란드에 투입되었다. 이들은 영국의 망명정부와 본토를 연결하는 가교 역할을 했으며 폴란드인들에게 폴란드 망명정부가 단순한 허수아비가 아님을 알려주었다. 하지만 이들의 작전은 극도로 위험해서 투입 병력의 3분의 1이 임무 중 사망하게 된다.

바르샤바 저항 기념관에 표시된 저항의 상징 코트비차.
© Ivanevian / Wikimedia Commons

　　1942년 초에 폴란드 국내군은 독일에 대한 저항의 상징을 비밀스럽게 공모했으며, 그 결과 바르샤바 대학의 한 여학생 작품이 선정되었다. 그 문양은 마치 배의 닻처럼 생겼는데, 알파벳 P자와 W자를 위아래로 겹쳐 놓은 모습이었다. 이 상징은 폴란드어로 닻을 뜻하는 '코트비차Kotwica'로 불렸으며, 알파벳 약자 'P'와 'W'는 폴란드어로 '저항하는 폴란드Polska Walcząca'를 의미했다. 이 문양은 순식간에 국내군에서 널리 사용되었고 영국의 망명정부에까지 전파되며 사실상 공식적인 투쟁과 저항의 상징이 되었다. 국내군은 대담하게도 이 문양을 도장으로 만들어서 독일군 간행물이나 화폐에 마구 찍어버렸다. 곧이어 폴란드 전역의 건물이나 공공 기념물 등에도 이 문양이 새겨졌다. 독일 당국이 문양을 지우려고 했지만 새로 만들어지는 속도가 더 빨라서 결국은 통제 불능 상태가 되었다. 1943년 2월에 로베츠키는 모든 사보타주 행위에 이 문양을 사용하라는 공식 명령을 내린다. 폴란드인들의 저항의 강도가 점점 거세지고 있었다.

1943년 4월 13일, 전 세계는 독일의 발표에 충격을 받게 된다. 독일이 점령하고 있던 러시아 스몰렌스크 인근 카틴 숲에서 대규모의 폴란드군 집단 학살 흔적이 발견되었기 때문이다. 문제는 독일에서 이 학살이 소련의 소행이라고 발표했다는 것이다. 소련은 이틀 후인 4월 15일에 공식적으로 반박하며, 오히려 독일군이 포로들을 학살한 후 소련에 뒤집어 씌우고 있다고 주장했다. 독일은 무려 12단으로 쌓여 있던 약 3천 명의 시신을 발견했고 각국의 법의학 전문가와 연합군 포로를 포함한 다국적 조사단을 구성했다. 조사단은 신원이 확인된 250명의 시신을 보면서 신분증과 소지품을 확인했고, 이들이 모두 폴란드군이라고 발표했다. 실상은 소련이 폴란드군 포로 및 체포한 지식인들 중 체제에 위협이 된다고 생각되는 2만 2천 명을 선별하여 학살했던 것이다. 스탈린 개인으로서는 1920년 바르샤바 코앞에서 당했던 패배의 빚을 폴란드인들에게 확실히 갚은 셈이었다. 문제는 연합국의 태도였는데, 소련과의 관계를 의식한 영국과 미국은 이 사실을 철저히 기밀에 부치며 모른 체했다. 국제 정치의 현실은 자국의 이익 앞에서 지극히 냉혹했다. 폴란드 망명정부는 이러한 서방 국가들의 태도에 극도로 분노했고, 학살을 부인하는 소련과는 더 이상 협력할 수 없었다. 소련은 폴란드가 나치 편이라는 말도 안 되는 비난을 하며 망명정부와의 외교 관계를 단절하고 만다. 동시에 폴란드 국내군이나 파르티잔 조직도 소련과의 협력을 중단했고 양측이 서로 공격하는 일도 발생했다. 카틴 숲 학살을 통해 폴란드와 소련의 관계는 '돌아갈 수 없는 강'을 건너게 되었다.

폴란드 망명정부와 국내군은 카틴 학살 소식만으로도 이미 큰 충격에 빠져 있었다. 그런데 이번에는 마치 이들 조직의 머리를 망치로 후려치는 듯한 또 다른 치명적인 사건이 터져버렸다. 나치는 폴란드 국내군 우두머리인 로베츠키를 '공공의 적 1호'로 공포했고, 그를 체포하기 위해 전담팀까지 조직하며 노력을 기울였다. 그럼에도 불구하고 경호원도 없이 위조 증명서로 바르샤바 시내를 활보했던 로베츠키는 쉽게 잡히지 않았다. 오히려 적은 내부에 있었으니, 1943년 6월 30일 아침에 임시 아파트에 머물고 있던 그는 국내군에 잠입한 게슈타포 밀고자들에 의해 나치에 체포되었다. 로베츠키는 거물답게 즉시 베를린으로 압송되었고 친위대 수장인 하인리히 힘러Heinrich Himmler에게 직접 심문을 받기도 했다. 이후 그는 작센하우젠 강제수용소 특별동에 수감되었다. 나치는 그를 반反소련 활동에 이용하려 했지만 로베츠키는 절대 넘어가지 않았다. 총사령관인 그의 체포는 국내군이나 망명정부에 상당한 타격이었다. 하지만 국내군은 나름 거대 조직이었기에 곧 새로운 지도자가 등장하게 된다. 국내군의 새 리더는 '폴란드 올림픽 승마팀' 감독으로 베를린 올림픽에서 은메달을 땄던 타데우시 부르-코모로프스키Tadeusz Bór-Komorowski 장군이었다. 그는 로베츠키의 공백을 최소화하기 위해 7월부터 바로 총사령관 자리에 올랐다. 기존에 실시했던 많은 사보타주나 투쟁이 이어졌고, 더불어 국내군의 세력도 점점 커지고 있었다. 시간이 흘러 1944년 여름에는 국내군의 숫자가 무려 40만 명 이상으로 파악되었다. 마침 전쟁의 흐름이 연합군 측으로 확연히 기울었고, 드디어 국내군이 전면에 나서야 할 시기가 다가오고 있었다.

바르샤바를 해방하라!

바르샤바 봉기 당시 팔에 폴란드 국기를 두르고 전투 중인 국내군 병사들. 군복은 독일군 복장이다.
© Juliusz Bogdan Deczkowski

1943년 8월 쿠르스크 전투에서 패한 후 독일군은 전쟁의 주도권을 잃으면서 끝없는 후퇴의 길에 오르게 된다. 런던의 폴란드 망명정부는 머지않은 미래에 소련군이 폴란드로 진군하리라 예상했는데, 이대로 소련군이 폴란드를 해방시킬 경우에는 전후 정부를 새롭게 수립할 때 망명정부가 소련 주도의 공산당에 주도권을 빼앗길 것이 뻔했다. 소련군보다 한발 빠르게 스스로의 힘으로 해방시켜야 대내외적으로도 명분이 있었고 자주적으로 나라를 재건할 수 있었던 것이다(어디서 많이 들어본 얘기 아닌가?). 이러한 배경으로 런던의 망명정부는 소련군이 폴란드 국경으로 다가오는 시점에 전국적인 봉기를 통해 자력으로 독일군을 축출하려는 '폭풍우 작전Operation Burza'을 계획한다. 1944년 1월 4일에 소련의 '제2벨라루스 전선군'이 전쟁 전 소련-폴란드 국경인 볼리니아 지역에 진입하면서 드디어 작전이 시작되었다. 이 지역에 있는 국내군 사이의 연락망을 통해 무장봉기가 계획되었고 3월 이후 본격적으로 독일군과의 교전이 벌어졌다. 비록 여기저기서 벌어지는 산발적인 국지전이었지만 다가오는 소련군도 버거웠던 독일군에게는 국내군의 공격이 큰 부담이었다. 6월 22일에 소련군이 '바그라티온 작전Operation Bagration'을 통해 독일 중부집단군을 궤멸시키고 본격적으로 벨라루스를 거쳐 폴란드 땅에 진입하자 마침내 전국적인 투쟁의 시간이 도래했다. 국내군은 7월부터 르부프, 브제스치, 코브린 등 폴란드 동부 전역에서 독일군을 몰아내기 위해 일어섰다. 이제 남은 것은 폴란드의 수도 바르샤바였다!

1944년 7월 31일 국내군 지도부는 봉기의 시기를 놓고 회의를 열었다. 소련군은 이미 바르샤바가 지척인 비스와 강 동쪽에 도달했고, 모스크바의 폴란드어 방송에서는 연일 무장봉기를 부추기고 있었다. 부르-코모로프스키는 더 늦기 전에 행동할 것을 결정했고 봉기 개시일을 다음 날인 8월 1일 오후 5시로 천명했다. 이 시간은 폴란드인들에게는 지난 5년간의 노예 생활을 끝장내는 'W-아워'였다. W-아워는 연합군의 D-데이(작전 개시일), H-아워(개시 시각) 개념과 마찬가지로 폴란드 저항 세력이 바르샤바 봉기를 시작하기 위해 정한 상징적인 시각을 뜻한다. 특히 여기서 W는 '폭발Wybuch'을 의미하며, 폴란드인들에게 참혹한 과거에서 벗어나는 결전의 순간을 상징했다. 국내군 지휘부는 시내를 8개 지역으로 구분해 작전을 진행했다. 마침내 8월 1일 오후 5시, 바르샤바의 국내군은 노도와 같이 일어나기 시작했다. 국내군은 독일군을 몰아내면 대략 일주일 이내에 소련군이 오리라 믿고 있었다. 이들은 순식간에 구시가지를 포함한 시내 주요 구역을 점령하는 동시에 독일군 부대 및 요충지를 급습했는데, 총 병력은 4만 5천 명으로 추산되었다. 독일군도 이들의 봉기를 예상은 했지만 생각보다 규모가 더 커서 당장 진압할 방법이 없었다. 국내군은 중앙우체국과 발전소를 점령했고, 겡시우프카 Gęsiówka의 수용소에 있던 유대인 350명을 해방시켰으며 이들 중 일부도 봉기에 가담했다. 또한 나치 친위대의 군복 보급창을 점령해 노획한 전투복을 국내군 병사들에게 보급했다. 사실 국내군은 치명적일 정도로 무기와 장비가 부족한 상황이었다. 독일 · 폴란드군이 쓰던 소총 1천 정이 주력 무기였고 권총이나 수류탄 일부와 소수의 기관총 및 자체 제작한 화염병 등이 무장의 전부였다. 독일제 무기에 독일군 군복과 철모를 쓴 폴란드인들은 피아 식별을 위해 '코트비차'가 그려진 폴란드 국기를 왼쪽 소매와 철모 위에 둘렀다. 비록 제대로 된 무기와 군복도 없었고 식량도 부족했지만 싸우겠다는 의지만큼은 그 누구보다 확고했다. 하지만 의지만으로는 다가오는 독일군을 막을 수 없다는 것이 문제였다.

1만 1천 명 규모의 바르샤바 방어 독일군은 곧 진영을 정비하기 시작했다. 또한 독일에서는 폴란드인들의 투쟁에 분노한 친위대 수장 힘러가 직접 철저한 진압을 명령했다. 그는 과거 파르티잔 진압 등에 경험이 있는 에리히 폰 뎀 바흐Erich von dem Bach 장군의 지휘 아래 악명 높았던 디를레방어 여단과 카민스키 여단을 추가로 투입했다. 이들은 친위대 내에서도 지독히 잔인한 진압으로 악명이 자자했으니, 살인, 약탈, 강간 등 인간이 할 수 있는 모든 악행을 다 저지르는 범죄자 집단이었던 것이다. 8월 4일과 5일 사이에 이 범죄자 부대들은 시내 볼라Wola와 오호타Ochota 지구에서 수만 명의 시민과 국내군 포로들을 무차별적으로 학살했다. 친위대는 학살을 위해 개머리판, 대검, 기관총 및 화염방사기 등을 동원했고, 건물마다 모든 것을 부수고 불을 질렀으며 사람들이 밖으로 뛰쳐나오면 그대로 족족 살해했다. 시민들과 국내군의 사기를 꺾으려는 독일군의 사악한 의도는 분명했지만, 폴란드인들은 결코 쉽게 무너지지 않았다. 도시 곳곳의 건물마다 처절한 시가전을 벌이며 끝까지 저항했다(힘러는 바르샤바의 전투를 스탈린그라드의 시가전과 비교하기도 했다). 폴란드인들은 독일군에게 쫓기거나 지상에 더는 숨을 곳이 없어지면 과감히 지하 하수도로 숨어들어 투쟁을 이어갔다. 이에 독일군은 하수도 내부에 화염방사기를 투입해 저항군을 태워 죽이는 극단적인 방법까지 동원했다. 죽음을 각오한 이 처절한 전투는 일주일이 넘도록 계속되었지만, 곧 도착할 것처럼 보였던 소련군은 끝내 비스와 강 건너편에 머문 채 꼼짝도 하지 않았다.

당시 소련은 카틴 학살 같은 과거의 정치적 사건으로 인해 바르샤바의 국내군 지원에 대단히 부정적이었다. 소련군 자체도 장기간의 전투로 인해 공격 여력이 떨어진 게 사실이었지만 그들은 이러한 상황을 연합군 측에 정확히 알리지 않았다. 보다 못한 영국과 미국이 스탈린에게 죽어가는 폴란드에 대한 적극적인 지원을 요청한다. 스탈린은 마지못해 공중 지원을 했으나, Po-2 같은 소형 복엽기를 투입해서 보급품의 양이 많지 않았고 상당량의 보급품이 오히려 독일군 진영에 투하되었다. 그나마 폴란드군 손에 들어간 보급품은 소련제 탄약같이 사용할 수 없는 것들이었다(폴란드군이 쓰던 독일제 소총은 7.92㎜ 구경이었지만 소련군은 7.62㎜를 사용했다). 심지어 스탈린은 자국 수송기들이 바르샤바에 보급품을 공수한 후 소련 지역에 기착할 수 있도록 해달라는 영국과 미국의 요청마저도 거부했다. 서방과 소련에 있어 냉전의 기미는 이미 1944년 8월 바르샤바에서부터 감지되기 시작했다. 스탈린의 관점에서 폴란드 국내군은 반공으로 뭉친 폴란드 망명정부의 주구이자 '혁명의 적'으로서 오히려 제거해야 할 대상이었던 것이다.

시간이 흐를수록 바르샤바의 저항군은 수세에 몰렸다. 9월 초까지 여전히 여러 곳의 시내 중심부를 장악은 하고 있었지만 마치 섬과 같이 서로 떨어져서 독일군에 포위되어 있는 상황이었다. 독일군 진압 사령관인 폰 뎀 바흐는 투항하는 포로들은 수용소로 보내주겠다고 약속하며 전투의 종결을 꾀했다. 폴란드 국내군은 최후의 시도로 소련에 개입을 요청했지만 폴란드 출신이었던 소련 장군 콘스탄틴 로코솝스키Konstantin Rokossovsky는 아무런 답도 하지 않았다(그는 훗날 공산 폴란드의 국방장관이 된다). 9월 말이 되자 더 이상의 총알도 식량도 남아 있지 않은 상황에서 부르-코모로프스키는 자신이 할 수 있는 일을 다했다고 생각했고, 더 이상의 민간인 피해를 막고자 10월 2일 항복했다. 이들은 항복 전 함께 폴란드 국가를 부르며 자신들의 63일간의 투쟁을 마무리했고, 이후 국내군 1만 5천 명이 독일군의 포로가 되어 각지의 수용소로 분산되었다. 그럼에도 불구하고 항복을 거부한 국내군 약 5천 명은 시민들 사이에 섞여 투쟁을 이어갔다. 남아 있는 바르샤바 시민들은 대부분 임시 난민수용소로 이동했고, 일부는 불행히도 나치의 강제수용소로 가게 되었다. 봉기를 진압하는 과정에서 20만 명 이상의 폴란드 시민이 목숨을 잃었고 국내군 1만 6천 명이 사망한 것으로 추산된다. 사망자 중에는 봉기 다음 날 힘러의 직접 명령에 의해 독일 수용소에서 살해된 로베츠키 총사령관도 포함된다. 이후 벌어진 독일군의 조직적인 파괴로 한때 '동유럽의 파리'라 불렸던 바르샤바 시가지의 85%가 사라지고 말았다.

저주받은 군대 그리고 부활

1945년 1월 17일, 소련군이 마침내 비스와 강을 건너 바르샤바를 해방한다. 소련군은 공산주의자들로 구성된 폴란드 인민군과 함께 도시에 진군하는데, 국내군은 이들과의 충돌을 피하기 위해 1월 19일에 공식적으로 해산한 터였다. 폴란드인들에게 해방의 기쁨은 잠시였고 곧 국내군 출신 시민들이 소련군에 체포되기 시작했다. 종전까지 총 6만 명의 국내군 출신이 체포된 가운데 그중 5만 명이 소련 수용소에 수감된다. 일반 병사들은 그나마 이 정도로 끝났지만 국내군의 고위 지휘부 16명은 종전 직전인 1945년 3월에 모두 모스크바로 압송당했다. 이 중에는 국내군의 마지막 사령관인 레오폴트 오쿨리츠키Leopold Okulicki 대령도 포함되어 있었다. 이들은 모스크바의 루반카 형무소에서 수개월간 NKVD에게 잔인한 고문을 당했고 이후 '나치와 협력했다'는 어이없고 터무니없는 죄목으로 기소되었다. 증거가 조작되고 결과가 뻔히 보이는 가짜 재판에서 대부분이 징역형을 선고받았다. 리더였던 오쿨리츠키는 1946년 크리스마스 이브, 형 집행 전에 의문의 죽음을 맞았다. 그의 마지막 순간은 마치 폴란드 현대사의 비극을 압축해 보여주는 듯했다. 이후 소련의 위성국이 된 폴란드는 여전히 싸움을 이어가던 국내군 잔여 세력에게 '사면'을 미끼로 항복을 권유했지만, 항복한 이들은 모두 죽거나 감옥에 갇히는 참담한 운명을 맞았다. 그야말로 폴란드의 마지막 저항마저 서서히 질식당하고 있던 순간이었다. 더 이상 어떤 희망도 찾을 수 없었던 사람들은 폴란드의 깊은 숲속으로 숨어들어 자신만의 고독한 싸움을 이어갔다. 마지막 국내군 잔존자는 무려 1963년까지 살아남았다. 그 주인공은 국내군 상병 출신의 45세 유제프 프란차크Józef Franczak였다. 그는 폴란드 동부에서 지역 경찰과의 교전 끝에 최후를 맞았다. 공산주의 통치 시기 내내, 폴란드 국내군과 카틴 학살은 절대로 입에 올려서는 안 될 금기의 주제가 되었다. 그렇게 역사는 모두 덮이고, 잊혔다.

1989년, 동유럽에서 공산주의 정권들이 하나둘 무너지며 철의 장막이 서서히 걷히기 시작했다. 폴란드 역시 그 거대한 변화의 물결에서 예외가 아니었다. 변혁의 바람은 폴란드 구석구석을 흔들었고, 마침내 폴란드 국내군과 런던 망명정부의 이름이 수면 위로 떠오르기 시작했다. 과거에는 나치 협력자나 배신자 취급을 받았던 이들에게 드디어 정부 차원의 공식 사면과 복권이 선포되었다. 1994년 8월, 바르샤바 한복판

폴란드 국내군-지하정부 기념 오벨리스크
© Happa

비예스카Wiejska 거리에서는 국내군과 지하정부를 기리는 오벨리스크가 건립되기 시작했다. 1999년 6월에 완공된 이 32m 높이의 거대한 오벨리스크는 폴란드 하원 건물 인근에 당당히 서 있는데, 이는 국내군과 지하정부가 늘 국민 곁에 있었다는 상징적 메시지를 담고 있다. 폴란드인들의 국내군에 대한 존경과 애정은 2004년 7월, '바르샤바 봉기 기념관'이 문을 열면서 절정에 달한다. 국내군은 단순한 저항 조직을 넘어 '불굴의 폴란드 역사'라는 거대한 기둥으로 우뚝 서게 되었다. 그리고 오늘날, 폴란드인들은 그 기둥을 잃지 않기 위해, 다시는 꺾이지 않기 위해, 여전히 싸우고 있다.

2부.
중립국의 선택

2차 세계대전이라는 험난한 국제 정세 속에서 각 국가는 당시에 처한 상황이나 정치적 방향성에 따라 다양한 생존 전략을 펼치게 된다. 그중에는 중립을 유지하며 최대한 전쟁의 참화를 피하려고 노력한 나라들도 있었다. 동시에, 비록 조국은 중립을 지키고 있지만 국가의 특수한 상황과 개인의 신념이 결합되어 전쟁터로 향한 사람들도 많았다.

4장

블루 디비전

추운 곳에서 싸웠던 남국의 사나이들

독일군 소속의 스페인 지원군(1941~1945)

블루 디비전 병사들과 부대 마크

"우리에게 남은 유일한 방법은
가능한 한 최고의 방식으로 죽는 것이다."

소련군에 포위된 블루 디비전 소속 스페인 병사가 남긴 말

2015년 11월 5일, 영국 『텔레그래프』지에 보도된 폭로성 기사 하나로 유럽 여러 나라에 미묘한 정치적 파장이 퍼져나갔다. 기사는 메르켈 수상 휘하의 독일 연방정부를 정면으로 비판하고 있었다. 독일 정부가 2차 세계대전이 끝나고 70년이 지났음에도 여전히 나치를 위해 싸운 전직 독일군 출신들에게 연금을 지급한다는 내용이었다. 그런데 여기서 이상했던 것은 독일군 출신들의 국적이었는데, 이들은 예상치 못하게도 2차 세계대전 당시 중립국이었던 스페인 출신이었다. 독일 정부는 1962년에 맺어진 스페인과 독일 사이의 협약에 따라 스페인 출신의 나치 독일군 복무자들에게 연금을 지급하고 있었던 것이다. 문제가 제기된 연금은 2015년 당시 기준으로 전직 군인, 미망인, 그리고 고아 등 41명에 지급되었는데, 금액은 연간 10만 9천 유로(한화 약 1억 8천만 원)였다. 이러한 사실은 당시 독일 좌파당Die Linke 출신의 연방 하원의원인 안드레이 훈코Andrej Hunko에 의해 알려졌다. 그는 여전히 과거 희생자들에 대한 보상이 적절히 이루어지지 않고 있음에도 이러한 반대 성격의 연금이 지출되는 것은 부당하다고 지적했다. 독일 및 유럽 정계에서도 여러 비판이 쇄도했다. 논란이 발생한 배경을 알기 위해서는 우선 2차 대전이 발발하기 전후의 스페인 사정에 대해 알아볼 필요가 있다. 그리고 그 중심에는 스페인 현대사에서 뺄 수 없는 한 사람의 이름이 등장한다.

프랑코의 선택

1940년 10월 23일 오후, 스페인에 가까운 프랑스 남부 도시 앙다이Hendaye 역 주변에는 수많은 무장 독일군이 근엄한 표정으로 경비를 서고 있었다. 더불어 화려한 장식을 한 군악대와 의장대가 사열 준비를 하며 마지막 점검을 했다. 무언가 큰 행사를 준비하는 게 분명했다. 이후 정확히 3시 20분에 특별 열차 한 대가 도착했다. 전면에 '제3제국'의 독수리 엠블럼이 새겨져 있던 그 열차에서 나치당 정복과 독일 군복을 입은 여러 명의 사람들이 내렸는데, 그중에는 총통 아돌프 히틀러와 외무장관 요아힘 폰 리벤트로프도 포함되어 있었다. 이들은 잠시 뒤에 도착할 누군가를 기다리며 플랫폼 앞에서 대기했다. 정확히 8분 뒤인 3시 28분에 또 한 대의 열차가 플랫폼에 들어섰다. 그 열차는 중립국 스페인에서 왔으며, 열차가 멈추자 장식줄이 달린 스페인군 전투모를 쓴 작은 키의 한 사내가 내려 히틀러와 반갑게 악수했다. 히틀러처럼 콧수염을 기른 그는 바로 스페인 내전의 승리자이자 파시스트 국가의 새로운 지도자인 프란시스코 프랑코Francisco Franco 였다.

프랑스 앙다이에서 히틀러와 함께 독일군을 사열하고 있는 스페인의 프랑코 총통.

카펫이 깔린 열차 플랫폼에서 잠시 독일군 의장대를 사열한 일행은 곧장 히틀러의 특별 열차 안에 마련된 별도의 회의실로 이동했다. 회의의 중대성을 보여주는 듯 출입 인원은 양국 최고위층의 극소수로 한정되었는데, 히틀러와 프랑코 외에 양국 외무장관 및 통역사 정도가 전부였다. 지금부터 이들이 하고자 하는 얘기의 골자는 스페인이라는 중립국(정확히는 비교전국Non-belligerent)을 독일을 포함한 추축국 편으로 끌어들여 전쟁에 참여시키려는 것이었다. 사실 프랑코의 처남이자 친독파였던 외무장관 세라노 수녜르Ramón Serrano Suñer가 한 달 전에 베를린을 방문했다. 그는 스페인의 참전과 관련해 독일과 미리 사전 협의를 했고 이 회담은 양국의 최고위층이 그 내용을 확인하는 자리였다.

우선 히틀러가 당시 독일에 유리한 전황을 설명하며 새로운 유럽과 세계 질서에 관한 청사진을 장황하게 설명했다. 히틀러의 장광설이 끝나자 이번에는 프랑코가 스페인 입장에서 독일 측에 할 말을 하기 시작했다. 그런데 그 말이라는 것이 사실상 일방적인 요구 사항의 나열일 뿐이었다. 프랑코는 독일에 항복한 프랑스가 약해진 틈을 타 모로코를 비롯한 북아프리카의 프랑스 식민지를 얻고 싶어 했다. 스페인 남부에 자리 잡은 눈엣가시였던 영국령 지브롤터(1713년 이후 영국이 점령함)도 다시 돌려받기를 원했고, 대서양에 있는 카나리아제도의 요새화 지원도 주문했다. 더불어 당시 내전이 끝난 지 오래지 않은 시점으로 식량 사정이 나빴던 자국 상황을 들며 연 10만 톤의 밀을 요구했다. 또한 전투기를 비롯한 각종 무기에 대한 요청도 잊지 않았다. 히틀러 입장에서는 하나하나의 요구가 버거웠는데, 특히 프랑스 식민지 관련 사안이 그러했다. 히틀러는 군인인 동시에 정치가였다. 비록 프랑스가 항복하긴 했지만 친독 정권으로 새로 들어선 필리프 페탱 원수의 비시 프랑스 정부는 엄연히 프랑스라는 나라를 공식적으로 계승하고 있었다. 스페인을 참전시키기 위해 프랑스의 해외 영토를 떼어준다는 것은 비시 프랑스와 협력을 강구해야 하는 히틀러에게 상당히 부담스러운 행위가 될 수도 있었다. 회담은 두 지도자의 일방적이고 모호한 말 잔치로 치달았고, 특별한 결론을 내지 못한 채 두 시간 만에 종료되었다. 히틀러는 스페인 내전 때 독일이 군대와 무기를 통해 물심양면으로 도와주었음에도 불구하고 무리한 요구를 하는 프랑코의 태도가 영 맘에 들지 않았다. 히틀러의 관점에서 볼 때 스페인은 좀 더 기회를 보며 영국의 패전이 거의 확정될 때가 되어서야 참전할 듯이 보였다. 프랑코와의 이 회담이 얼마나 고역이었는지 히틀러는 훗날 무솔리니에게 "프랑코와 회담을 다시 할 바에는 차라리 생이빨을 뽑겠다!"라고 말할 정도였다.

두 정상의 답답한 회의에도 불구하고 양국의 외무장관 선에서는 보다 구체적인 의제가 오고 갔다. 대서양 쪽 프랑스 국경에 인접한 스페인의 산세바스티안에서 벌어진 별도 회의에서 이들은 상호 의견을 절충하여 하나의 비밀 의정서를 만들고자 했다. 이 의정서에는 스페인의 참전은 추축국과 협의하여 그 시기를 결정한다고 되어 있었는데, 결정적으로 '스페인군이 준비가 되었을 때'라는 단서 조항이 붙어 있었다. 즉 그 시기는 총통인 프랑코가 판단할 것이었고 독일이 일방적으로 강요할 수 없었다. 이로써 프랑코는 '머리는 독일 쪽을 향하지만 발은 제자리에 두고 움직이지 않는' 묘한 스탠스를 취하게 되었다. 사실 스페인에게는 고려해야 할 여러 요소가 있었다. 당장 독일은 스페인 내전에서 자국을 도와준 은인이었다. 당시 전쟁 상황이야 독일 측에 유리하게 흘러가고 있었지만, 스페인이 두려워하는 영국은 여전히 싸우고 있었고 이베리아반도 남쪽에 붙어 있는 지브롤터의 기지와 해군을 통해 지중해를 압박하고 있었다. 또한 스페인 석유 수입의 대부분을 차지하는 미국은 비록 중립국이었지만 독일보다는 영국 편에 서 있었던 것이 확실했고, 스페인 참전 시 석유 금수 조치를 취한다는 비공식적인 압박을 가했다. 3년간의 내전에서 이제 겨우 벗어난 스페인에게 또 다른 전쟁에 참여한다는 것은 국가의 운명을 가르는 중대한 결정이 될 것이었다. 훗날 일부 역사가들은 이 당시 프랑코가 빈약한 스페인의 상황을 냉정하게 인지하고 의도적으로 히틀러에게 과도한 요구를 했다고 말하기도 한다. 즉 무리한 요구를 함으로써 스페인을 독일과 멀어지게 하고 참전하지 않으려 했다는 것이다. 정답은 이미 고인이 된 프랑코만이 알 수 있을 것이다. 하지만 프랑코의 진실이 무엇이든 간에 앙다이의 회담은 스페인으로 하여금 독일과 거리를 두게 했다. 한편 독일과 거리는 두었지만 머리는 여전히 그쪽으로 향해야 했던 스페인에게 몸이 조금 더 가까이 다가가는 사건이 발생한다.

블루 디비전

1941년 6월 22일, 나치 독일을 위시한 추축국이 소비에트연방을 침공한 '바르바로사 작전Operation Barbarossa'이 개시되었다. 300만 이상의 독일군 및 추축군 군대가 소련 땅으로 물밀듯이 진공하기 시작한다. 독일군은 이를 공산주의에 대항하는 '유럽의 십자군'으로 선전했다. 독일군의 진격이 시작된 직후 스페인 외무장관 수녜르는 한 가지 구상을 하게 된다. 다른 스페인 인사들보다 독일에 더 우호적이었던 그는 소련의 전장에 보내 독일을 지원할 전투 부대를 만들고자 했던 것이다. 스페인 입장에서 이렇게까지 할 한 가지 명분이 있었는데, 소련과 국제공산당 조직인 코민테른이 스페인 내전 당시 프랑코가 대항했던 공화파 정부를 적극적으로 지원했기 때문이다. 이런 배경이 있으니 소련에 군대를 보내면 내전 때 도와주었던 독일에게 과거의 빚도 갚는 셈이었고 프랑코에게 커다란 적이었던 소련에게 복수할 수도 있었다. 단, 한 가지 조건이 있었다. 파병될 군대는 스페인 정부에서 공식적으로 보내는 것이 아닌 '개인별 자원자'라는 자격으로 보낸다는 것이었다. 사실 대부분 스페인 국적이란 점에서 그 구분은 대단히 모호했다. 하지만 여전히 공식 참전을 하지 않은 중립국으로서 프랑코는 이와 같은 애매한 조건을 내세우며 반공 자원지들을 '비공식적으로' 모집하기 시작했다. 외무장관 수녜르는 6월 24일에 "러시아가 원흉이다!Rusia es culpable!"라는 유명한 연설을 통해 유럽의 모든 불행을 소련 탓으로 돌렸고, 아물지 않은 내전의 상처를 가지고 있는 많은 스페인인에게 참전의 불을 지폈다. 6월 27일부터 본격적인 모집이 시작되었는데, 군대와 팔랑헤당(독일 나치당과 유사한 프랑코의 극우 집권당)에서 반응이 가히 폭발적이었다. 모집 일주일 만인 7월 2일이 되자 정규 사단 규모를 훌쩍 넘는 1만

8천 명 이상의 사람들이 몰려들었다! 지원자의 절반 정도가 스페인 군의 장교와 하사관 출신들이었는데 이들의 장점은 대부분 내전 시기의 베테랑으로서 실전 경험이 있다는 것이었다. 과거 러시아 백군 출신으로 스페인에 망명해 있던 소수의 러시아인이 통역으로 참여하고자 했고 일부 포르투갈인도 지원했다. 스페인 지원병들은 붉은 베레모에 팔랑헤당의 진한 청색 셔츠를 입고 출정했는데, 이 셔츠의 색깔에서 유래하여 부대 이름은 '블루 디비전División Azul'이 되었다.

마드리드 역에서 열광적인 환송 속에 출발하는 블루 디비전 부대원들.
© Recuerdos de Pandora

부대의 지휘관으로는 스페인 아프리카 군단을 지휘했던 내전 시기의 용장이자 전략가, 아구스틴 무뇨스 그란데스Agustín Muñoz Grandes (종전 후 승승장구한 그는 60년대에는 스페인 부총리를 지냈고 프랑코에게 미국의 환심을 사기 위해 베트남전에 참전하라고 조언하기도 했다) 장군이 임명되었다. 부대원들은 마드리드에서 10일간의 짧은 기초 군사 훈련만 받았는데 사실 많은 사람들이 이미 전투 경험이 있어 훈련이 따로 필요하지 않았다. 더불어 부대에는 146명의 여성들도 포함되었으며 이들은 간호보조부대로서 임무를 수행하게 되었다. 드디어 7월 13일 오후, 마드리드 북부역에서 첫 번째 그룹의 출정식이 열렸다. 역에는 군악대의 연주 속에 수만 명의 인파가 몰려들었는데, 모든 사람들이 파시스트 경례를 하며 떠나는 사람들을 열정적으로 환송했다. 이들은 스페인 북부 대서양 연안의 산세바스티안과 프랑스의 앙다이를 거쳐 독일로 이동했다. 이동하는 열차를 보며 이미 점령당한 프랑스인들은 스페인 지원자들을 극도의 증오스러운 눈으로 쳐다보았고, 때로 열차에 돌을 던지기도 했다. 2,600여 명의 장교와 부사관을 포함한 18,000명의 스페인 사나이들은 평균 5일 정도의 여정을 거쳐 독일 땅에 들어왔다. 독일에서의 분위기는 적대적인 프랑스와 완전히 달랐는데, 서부 독일의 카를스루헤 같은 곳에서는 1만여 명의 독일 시민이 마드리드에서와 마찬가지로 이들을 열렬히 환영하며 플랫폼을 가득 메우기도 했다. 이후 하일브론과 뉘른베르그를 거친 부대는 마침내 최종 목적지인! 남부 독일 바이에른의 목가적인 마을 그라펜뵈어Grafenwöhr에 도착하게 되었다. 7월 23일까지 모든 인원이 독일 훈련지에 모였다.

이들이 묵을 막사는 전형적인 바이에른 전통 양식으로 지어진 목조 건물이었으며 쾌적하고 깨끗하게 관리되었다. 막사 주변은 넓은 숲으로 둘러싸여 있었고 그 안쪽으로 훈련장이나 사격장 등이 위치했다. 스페인 지원군은 이후 독일군의 회녹색 군복을 지급받았지만 여전히 팔랑헤당의 청색 셔츠를 입었고, 철모에는 독일 국방군 Wehrmacht의 흑백적 삼색 표시 대신 적황색의 스페인 국기를 딴 엠블럼을 달았다. 또한 상의 오른쪽 소매에는 '스페인ESPAÑA'이라는 국적 표시를 부착했다. 하지만 그 외에는 모두 독일식을 따랐으며, 독일군의 엄격한 스파르타식 훈련 스케줄에 따라 시계와 같이 움직이기 시작했다. 이들은 독일군의 기본 병기인 마우저 Kar-98k 소총과 MG-34 기관총을 들고 독일식 분대 전술을 익혔다. 일과가 끝난 후 몇몇은 동네 술집 등에 들러 스트레스를 풀곤 했는데, 때로는 알코올로 인한 취기 때문이었는지 근처 독일인들과 시비가 붙기도 했다.

그럭저럭 훈련을 하며 일주일의 시간이 지나가자 스페인 지원병들에게 다소 어색한 순간이 다가왔다. 모든 독일군은 훈련을 받는 동안 총통인 히틀러에게 '충성의 맹세'를 해야 했는데 스페인 사나이들에게 이것은 다소 받아들이기 어려운 일이었다. 7월 31일, 무더운 여름 더위 속에서 충성 맹세를 하기 위해 전 사단 병력이 집합했다. 무뇨스 그란데스 사단장과 독일 측 대표 프리드리히 프롬Friedrich Fromm(프롬은 히틀러 암살을 기도한 '발키리 작전' 중 반란군과 진압군 사이에서 박쥐 같은 행보를 보이다 나치에 의해 총살당한다) 보충군 대장이 참석해 행사를 주관했다. 최종적인 충성 맹세는 스페인 병사들의 불편한 의중을 반영하여 원래 독일군 내용과는 다르게 수정되었는데, '공산주의에 대한 대항' 등의 내용을 포함하여 선서하는 이들의 정체성을 분명히 했다. 이 맹세를 통해 스페인 지원병들은 독일 국방군 소속으로 거듭나게 되었고, 공식적으로 '독일 육군 제250보병사단'으로 불리게 된다. 사단은 정규 독일군 편제를 따라 3개의 보병연대와

1개의 포병연대로 구성되었다. 8월 중순이 되자 스페인 병사들의 훈련도 끝나며 서서히 전장에 투입될 준비를 마무리하게 된다.

머나먼 전장

소련 전선에서 행군 중인 블루 디비전 병사들.

스페인 병사들은 마침내 8월 20일 그라펜뵈어 숙영지를 떠난다. 부대는 총 66개 그룹으로 이루어졌는데 이동에만 일주일 이상 걸렸다. 이들은 베를린이나 라이프치히 등 눈에 익었던 독일 도시들을 떠나 점령지인 폴란드의 평원과 비스와 강을 지나갔다. 스페인 병사들은 점령지의 허물어진 폐허를 보며 서서히 전쟁의 기운을 느낄 수 있었다. 이들을 태운 열차는 최종적으로 폴란드 동부의 수바우키Suwalki에서 멈추었는데, 8월 28일 부대의 마지막 그룹이 도착하면서 1단계 이동이 끝났다. 이후 부대는 열차가 아닌 행군으로 본격적인 이동을 이어갔으며, 최종 목적지는 모스크바로 가는 관문이었던 스몰렌스크Smolensk였다. 스페인 병사들은 이곳에서 페도어 폰 보크Fedor Von Bock 장군 휘하의 중부집단군에 배속되어 모스크바 공격에 합류할 예정이었다. 스페인 병사들은 리투아니아의 빌뉴스에서 며칠간의 마지막 휴식을 취한 후 본격적으로 소련 땅에 들어섰다. 광활한 숲과 끝도 없이 펼쳐진 비포장도로, 음산한 소택지가 남국의 사나이들을 기다리고 있었다. 스페인 병사들은 이동 수단의 도움도 크게 받지 못했고, 각종 무기와 보급품을 휴대한 채 수백 킬로미터를 터벅터벅 걸어서 이동해야 했다. 많은 병사들이 행군 과정에서 힘들어했고 발과 어깨에 극심한 통증을 호소했다. 그럼에도 불구하고 블루 디비전은 열렬한 반공주의자들로 이루어진 부대였으므로 '공산주의의 심장'인 모스크바에 일격을 가한다는 상상만으로 높은 사기를 유지할 수 있었다. 하지만 하루가 다르게 변하고 있는 전선의 상황은 이들의 남은 여정이 희망대로 흘러가도록 놔두지 않았다.

스페인 병사들은 악전고투 속에 근 한 달을 제대로 씻지도 못한 채 소련 땅에서 행군하며 천천히 스몰렌스크로 이동해 갔다. 그러던 중 9월 24일, 레닌그라드 방향으로 공격하던 독일 북부집단군 소속 빌헬름 폰 레프Wilhelm Von Leeb 장군이 증원을 요청했다. 당시 독일군의 주공은 중부집단군으로 집중되어 수도인 모스크바를 향하고 있었는데, 이 와중에 병력이 부족해진 북부집단군이 더 많은 병력 보충을 요청한 것이다. 독일군 총사령부는 몇 개의 사단을 빼서 북부집단군에 배속시켰는데, 이 중에는 아직 실력이 검증되지 않은 제250

보병사단, 블루디비전도 포함되었다. 스페인 병사들 역시 갑자기 행군 방향을 바꿔 북쪽으로 향해야 했다. 전시에 떨어진 명령이라 어쩔 수 없는 노릇이었지만 무뇨스 그란데스 장군을 비롯한 거의 모든 병사들이 모스크바로 가지 못한 것에 심한 불만을 터뜨렸고 부대의 사기도 말이 아니었다. 이들은 이후 독일 16군 소속으로서 유서 깊은 러시아의 도시 노브고로드Novgorod에 배치되었다. 이때가 대략 10월 초순이었고, 독일 숙영지를 떠난 지 거의 50일이 다 된 시점이었다. 병사들은 오랜 이동과 가을장마 속의 진흙밭 행군으로 인해 극도로 지쳤지만 한편으로는 목적지에 도착했다는 생각에 안도감을 느끼기도 했다. 하지만 이곳은 목숨이 왔다 갔다 하는 전쟁터였으니, 지금부터 스페인 병사로서 독일인들에게 자신의 실력을 증명해야 했다. 그들에게 진짜 시련이 다가오고 있었다.

악전고투의 연속

스페인 병사들은 독일군 제38군단 소속으로 노브고로드를 중심으로 볼코프 강 좌안부터 일멘 호수 우측까지 약 50km 섹터를 담당했다. 드디어 10월 14일에 첫 번째 전투가 벌어졌는데, 소련군은 몇 개월 전의 무기력한 모습에서 벗어나 서서히 강력해지고 있었다. 최초의 각종 교전에서 블루 디비전은 나름 소련군의 맹공을 막아내며 전장에 적응했다. 10월 18일에 블루 디비전 269연대가 주축이 되어 볼코프 강 동안으로 기습 도하를 했고, 소련군의 포병 관측소를 점령하는 성과를 거두었다. 교두보를 확보한 269연대는 계속 공격하여 인근의 여러 마을도 추가 점령하는 성과를 거두었다. 이후 소련 군이 재차 반격을 하는 가운데 양측의 사상자도 증가했는데, 소련군 은 특히 맹렬한 포병 화력을 사용하여 블루 디비전을 공격했다. 더 불어 11월 초가 되자 소련군보다 더 무서운 적이 다가오고 있었다. 130년 전 나폴레옹을 괴롭혔던 바 로 그 러시아의 동장군이 예년보 다 빠르게 찾아온 것이다. 아직 하 계 군복만으로 버티고 있던 스페 인 병사들 중에 동상 환자가 속출 하기 시작했다. 이들은 다른 독일 군들처럼 살기 위해 소련 민가에 서 빼앗은 테이블보와 천 쪼가리

레닌그라드 전선의 블루 디비전 병사들.
© Fotocollectie Spaarnestad Onderwerpen

등을 닥치는 대로 옷 안에 끼워 입으며 버텼다. 영하 30도의 극도로 추운 날씨 속에서 보급도 충분치 않은 가운데, 소련군의 본격적인 반격으로 인해 스페인 병사들은 물론 독일군도 극도로 피폐해져 갔 다. 1941년 말까지 스페인 병사들의 피해는 블루 디비전 사단 전 병 력의 30%에 달하는 것으로 파악되었다.

해가 바뀌어 1942년이 되었지만 상황은 호전되지 않았고, 1월 7일 이후 소련군은 공세의 수위를 더욱 높였다. 소련군의 목표는 사 방에서 압박하여 포위된 레닌그라드로 가는 길을 뚫는 것이었다. 전 투가 가열되는 가운데 서쪽의 일멘 호수 일대에 독일군 500명 이상 이 소련군에 포위되는 상황이 발생했다. 스페인 병사들은 신속히 이

동하여 이들을 구출하라는 명령을 받았고, 스키부대까지 동원해 얼어붙은 일멘 호수를 돌파하고자 했다. 전투는 극히 고통스러웠는데, 이때 체감 온도가 무려 영하 50도까지 떨어졌기 때문이다. 스푼을 입에 대면 바로 얼어붙어서 떼어내려고 하면 살점이 뜯기는 지경이었다. 게다가 소련군과 전투하는 가운데 부상자 외에 100여 명 이상의 동상 환자들이 발생해서 양쪽 다리를 잘라야 하는 사람들도 수십 명에 달했다. 하지만 11일간의 사투를 거치면서 스페인 병사들은 한 걸음 한 걸음 전진하며 마침내 포위된 독일군들과 닿았고 이들을 구원해 냈다. 이러한 전투들을 통해 스페인 병사들을 '열등한 라틴계 집시' 정도로 치부했던 독일군의 평가가 달라지기 시작했다. 32명의 블루 디비전 병사들이 철십자훈장을 받았는데, 이는 북부집단군 소속 부대들 중 가장 높은 비율이었다.

1941년과 42년 사이의 겨울 전투가 끝나고 양측 모두 전열을 재정비하기 시작했다. 다시 한번 하계 공략을 통해 최종적 승리를 이루고 싶었던 히틀러는 이 해의 커다란 전략적 목표를 '남부 코카서스의 유전 지대'로 정했다. 더불어 스페인 병사들이 배치되어 있던 레닌그라드 일대의 포위도 끝내고 싶어 했다. 8월 초, 이들은 공격 준비를 위해 주둔지 노브고로드에서 열차를 타고 북쪽으로 이동하게 된다. 스페인 병사들이 담당하게 될 섹터는 레닌그라드와 모스크바를 연결하는 철도가 지나가는 푸시킨Pushkin, 파블롭스크Pavlovsk 및 크라스니-보르Krasny-Bor 등의 30km에 달하는 지역이었다. 하지만 8월 27일에 소련군이 역으로 레닌그라드를 해방하기 위해 도시의 남쪽인 므가Mga에서 공격을 개시했고, 독일군 병사들은 이들을 결사적으로 막아냈다. 독일군은 공격을 준비하다가 오히려 역습을 당한 상황이었다. 비록 소련군은 막아냈지만 이 과정에서 3만 명의 독일군 사상자가 발생했고 북부집단군에는 더 이상 레닌그라드로 진격할 여력이 사라졌다. 그렇게 양측은 난타전을 펼친 권투선수들처럼 숨을 거칠게 몰아 쉬며 대치 중이었다. 스페인 병사들도 이 과정에서 참호에 틀어박힌 채 방어 태세를 취했지만 연일 계속되는 소련군의 포격으로 사상자가 점점 늘어갔다. 양측의 불안한 교착 상태가 1942년 말까지 이어졌다.

이러한 와중에 프랑코는, 능력은 뛰어나지만 지나치게 친독일적이라고 평가받았던 무뇨스 그란데스 사단장을 12월에 스페인으로 귀환 조치했다. 총통 프랑코는 군인인 동시에 무엇보다도 정치가였다. 비록 심정적으로는 독일 편이었지만 대외적으로는 여전히 중립국이었던 스페인의 지도자로서, 1942년 말부터 감지되는 독일 패배의 예감은 프랑코가 향후의 전략적 방향을 다시 가늠하게 만드는 나침반이었다. 이러한 시기에 지나치게 친독일적인 무뇨스 그란데스의 성향은 스페인에 부담이 되었다. 그의 후임으로 프랑코의 톨레도, 사라고사 사관학교 친구이자 내전 시대의 용장, 그리고 훗날 스페인 육군참모총장이 되는 에밀리오 에스테반 인판테스Emilio Esteban Infantes가 임명되었다. 비록 그가 스페인 내전에서 명성을 떨치기는 했지만 러시아의 전장은 훨씬 더 규모가 컸고 가혹했다. 독일군이 에스테반 인판테스의 충성심과 지휘 능력에 반신반의하는 가운데 그는 재빨리 전장 상황을 파악해야 했고, 자신의 지휘관으로서의 역량을 보여줘야 했다. 그리고 그 시기가 찾아오는 데는 오랜 시간이 걸리지 않았다.

전설의 탄생, 크라스니-보르 전투

크라스니-보르 전투에서 사투 중인 블루 디비전 병사들.

　1942년 11월 19일, 스탈린그라드 남쪽에서 엄청난 포성이 울리며 소련군의 전면적인 반격이 개시되었다. 소련군은 '천왕성 작전 Operation Uranus'을 통해 스탈린그라드의 독일 제6군을 역포위했고 전세를 일거에 뒤집으려 했다. 스탈린그라드의 포위가 점차 소련군의 승리로 굳어가고 있을 때 이들은 북쪽에서도 맹공을 가하기 시작했다. 바로 레닌그라드 일대에서 도시를 구하기 위한 일련의 작전을 개시한 것이다. 소련군은 1943년 1월 12일 '불꽃 작전Operation Iskra'을 통해 스페인 병사들이 있던 18군 지역을 난타하기 시작했다. 볼코프 전선군과 레닌그라드 전선군을 동원해 보름 이상 계속된 전투에서 소련군은 가까스로 라도가 호수 남쪽의 독일군을 몰아내며 레닌그라드로 향하는 좁은 통로를 만들어냈다. 1년 4개월 만에 레닌그라드가 외부와 연결된 것이다! 소련군으로서는 대단히 자랑스러운 업적이었지만(레닌그라드 수비사령관이었던 게오르기 주코프Georgy Zhukov는 이 공로로 소련군 원수로 승진했다) 문제는 통로의 폭이 10km 정도로 좁았고 남쪽 언덕의 독일군 포대에 정면으로 노출되어 극도로 위험했다는 점이다. 소련군은 레닌그라드의 완전한 해방을 위한 방법을 모색했고, 그 결과 2월 초에 '북극성 작전Operation Polyarnaya Zvezda'이라는 대규모 공세를 다시 한번 준비하게 된다. 스페인 병사들이 전설을 쓰게 된 전투가 이제 막 시작될 참이었다.

2월 10일 정확히 새벽 6시 45분, 레닌그라드 남쪽 독일군 진지 쪽으로 소련군의 엄청난 포격이 가해졌다. 포격과 함께 울려 퍼진 카추샤 로켓 발사기의 찢어질 듯한 굉음이 스페인 병사들이 있던 최전방 일대를 뒤흔들었다. 포격은 점점 더 후방까지 떨어지면서 블루 디비전이 위치했던 크라스니-보르 일대를 초토화시켰다. 2시간 반 정도 이어진 포격이 멈추자 전차를 앞세운 소련군 55군 소속 3개 사단이 공격을 개시했다. 소련군 55군의 목표는 남동쪽으로 진격하여 반대쪽에서 공격하는 자국 54군과 모스크바로 향하는 도로상에 위치한 토스노Tosno에서 합류하고, 독일군을 포위 및 섬멸하는 것이었다. 맹렬한 붉은 군대의 공격에 스페인 병사들의 여러 진지가 무너지기 시작했다. 많은 경우에 있어 스페인 병사들은 도망가지 않았고 진지와 벙커에서 적을 막다가 최후를 맞이했다. 이들은 특유의 전기톱 소리를 내는 MG-42 기관총을 쏘아대며 적을 막았지만 대전차 화기가 충분치 않았던 탓에 전진하는 T-34/76 전차에 그대로 유린당했다. 한 전투중대는 시내의 '10월 철도역'을 방어 중이었는데, 중대원이 40명 이하로 줄어들 정도로 극심한 피해를 입으면서도 후퇴하지 않았다. 결국 3시간 정도 이어진 전투에서 스페인 병사들은 철도역을 내주었으며 시 전역을 둘러싼 소련군에 포위되었다. 정오경 소련군은 상부에 크라스니-보르를 점령했다고 보고했다. 스페인 병사들의 운명은 끝난 것처럼 보였다.

하지만 소련군의 보고는 다소 성급했으니, 스페인 병사들은 여전히 도시의 남쪽과 서쪽의 이조라 강 일대에서 저항 중이었다. 이들은 전차에 맞서 '몰로토프 칵테일(핀란드군이 겨울 전쟁 중 전차 공격용 화염병을 당시 소련 외상 몰로토프의 이름에 빗대어 부른 것에서 유래함)'을 던지며 분전하고 있었고, 시간이 지날수록 전투 의지가 강해졌다. 이 와중에 독일 공군의 폭격기들이 지원 출격을 보내기도 했고, 18군 예하 다른 부대들이 스페인 병사들을 돕기 위해 투입되었다. 소련군도 사력을 다해 재차 공격했으나 착검 상태에서 죽음을 각오하고 달려드는 스페인 병사들을 막기에는 역부족이었다. 결국 2월 13일이 되자 공격하던 소련군의 전력은 40% 이상 피해를 입었고, 보유한 모든 전차를 잃은 터라 더 이상 공격을 감행할 상황이 아니었다. 이후 가까스로 독일군 212사단과 연결된 블루 디비전은 마침내 구출되었다. 총 5,900명의 스페인 병사들이 전투에 참여했는데 최종 70% 이상이 전사, 부상 및 실종될 정도로 엄청난 피해를 입었다. 하지만 스페인 병사들은 병력 비 7:1의 압도적인 열세 속에서도 위치를 사수했고, 결과적으로 레닌그라드의 완전한 해방을 1년 뒤

로 늦추었다. 이들은 독일에게는 가장 든든한 동맹군이자 적을 몰아
내야 하는 소련에게는 지독히도 저주스러운 존재였다.

오디세우스의 길었던 여정

바르셀로나에 돌아온 후 지인과 포옹하는
블루 디비전 출신의 귀환포로들.
© Fotocollectie Spaarnestad Onderwerpen

크라스니-보르에서 격전을 치른 스페인 병사들은 부대를 재편
성했고 보충병을 받으면서 다시 레닌그라드를 포위하는 전선을 유
지하고 있었다. 스페인 병사들은 대개 러시아 마을의 민간인 집에
머물렀는데, 일대의 주민들과 서로 교류하고 식량을 교환하기도 하
는 등 나름대로 친밀한 관계를 유지했다. 이들은 공산주의 소련은

증오했지만 소련의 국민들은 해방해야 할 대상으로 보았다. 사실 스페인과 러시아는 멀리 떨어져서 역사적으로는 서로 나쁜 감정을 가질 이유가 없었다. 한편 독일군은 러시아 민간인들과 스페인 병사들 간의 친밀한 모습을 못마땅한 시선으로 바라보았다. 1943년의 하계 공세는 남부의 쿠르스크 돌출부Kursk Salient에 집중되었고, 북부집단군 지역은 상대적으로 소강 상태였다. 비록 소강 상태라고는 하지만 양측은 수시로 정찰과 포격을 감행하며 상대방의 희생을 야기했다. 8월 말에 쿠르스크 전투가 독일군의 패배로 끝나자, 많은 국가들이 독일이 전쟁에서 패전할 것으로 예측했다. 실제로 독일군은 이후 전쟁 주도권을 상실했고 끝없는 후퇴의 길에 오르게 된다. 이러한 상황을 우려와 함께 냉정한 눈으로 쳐다보는 외부인들이 있었는데, 스페인의 프랑코도 그중 한 명이었다. 프랑코는 독일이 종국에는 전쟁에서 질 것으로 보았고, 동시에 연합군 측으로부터 블루 디비전을 철수시키라는 노골적인 압박을 받기도 했다. 결국 1943년 10월 12일에 본국으로 귀환하라는 프랑코의 공식적인 명령이 병사들에게 하달된다. 더불어 이날 프랑코는 친독일파 외무장관이던 처남 수녜르를 경질했다. 후임에는 연합국에 보다 가까운 성향인 프란시스코 조르다나Francisco Gómez-Jordana Sousa가 임명되었다.

블루 디비전은 귀환 후 공식적으로 해체되었지만, 소련 전선에는 여전히 귀환을 거부하는 2,000여 명의 스페인 병사들이 있었다. 이들은 강성 반공주의자들이었고 끝까지 소련군에 맞서 싸우기를 원했다. 프랑코에게 이들의 존재는 블루 디비전의 철수로 화가 난 히틀러를 미약하나마 달래주는 구실이 되었다. 남은 병사들은 레닌그라드 인근의 독일군 121사단 소속으로 계속 전투에 참여했으며 '블루 레지온Legion Azul'이라 불렸다. 1944년 1월에 소련군은 레닌그라드를 해방하고, 스페인 병사들은 많은 사상자를 낸 끝에 발트해 연안으로 후퇴한다. 이 와중에 연합군 측은 재차 스페인 정부에 남아 있는 모든 스페인 병사들의 귀환을 요구한다. 더 이상 연합국의 요구를 거절할 수 없었던 프랑코는 1944년 3월에 모든 스페인 병사들의 귀국을 명령한다. 하지만 이러한 명령에도 현지에 남아서 전투를 이어간 300명의 병사들이 있었다. 이들은 벨기에의 왈롱인(프랑스어를 쓰는 벨기에 남부인)으로 이루어진 무장친위대 28사단에 배속되었고, 동부 독일 일대와 베를린에서의 공방전에도 참여하면서 제3제국과 운명을 함께했다. 이들 대부분은 전투 후 소련군의 포로가 되었고 그렇게 스페인 병사들은 세상으로부터 잊히게 되었다.

  1954년 3월 26일, 소련의 오데사 항구에는 한 무리의 사람들이 고대 여왕의 이름을 딴 그리스 여객선 세미라미스 호에 승선했다. 승선객들은 한눈에 보아도 지치고 힘들어 보이는 286명의 스페인인들이었는데, 여러 이유로 소련에 억류되던 중 고국으로 귀환하게 된 것이었다. 이들 중에는 스페인 내전 때 공화파에 의해 소련에 보내졌던 사람들이나 피난민도 있었지만, 대부분을 차지하는 나머지 229명은 블루 디비전과 블루 레지온 소속으로 소련군에 포로가 되었던 스페인 병사들이었다. 사실 소련은 그때까지 스페인 출신 포로의 숫자나 존재를 외부에 알리지 않았다. 소련군은 극도의 반공주의 성향을 보였던 스페인 병사들을 증오해 끝까지 석방하지 않았으며, 1953년 3월에 스탈린이 죽고 나서야 병사들의 송환 얘기가 오고

갈 수 있었다. 당시 스페인과 소련 사이에는 외교 관계가 없었기에 제3국인 프랑스 적십자사가 개입해 이들의 석방을 이끌어낼 수 있었다. 무려 전쟁이 끝난 지 9년 만의 일이었다. 세미라미스 호는 소련의 오데사를 떠나 스페인 바르셀로나로 향하는 여정을 시작했는데, 다음 날 27일에 지중해로 가는 통로인 튀르키예 이스탄불에 기항했다. 이곳은 송환 병사들을 취재하려는 스페인과 전 유럽에서 온 취재진으로 북새통을 이루었다. 어리둥절한 스페인 병사들은 열띤 취재 및 인터뷰 분위기에 당황하기도 했지만 이내 담담히 자신들의 소회를 전했다. 사실 이들은 항공편으로 더 빨리 스페인에 올 수도 있었다. 하지만 '노련한 여우'인 프랑코는 이 사건을 공산주의에 대한 스페인과 자신의 승리로 대외에 홍보하고자 했으므로 최대한 시간을 끌었다. 그렇게 병사들은 이스탄불에서 인터뷰를 했고 이들의 극적인 사연이 전 유럽에 타전되며 엄청난 반응을 불러일으켰다. 물론 가장 큰 반응은 이들 대부분의 소식을 듣지 못한 채 사망한 줄만 알고 있었던 조국 스페인에서 나왔다. 라디오를 통해 10년 동안 소식이 끊겼던 아버지와 자식의 이름을 듣게 된 가족들은 기쁨과 감격의 환호성을 질렀다.

이후 병사들을 태운 배는 지중해를 가로질러 바르셀로나로 향했고, 마침내 4월 2일 오후 5시가 조금 넘어서 바르셀로나 항구에 도착했다. 프랑코는 이날을 위해 스페인 내 회사 및 관공서에 임시 공휴일을 선포하며 병사들을 맞을 준비를 했다. 프랑코 정권은 정부 매체를 통해 이들을 공산주의의 압박 속에서도 신념을 버리지 않고 귀환한 영웅이자 순교자로 묘사했다. 바르셀로나 항구에는 병사들이 출발했을 때와 마찬가지로 군악대의 연주 속에 수천 명의 군중들이 모여 있었고 분위기는 점점 고조되었다. 마침내 조국 땅을 다시 보게 된 병사들은 웃는 가운데 하염없이 눈물을 흘렸다. 병사들이 하선하자 여기저기서 키스와 환호와 포옹이 이어졌으며 예외 없이 모든 사람들이 울고 있었다. 항구에는 공식 환영식을 위한 단상이 있었는데, 이곳에 병사들에게 낯익은 한 얼굴이 있었다. 바로 그들과 생사고락을 함께했던 무뇨스 그란데스 장군이었다. 이제는 육군 장관이 된 그 역시 천신만고 끝에 귀환한 옛 전우들을 보고 뜨거운 눈물을 흘렸다. 모든 행사가 끝나고 병사들은 스페인 각지의 고향으로 돌아갔다.

이렇게 해서 총 참전 인원 4만 5천 명에 달했던 스페인판 오디세우스들의 13년에 걸친 기나긴 여정이 끝을 맺게 되었다. 블루 디비전 참전자들은 부대의 끈끈한 연대를 바탕으로 프랑코 치하에서 정기 모임을 가지며 자신들의 세를 과시했다. 오늘날 이들에 대한 평가는 여전히 극단적으로 갈린다. 프랑코가 있던 스페인에서는 영웅이었지만 지금은 부정적인 의견도 많다(정확히 말하면 스페인의 젊은 층은 아예 관심이 없다). 한 가지 분명한 것은 과거와는 달리 이들 또는 관련인들을 스페인의 공식적인 국가 행사에 부르는 일은 사라졌다는 점이다. 한편 독일인들에게 스페인 사나이들은 자신들을 도와주었던 과거의 전우이며 러시아(소련)에서는 예나 지금이나 저주받을 파시스트 침략자이다.

5장

스웨덴 의용군

절망에 빠진 이웃에 손을 내밀다

겨울 전쟁 중 핀란드를 위해 참전한 스웨덴 지원병(1939~1940)

핀란드의 만네르하임 원수에게 훈장을 받는 스웨덴 의용군의 모습과
겨울 전쟁 당시 스웨덴 지원자들에게 수여된 명판.
('노르딕의 자유와 스웨덴의 명예를 위해!')

"여러분들은 우리 인생에서 숭고한 이상과 믿음에 최상의 가치를
두는 사나이들이 여전히 존재한다는 것을 증명했습니다."

겨울 전쟁 후 떠나는 스웨덴 의용군에게 전달된 만네르하임 원수의 고별사

2024년 2월 26일, 전 세계 언론들의 이목은 헝가리 부다페스트에 쏠려 있었다. 이날 아름다운 다뉴브 강변의 국회의사당에서 표결을 통해 한 가지 중요한 의사결정을 내리기로 했기 때문이다. 표결의 내용은 헝가리 국내에만 국한되지 않는 국제적 이슈였으며, 최종적으로 재적 의원 199명 중 184명의 찬성으로 가결이 선포되었다. 이렇게 해서 스웨덴은 나토NATO의 32번째 회원국으로 인정받게 되었다. 2022년 5월에 핀란드와 함께 가입 신청을 한 지 1년 9개월 만의 일이었다(핀란드는 1년 전인 2023년 4월에 이미 31번째로 가입했다). 스웨덴과 핀란드가 나토에 가입하게 된 배경에는 바로 2년 이상 지속되던 러시아와 우크라이나의 전쟁이 있었다. 양국은 러시아가 2022년 2월에 우크라이나를 침공하자 심각한 안보 위협을 느껴 3개월 후인 5월에 나토 가입을 신청했던 것이다. 나토는 집단안보 체제를 통해 회원국 중 어느 한 나라가 침공을 받으면 전체 회원국이 다같이 지원하는 것이 원칙이었다. 하지만 이들의 나토 가입은 순탄치 않았는데, 당시 30개 회원국이 있던 나토에서는 회원국 전체가 동의해야 신규 회원국을 받아들일 수 있었기 때문이다. 문제는 튀르키예와 헝가리가 스웨덴의 가입에 강한 반대의사를 표명한 것이었다. 튀르키예는 자국 내 반란 단체로 규정된 '쿠르드 노동자당(튀르키예에서 분리독립을 주장하며 무장 투쟁을 벌여온 쿠르드계 조직)'을 스웨덴이 지원하는 데 대해 강하게 반발했다. 한편 헝가리는 스웨덴과 다른 형태의 갈등을 겪었는데, 스웨덴 정부가 헝가리의 오르반 빅토르Orban Viktor 총리를 두고 독재적이며 비민주적인 인사라고 비판해 왔기 때문이다. 스웨덴 당국은 양국과의 갈등을 풀기 위해 노력했다. 튀르키예에는 유럽연합 가입에 대해 지지를 약속했고, 헝가리에는 자국산 그리펜JAS 39 Gripen 전투기 판매를 약속했다. 사실 스웨덴 입장에서 자국의 안보보다 더 중요한 것은 없었으므로 이를 위해서는 못 할 것이 없었다. 결국 스웨덴은 양국의 최종적인 지지를 얻으며 나토에 가입하고, 1814년 나폴레옹 전쟁이 끝난 이후 210년 만에 공식적으로 중립을 포기하게 된다. 중립을 포기한 것은 이미 1년 전 나토에 가입한 핀란드도 마찬가지였는데, 사실 두 나라는 80여 년 전 '소련'이란 침략자를 두고 서로 진하게 얽혔던 인연이 있었다. 당시 스웨덴은 중립국으로서 비록 전쟁에 참여하진 않았지만, 지금부터 설명하고자 하는 많은 스웨덴인들이 '절망에 빠진 작은 이웃 나라'를 돕기 위해 한겨울의 전장으로 뛰어든 적이 있었다.

위기의 신생 공화국

유럽의 북쪽 끝에 위치한 핀란드는 1차 세계대전 이전까지 러시아제국 소속의 대공국으로서 차르의 지배를 받고 있었다. 1917년 러시아에 혁명이 발생했을 때, 핀란드인들은 종주국이 혼란한 틈을 이용하여 독립국 건설을 추진했으며 마침내 1917년 12월에 독립을 선언하게 된다. 이후 국내의 좌우익 갈등

핀란드 내전 중 백군 지휘부
(중앙: 만네르하임 장군).
© The Gallen-Kallela Museum

이 깊어짐에 따라 1918년 1월부터 핀란드는 사실상 내전 상태로 돌입하게 되었다. 내전의 주체는 사회민주당 지지자 및 소비에트식 혁명을 추종하는 세력(적군赤軍)과 이를 막으려는 우익 세력(백군白軍)이었다. 백군은 스웨덴계 귀족 가문 출신으로 러시아제국군에서 군단장까지 역임했던 칼 구스타프 만네르하임Carl Gustaf Emil Mannerheim 장군이 지휘했다. 그는 러일전쟁과 1차 세계대전의 무수한 전투에 참전했던 백전노장의 경험을 가지고 있었다. 만네르하임과 휘하 장교들의 노련한 지휘와 더불어 러시아에 대한 적개심과 혁명을 전파하려는 적군에 대한 두려움으로 이웃 스웨덴에서도 1천 명의 지원군이 백군으로 참전했다. 결정적으로 4월에 핀란드로 파견된 1만 명의 정예 독일군 덕에 백군은 순식간에 승기를 잡을 수 있었다. 결국 백군은 1918년 5월에 적군 세력을 일소하여 내전에서 승리했다. 내전 중 좌우익을 막론하고 양측 간에 포로 및 민간인 학살이 심각한 수준으로 자행되었다. 한편 독일군은 핀란드에 계속 주둔하면서 본격적으로 내정에 간섭하려는 의도를 드러내기도 했는데, 1918년 11월에 독일이 1차 세계대전에서 최종적으로 패배하면서 결국 철수하게 된다. 이후 핀란드는 1919년 2월에 공화국임을 선포하며 북유럽의 신생국으로서 불안한 민주주의의 막을 올렸다.

　1920~30년대를 거치면서 핀란드는 나름대로 민주주의가 작동하는 모범적인 신생국가로 자리매김했는데, 이 와중에 1931년에는 공산당을 불법화했고 점점 세를 확장하는 소련에 대한 경계도 늦추지 않았다. 비록 1932년에 양국이 불가침조약을 맺고 1934년에 이를 재확인했지만, 문제는 이 조약이 그저 '종이 한 장짜리 문서'에

불과하다는 것이었다. 공산주의의 맹주였던 거대한 소련에게 작은 돌멩이 같은 핀란드는 늘 눈엣가시였다. 소련의 지도자 스탈린은 제정러시아 시절의 판도를 다시 회복하기 위해 호시탐탐 주변국들을 삼킬 기회를 노리고 있었는데 핀란드도 그 먹잇감 중 하나였다. 사실 핀란드는 잘 모르고 있었지만 스탈린은 히틀러와 맺은 독소불가침 조약(1939년 8월 23일에 맺었으며, 양국 외무장관 이름을 따서 몰로토프-리벤트로프 조약이라고도 부른다)에 따라 중부, 동부 및 북부 유럽의 세력권을 분할했다. 이 밀약에 따르면 핀란드는 폴란드 동부, 발트 3국, 루마니아의 베사라비아(오늘날의 몰도바공화국) 지역과 함께 소련의 영향권에 속해 있었다. 양국의 불가침조약 일주일 후에 히틀러가 폴란드를 공격했고, 9월 17일에 소련도 사전 합의에 따라 폴란드 동부를 침공했다. 소련은 폴란드라는 나라를 지도에서 지워버린 후 발트 3국과 '강요된' 군사협정을 맺어 자국군을 주둔시켰으며 현지의 우익 인사들을 대대적으로 체포했다. 이제 '붉은 곰'의 다음 타깃이 북쪽의 핀란드라는 것은 너무나도 분명해 보였다. 핀란드도 이미 상황의 심각성을 인지하고 9월 말 이후 조심스럽게 군대동원령을 준비했다. 10월 초에 소련 외무장관 몰로토프는 핀란드 대표단을 모스크바로 초청했는데, 스웨덴 주재 핀란드 대사였던 유호 파시키비Juho Kusti Paasikivi가 협상 대표단장을 맡았다. 회담은 겉으로는 화기애애한 분위기였지만 이후 소련이 핀란드에 제안한 협상안은 핀란드 대표단을 당황하게 한 데 이어 분노하게 만들었다. 몰로토프의 요구를 요약하자면 한마디로 '영토 교환'이었는데, "레닌그라드가 핀란드 국경에서 너무 가까우니 안전을 위해 핀란드 땅을 달라"라는 너무나도 황당한 내용이었다(레닌그라드는 핀란드 국경에서 32km 떨어져 있었다). 대신 그만큼의 다른 땅을 대토代土로 제공하겠다는 게 소련의 요구였다. 문제는 땅의 위치였다. 소련은 핀란드의 심장부인 서부 카렐리야 공업지대, 라플란드 지역, 핀란드만 일대의 섬들을 요구했다. 더불어 수도인 헬싱키와 항코, 비푸리를 포함한 주요 항구에 소련군이 30년 동안 주둔해야 한다고 주장했다. 한마디로 핀란드에 목줄을 채워서 쥐고 비틀겠다는 속셈이었다. 소련은 대신 습지로 가득한 동부 카렐리야의 황량한 불모지를 내주겠다고 제안했는데, 핀란드에게 매력적인 조건이 아니었다. 그럼에도 불구하고 전쟁을 피하고자 했던 핀란드는 추가 협의를 통해 합의안을 도출하려 했지만, 소련은 10월 31일에 양측 합의 없이 일방적으로 자신들의 요구를 대외에 발표해 버렸다. 선제적인 발표를 통해 핀란드를 꼼짝 못 하게 옭아매려는 나름의 계산이었으나 핀란드 의회는 11월 9일 이를 공식적으로 거부했다. 양측의 모든 협상이 끝났고 핀란드 대표단은 11월 13일에 모스크바를 떠났다. 소련 정부에서는 아무도 그들을 전송하러 나오지 않았다. 이제 외교관들이 대화로 할 수 있는 것은 더 이상 없었다. 남은 것은 군인들이 손에 피를 묻히는 일뿐이었다.

다윗과 골리앗의 싸움

1939년 11월 26일, 핀란드 국경과 가까운 소련의 마을 마이닐라Mainila에서 포성이 울리기 시작했다. 소련의 발표에 따르면 소련-핀란드 국경 인근 800m 지점에 핀란드군의 포탄 7발이 발사되었고,

소련군 국경 수비초소에서 경비를 서던 군인 4명이 사망했다는 것이었다. 핀란드는 즉시 그 정도의 사거리를 가지는 포가 인근에 없음을 밝히며 양국의 공동 조사를 제안했지만 몰로토프는 핀란드의 즉각적인 사과를 요구했다. 또한 핀란드군이 즉시 국경에서 수십 킬로미터 후퇴해야 한다고 주장했다. 핀란드는 당연히 사과 요구를 거부했고 소련은 11월 29일 기다렸다는 듯이 핀란드와 공식적인 외교 관계를 단절했다. 훗날 밝혀졌듯이 이 포격은 소련 측의 자작극으로, 전쟁 도발의 명분을 만들기 위한 기만 작전이었다.

진지를 방어하고 있는 핀란드 기관총 부대.
© Military Museum of Finland

11월 30일 오전 7시, 침공 준비를 마친 소련군이 대대적인 포격과 함께 핀란드 국경을 넘기 시작했다. 드디어 양국 간의 '겨울 전쟁Winter War'이 시작된 것이다. 소련군은 4개 집단군 26개 사단을 동원하여 라도가 호 좌우측과 북동부, 북부의 4개 방향에서 동시에 협공했다. 공격하는 소련군은 총 45만 명 이상이었고, 이를 막는 핀란드군은 총 병력 33만 명이었으며 그중 16만 명이 국경 쪽에 배치되었다. 병력의 열세에 더불어 장비의 차이는 차마 비교조차 할 수 없을 만큼 컸다. 소련군이 전차 3,200대를 동원한 데 비해 핀란드군은 고작 30여 대를 배치했는데, 이 중에는 1차 세계대전의 유물인 프랑스제 르노 FT-17이 포함되었다. 항공기도 비슷한 상황이었으니 소련군은 3,800대, 핀란드군은 110대였다. 공세 초기 소련군은 거대한 매머드가 진격하듯이 육중하게 나아갔고 이를 지켜보는 다른 나라 사람들 모두 소련의 신속한 승리를 예견하고 있었다. 핀란드군은 소련군의 경량급 T-26 전차만 봐도 공포에 질리고 말았다. 사실 핀란드군의 전차 보유량이 많지 않았기에 적잖은 병사들이 실물 전차를 처음 보고 당황해 어쩔 줄 몰라 했다. 이런 배경 때문에 소련군 사령부는 상황을 지극히 낙관했다. 특히 북동부 살라Salla 방면에서 진격하는 부대의 지휘관들은 행여라도 병사들이 스웨덴 국경을 넘지 않도록 각별히 주의를 주었다. 소련군 제7군은 라도가 호 서쪽 카렐리야 지협의 만네르하임 선(핀란드의 대對소련 방어선)에 근접하고 있었고, 동쪽에서는 제8군이 라도가 호를 우회해 만네르하임 선 배후로 가고 있었다. 동쪽에서 밀고 오는 적을 막지 못하면 핀란드군 주력은 양방향에서 협공을 당할 상황이었다. 핀란드가 절체절명의 위기에 빠져 있던 이때, 한 사람으로 인해 상황이 급격히 뒤집히기 시작했다.

파보 탈벨라Paavo Talvela는 1차 세계대전 후 독립 전쟁에 참여했던 핀란드군 예비역 대령이자 군수물자 구매위원회 소속의 기업인으로서 핀란드군의 열세를 가슴 아프게 지켜보고 있었다. 그는 답답한 마음에 옛 친구인 총사령관 만네르하임을 만나서 자신이 직접 부대를 지휘해 소련군을 저지하겠다고 제안한다. 12월 8일 탈벨라 대령이 이끄는 전투단은 소련군 전초가 있는 라도가 호 북동쪽의 톨바야르비Tolvajärvi 마을로 급파되었다. 그의 휘하에 있는 핀란드군은 눈 속에서의 위장을 위해 하얀색 설상복을 입었고, 스키와 수오미 기관단총(흔히 우리가 '따발총'이라고 부르는 소련군 PPSH-1941 기관단총의 원형이다. 분당 900발의 발사 속도로 겨울 전쟁 당시 핀란드군이 사용하여 소련군에게 강한 인상을 남겼고 이후 소련도 자체적으로 개발하게 된다)을 사용하여 소련군 진지에 몰래 야습을 감행했다. 소련군은 다가오는 적이 어디에 있는지도 몰랐고 허공에 마구 총질을 해대며 무너졌다. 결과는 대성공이었으니, 이러한 방식의 치고 빠지는 게릴라 전법이 소련군을 상대할 때 매우 효과적임이 증명되는 순간이었다. 이후 핀란드군은 하얀색 위장복을 입고 야밤에 유령처럼 나타나 소련군을 공격한 후 연기처럼 빠져나가는 전술을 반복한다. 또한 전차에 대해서는 '몰로토프 칵테일'이라 불렸던 화염병을 만들어 공격했고, 저격수를 투입하여 소련군의 진격을 방해했다. 이렇게 눈 덮인 숲에서 유령 같은 핀란드군의 공격을 받은 소련군은 마치 통나무가 작은 불쏘시개로 쪼개지듯 소부대로 분리되었고, 점점 작은 단위로 쪼개진 후에 전멸해 버리곤 했다. '불쏘시개용 나무 쪼가리'를 뜻하는 핀란드어에서 따와 '모티Motti'라고 불렸던 이 전술은 이렇게 시작되었다. 이후 소련군은 영하 30도에 이르는 극심한 북극의 추위와 열악한 보급 속에 부대 하나하나가 분쇄되어 갔다. 핀란드군 저격수로서 공인

534명 사살이라는 역대 최고 저격 기록을 가지고 있는 시모 해위해 Simo Häyhä 같은 우수한 저격수들이 눈 속에서 어찌할 바를 모르는 소련군들을 한 명 한 명 처리하자 주변의 소련군은 움직이지도 못하고 그대로 동상에 걸리며 죽어 나갔다. 전 세계 사람들은 '작은 거인'과 같은 핀란드인들의 엄청난 투지에 찬사를 보냈고, 이들의 분투를 돕기 위해 사방에서 지원하기 시작했다. 유럽 각국은 물론 미국과 심지어 남미의 우루과이에서까지 핀란드를 위해 싸우려는 지원병이 쇄도했다. 이 중 가장 큰 도움은 바로 국경을 맞대고 있는 한 이웃 나라에서 오게 된다. 바로 스웨덴이었다.

절망에 빠진 이웃을 돕다

핀란드가 소련의 공격을 받은 시점 전후로 유일한 동맹국은 발트해 건너의 소국 에스토니아였다. 하지만 이미 10월에 에스토니아는 소련군의 군홧발에 짓밟혔고 핀란드는 외로이 투쟁해야 하는 처지였다. 사실 스웨덴 정부와 그 국민들은 핀란드의 불행한 상황에 동정심을 가졌다. 하지만 국제관계는 동정심으로 해결되는 문제가 아니었고, 스웨덴 정부는 비록 중립은 아니지만 철저히 '비교전국'임을 선언했다. 핀란드는 스웨덴에 정규군 파병을 요청했지만 소련군과의 승산 없는 싸움에 휘말리기를 꺼려하는 스웨덴 입장에서는 절대로 수용할 수 없는 제안이었다. 스웨덴은 18세기 러시아 표트르 대제의 침공 이후 일종의 '러시아 공포증'을 가지고 있었으므로 소련군이 자국 땅에 오지 못하도록 막는 것이 다른 무엇보다도 중요하다고 생각했다. 이런 가운데
전쟁 초기 핀란드군이 괴멸되어 밀
리기 시작하자 스웨덴 국민들 사이
에서는 "핀란드를 도와야 한다"라
는 동정 여론이 들불처럼 퍼져 나
갔다. 순식간에 스웨덴 전국에 걸
쳐 125개의 지원병 모집소가 설치
되었다. 하지만 스웨덴 정부는 자국
의 비교전국 위치를 고려하여 처음
에는 모병 포스터조차 제작하지 못

핀란드 지원을 호소하는 스웨덴 의용
군의 모집 포스터(포스터 상단의 스웨
덴어 'Finlands sak är vår'는 '핀란드와
우리의 대의는 똑같다'라는 의미다).

하게 했고 민간에서 자발적으로 모
병하는 것처럼 보이게끔 조치했다. 이러한 스웨덴의 상황에 힘을 보
태기 위해 핀란드 외무장관 엘야스 에르코Eljas Erkko가 12월 초 스톡
홀름으로 가서 "최대한 많이, 최대한 빨리 핀란드로 와달라"라는 만
네르하임 총사령관의 절박한 메시지를 전달했다. 수많은 스웨덴 국
민들이 의용군에 지원했는데, 주로 과거 핀란드 내전에 참가했던 예
비역 장교들이나 스탈린과 공산주의를 혐오하는 이들이 다수였고
소련의 야만적 침략에 분개했다는 순수한 동기를 가진 사람들도 있
었다. 심지어 구스타프 아돌프Gustav Adolf 왕자까지 의용군에 합류하
고자 했지만 왕실의 일원으로서 손자의 대외적 상징성을 고려한 할
아버지 구스타프 5세의 반대로 참전할 수 없었다. 처음에 스웨덴 정
부는 '외견상 중립'에 대한 대외적 파장을 고려하여 지원자 숫자를
4,000명 이내로 제한하려 했다. 하지만 의용군에 합류하려는 사람

들이 너무나 많이 몰려 불과 일주일 만에 400명의 스웨덴군 장교를 포함한 12,500명 이상이 지원했다. 여기에는 같은 중립국이었던 노르웨이에서 온 700여 명의 지원자들도 포함되었다. 신체검사 등을 거쳐 최종적으로 8,700명이 전투에 적합한 인원으로 선발되었다. 또한 스웨덴 각계의 지도층을 중심으로 핀란드를 돕기 위한 '핀란드 위원회Finlandskommittén'가 구성되었으며, 이 위원회는 의용군의 무기와 장비를 구매하기 위한 자금을 모금했다. 총 20억 크로네(현재 가치로 약 3억 1천만 달러)가 모금되어 전달되었는데, 이는 당시 핀란드 연간 국방예산의 두 배 가까운 금액이었다. 비슷한 모병과 모금 등이 노르웨이, 덴마크, 헝가리, 그리고 미국에서도 벌어졌다. 한편 스웨덴은 핀란드에 직접 무기를 지원하기도 했는데, 13만 5천 정의 소총과 5천만 발의 탄약, 기관총 그리고 330문 이상의 야포, 대전차포 및 대공포가 패전 위기에 처한 핀란드에 긴급히 수혈되었다.

겨울 전쟁 중 스웨덴 지원군을 이끈 에른스트 린더 장군(우측)과
그의 참모장이던 칼 에렌스베르드(좌측).

지원자들의 지휘관은 스웨덴 예비역 중장 출신이자 핀란드 내전의 노장인 71세의 에른스트 린더Ernst Linder가 맡았다. 그는 1924년 파리 올림픽에 승마 대표로 참가했던 특이한 경력을 가지고 있었다. 린더 장군은 의용군 부대를 3개의 연대급 전투단으로 구성했고 각 전투단에는 보병을 중심으로 중화기 중대, 포병대 및 노련한 예거 중대Jaeger('사냥꾼'이란 뜻으로 일종의 특수정찰대)가 포함되었다. 린더는 자신과 같이 핀란드 내전에 참가한 적이 있는 노련한 칼 에렌스베르드Carl August Ehrensvärd(계속 군에 남았던 그는 1948년에 스웨덴 육군 참모총장이 된다) 중령을 참모장으로 삼았다. 또한 270명으로 편제된 제19의용항공대Flygflottilj 19도 만들어졌다. 이들은 스웨덴에서 원조한 12대의 영국제 글레디에이터 복엽 전투기, 5대의 하트Hart 경폭격기 및 기타 비행기 8대 등을 조종하여 전투, 폭격 및 정찰 임무에 투입될 계획이었다(의용항공대는 전투 중 12기의 소련군 전투기를 격추하는 전과를 올린다). 이들 비행기의 숫자는 당시 미약했던 스웨덴 공군력의 30%를 차지했다! 이제 해야 할 일은 막 편성된 의용군들을 핀란드로 이동시키는 것이었다. 하지만 스웨덴 정부는 이들이 스웨덴 영토에서 훈련을 하거나 집합하여 이동하는 것을 일절 허락하지 않았는데, 의심의 눈초리로 스웨덴을 바라보던 소련을 자극할까 두려웠기 때문이다. 의용병들은 우여곡절 끝에 개별 이동하여 스웨덴과 핀란드의 국경에 있는 도시 하파란다Haparanda에 집합했고 여기서 삼삼오오 핀란드로 입국했다. 이후 핀란드 서부의 케미Kemi로 이동했으며 그곳에서 단기 속성 훈련을 받게 된다. 지휘관인 린더 중장은 1월 초에 핀란드군의 만네르하임 원수와 만났고 스웨덴 의용군의 구체적인 전투 참여에 대해 함께 논의했다. 최종적으로 의용군은 핀란드 북부 전선 일대에 투입되기로 결정되었다. 1월 한 달 동안 이들은 핀란드의 거친 설원 이동에 필요한 스키 기술을 연마했고 동계 전투를 대비한 체력 향상에 주안점을 둔 훈련을 지속했다. 아직 전투에 투입되기 전이었지만 이때만 해도 전반적인 상황은 핀란드군이 소련군을 도처에서 격파하고 있었으므로 모두들 고무적인 분위기였다. 그렇게 훈련에 매진하던 의용군들에게 드디어 본격적인 전투에 참여할 기회가 온다. 때는 1940년 2월 초, 장소는 핀란드 북동부 일대였다. 하지만 상황은 1월의 긍정적인 분위기와는 사뭇 다르게 흘러가고 있었다.

짧았지만 의미 있었던 투쟁

파괴된 소련군 전차를 살펴보고 있는 스웨덴 병사.

1939년 12월 이후 보여준 소련군의 어처구니없는 졸전을 보며 스탈린은 격노했는데, 사실 이것은 예견된 패배였다. 스탈린이 몇

년 전에 벌였던 대숙청Great purge에 의해 소련군 장교의 거의 80%가 전시도 아닌 평시에 사라져 버렸기 때문이다. 유능한 지휘관들이 빠진 자리를 오직 스탈린에게만 충성하던 무능력자들이 차지한 탓에 소련군은 제대로 된 작전도 지휘도 할 수 없었다. 스탈린은 국면 전환을 위해 우선 지휘관부터 교체했다. 그는 자신의 오래된 술친구였지만 무능했던 국방인민위원 보로실로프Kliment Voroshilov를 해임했다. 그리고 러시아 내전의 용장 세묜 티모셴코Semyon Timoshenko가 핀란드 전선의 신임 사령관으로 임명되었으며, 스탈린은 티모셴코 휘하 병력을 90만 명으로 증원했다. 병력과 장비를 보충한 티모셴코는 2월 1일에 만네르하임 선의 카렐리야 지협을 포함한 모든 전선에서 30만 발 이상의 대대적인 포격을 개시하며 총공격을 감행한다. 이 공격에서 소련군은 전차와 보병, 항공기까지 상호 결합된 '보다 유기적인 작전'을 전개했다. 마치 거대한 쇠망치가 두드리는 듯한 소련군의 포격 속에서 핀란드군은 모든 전선에서 동시에 후퇴하기 시작하며 전열이 무너졌다. 조국을 잃어버릴 수도 있는 '진짜 위기'가 시작된 것이다. 이때가 바로 스웨덴 의용군이 훈련을 마치고 본격적인 전선 배치를 앞두고 있던 시기였다.

소련군의 공격으로 남부 카렐리야 지협의 핀란드군 주방어선이 무너지고 있었기에 북부의 핀란드군이 긴급히 남부 주전선으로 투입되어야만 했다. 스웨덴 의용군은 2월 초부터 로바니에미Rovaniemi 와 케미야르비Kemijärvi를 거쳐 북동부 전선의 살라 일대로 스키와 기차를 통해 이동했다. 이들은 이곳에서 핀란드군의 전력을 대체해 방어전에 투입된다. 살라는 소련 국경 인근에 위치한 핀란드 북동부의 관문으로, 이곳이 뚫리면 소련군은 핀란드 중북부를 가로질러 곧장 스웨덴 국경까지 갈 수 있었다. 다시 말하면 소련군에 의해 핀란드가 남북으로 분리될 수도 있는 상황이었다. 스웨덴 의용군은 살라 일대 방어를 대부분 책임졌고, 린더 장군은 이 일대 '라플란드 집단군'의 사령관이 되었다. 의용군은 사력을 다해 소련군을 막았는데, 이곳이 뚫리면 자신들의 조국인 스웨덴까지 더 이상 막을 부대가 없음을 잘 알고 있었기 때문이다. 소련군은 끊임없이 포격과 항공 공격을 가했고 의용군은 야간에 소규모 정찰을 통해 적에게 치고 빠지는 불의의 일격을 가하곤 했다. 특히 선봉에 있던 예거 중대는 몇 배나 되는 소련군과 근접전을 벌이며 총검으로 서로 죽고 죽이는 사투를 벌이기도 했다. 이들은 이렇게 소련군 2개 사단을 묶어놓으면서 남부 전선의 핀란드군이 짊어질 압력을 덜어주었다. 3월 1일에는 스웨덴 제1전투단 지휘관인 마그누스 디르센Magnus Dyrssen 중령이 소련군 포격에 전사할 정도로 전투가 치열해졌다. 이때가 되자 의용군 모두가 곧 최후의 순간이 다가옴을 직감하고 있었다. 이미 핀란드군의 주전선인 남부의 만네르하임 선이 뚫렸고, 이제는 수도 헬싱키 역시 위태로워졌다. 더 이상 선택의 여지가 없었던 핀란드는 즉시 소련과의 강화 협상을 준비하기 시작했고 3월 7일에 협상 대표단을 모스크바로 급파했다. 3월 13일, 마침내 핀란드가 소련의 조건을 받아들였고 105일간의 겨울 전쟁은 종결된다. 이 순간에도 소련군은 의용군 진영에 포격을 퍼부었으며 주 목표는 스웨덴 제2전투단이었다. 이 마지막 날 전투에서 9명이 사망했고 그렇게 스웨덴인들의 전쟁은 끝을 맺게 된다.

이제 스웨덴 의용군이 조국으로 돌아갈 시간이 되었다. 핀란드 군 총사령관 만네르하임 원수는 3월 27일 이 병사들을 스웨덴 국경 근처의 케미에서 직접 전송했다. 그동안 자국을 위해 용감히 싸워준 것에 대해 진심 어린 감사를 전하고 싶었던 것이다. 40명 정도의 의용군 병사들이 전투에서의 공적으로 핀란드 정부로부터 훈장을 받았다. 그리고 많은 아쉬움과 회한을 남긴 채 의용병들은 스웨덴으로 귀국했다. 이들 중에는 1년 후 핀란드가 소련과 다시 '계속 전쟁 Continutaion war'을 벌일 때 '스웨덴 의용대대'를 편성해 또 한 번 싸운 이들도 있었다. 최종적인 통계에 따르면 33명의 스웨덴 의용군이 사망했고 50명이 전투 중 부상을 입었다. 이들의 희생을 무려 2만 6천 명 이상이 사망한 핀란드군과 비교할 수는 없다. 하지만 한 가지 분명한 것은 핀란드의 '놀라운 용전' 뒤에는 스웨덴 의용군과 같이 대의를 위해 뭉친 외국인들의 지원이 있었다는 점이다. 또한 이러한 외부의 지원을 통해 핀란드 국민들은 더욱 용기를 얻었고 자신들이 혼자가 아님을 느낄 수 있었다. 결국 이러한 지원에 힘입어 핀란드는 소련이라는 '체급이 다른 거대한 적'을 거의 쓰러뜨릴 때까지 난타할 수 있었던 것이다. 휴전 협정의 결과로 핀란드는 국토의 10%를 소련에 넘기게 된다. 이것은 최초 소련의 협상 제안보다는 다소 완화된 조건이었고 무엇보다도 핀란드는 다른 나라들처럼 소련에 편입, 즉 정복되는 '최악의 운명'은 피할 수 있었다. 또한 소련은 겨울 전쟁에서 핀란드라는 작은 고추의 매운맛을 충분히 본 터라 이후 웬만하면 건드리지 않으려 했다. 이 모든 결과에는 자신의 목숨을 위기에 빠진 이웃 나라를 위해 기꺼이 바치려 했던 스웨덴 사나

이들의 헌신이 큰 역할을 했다.

　현재 스웨덴과 핀란드 두 나라는 과거의 역사를 잊어버리지 않고 다시 한번 자국의 생존을 위해 힘을 합치고 있는 중이다. 국가를 보존하기 위한 이들의 노력은 현재진행형이다.

3부.
편견과 차별을 넘어

인류의 긴 역사 속에는 인종, 성별, 국가의 강약 여부에 따른 차별이 끊임없이 존재해 왔다. 20세기 역시 예외가 아니었으며, 사회의 주류와 다르다는 이유로 엄격한 차별이 이어졌다. 그러나 이러한 굴레에 굴하지 않고, 그것을 깨뜨리기 위해 용감히 나선 선구자들이 있었다. 이들은 탁월한 실력으로 차별의 부당함을 증명하며 당당히 자신의 길을 걸어갔다.

6장

미 육군 442연대 니세이

끝장을 볼 때까지 싸운다

일본계 미국인으로 구성된 미 육군전투단(1943~1947)

트루먼 대통령의 사열을 받는 니세이 부대원들과 부대 마크.
© U.S. National Archives and Records Administration

"442연대는 일본계 미국인들의 조국에 대한 충성스러움과 용맹함을
전투에서 유감없이 보여주었다."

미 육군 제5군단장 마크 클라크 장군

2024년 7월 22일, 미국 버지니아주 포트 벨보어Fort Belvoir에 있는 미 육군 국립박물관에서는 매우 특별한 행사가 열리고 있었다. 이 날의 주인공은 행사 장소인 육군 박물관과는 다소 거리가 멀어 보이는 사람, 바로 프로야구단 샌디에이고 파드리스San Diego Padres의 포수 카일 히가시오카Kyle Higashioka였다. 그는 행사 주최 측으로부터 매우 특별한 메달을 증정받았는데, 이것은 일본계인 그의 할아버지의 과거 참전 경력과 관련이 있었다. 행사는 최초의 아시아(일본)계 미 육군참모총장이었던 에릭 신세키Eric Shinseki 예비역 대장의 주도로 진행되었으며 그는 대단히 감격한 표정으로 행사에 임했다. 이날 히가시오카는 자신의 할아버지를 대신해 미 의회 황금장US Congressional Gold Medal 복제품을 직접 수훈했다. 히가시오카의 할아버지는 2차 세계대전 중 일본계 병사들로만 구성된 특별한 부대에서 복무했고, 다른 병사들과 함께 유럽 전선에서 독일군을 상대로 용감히 싸웠다. 사실 일본계 병사들은 독일군들만 상대했던 것이 아니었다. 당시 미국 안에 존재했던 일본계를 향한 수많은 편견과 차별과도 맞서야 했기 때문이다. 일본계 병사들이 훗날에도 기억되고 칭송되는 것은 이러한 투쟁의 과정에서 보여준 그들만의 대응 방식, 즉 임무에 있어 문자 그대로 끝장을 보고자 하는 태도 때문이었다. 하지만 그 시작은 대단히 미약했고 때로는 혼란스러웠다.

미국 국적의 이방인들

1941년 12월 7일, 일본 제국의 전투기들이 하와이 진주만을 공격했을 때 미국인들의 분노는 통제 불가능한 수준이었다. 특히 일본의 선전포고가 공격 시간 이후에 전달되었다는 사실(선전포고문을 작성하는 일본 대사관의 타이핑 작업이 늦게 완료되었다)만으로 '뒤통수를 치는 비열한 일본인'에 대한 이미지가 모든 미국인들에게 각인되었다. 즉시 전국적으로 '반反일본'을 넘어 '반아시아' 광풍이 불기 시작했다. 수도 워싱턴에는 1912년에 일본이 우호의 상징으로 선물한 벚나무가 있었지만 성난 군중들에 의해 베어져 나갔고, 많은 일본 및 아시아계 상점이 공격당하기도 했다(이때부터 1947년까지 워싱턴에서는 벚꽃 축제가 열리지 않았다). 특히 캘리포니아 등 미국 서부 지역에서는 일본인과 외모가 거의 비슷하다고 여겨지는 중국, 한국 및 다른 아시아계 미국인들이 자신이 일본계가 아님을 밝히느라 곤욕을 치러야 했다. 막상 일본군의 직접적인 공격을 받은 하와이는 좀 더 상황이 복잡했는데, 이곳의 일본계 주민의 숫자는 15만 명으로서 전체 하와이 인구의 무려 3분의 1 이상이었다. 이들 대부분이 하와이에서 태어나 본인을 미국인으로 생각했는데, 이는 본토에 있는 대다수의 일본계 주민들도 마찬가지였다. 1941년 12월 7일 당시 하와이를 제외한 미국 땅에는 총 12만 7천 명의 일본계 미국인이 살고 있었으며 이들 중 대부분인 11만 2천 명이 서부의 태평양 연안에 거주하고 있었다. 이 중에서 8만 명 이상이 이민 2세대(일본어로 니세이二世) 이후의 사람들로서 미국에서 태어난 미국 국적자였다. 이제 미국은 일본을 비롯한 독일 및 이탈리아와 전쟁 상태에 들어가게 되었는데 이 과정에서 미국은 독일계나 이탈리아계 대비 외모가 두드러지는 일본계 미국인들의 처리를 놓고 심각한 고민에 빠진다. 이들 중 다수는 분명 미국인이었고 미국에 충성하리라 여겨졌지만 지금은 온갖 상황을 염두에 두어야 하는 전시라는 것이 문제였다. 워싱턴에는 여전히 이들의 충성심에 의구심을 갖는 고위 관료들이 많았다. 결국 미국 정부는 일본계 미국인들에 대해 보다 확고한 행정적 조치를 취하게 된다.

사막의 임시수용소로 이동하기 위해 기다리는 일본계 미국인들(1942년 4월).
© The Library of Congress

1942년 2월 19일 프랭클린 루스벨트 대통령은 '행정명령 9066호'에 서명했다. '행정명령'이라는 건조한 단어만 보면 정부의 단순한 행정 조치 정도로 치부되기 십상이지만 사실 이것이 담고 있는 내용은 문자 자체보다 훨씬 강력했다. 이 행정명령의 주요 내용은 국가 안보에 위협이 되는 사람들을 미국 내륙의 황량한 사막지대에 강제 수용한다는 것이었다. 정부의 공문을 보면 수용 대상이 반미국적인 외국인들이나 적국의 시민들 또는 간첩 행위자에만 해당하는 것으로 생각되겠지만, 사실 이 행정명령의 주 타깃은 따로 있었다. 바로 서부의 태평양 해안 지대에 거주 중인 12만 명에 달하는 일본계 미국인들이었다. 미국 정부는 외모가 확연히 두드러지는 이들 일본계 미국인들을 분리 수용함으로써 국내 보안을 강화하고 미래에 발생할지 모를 '재난의 불씨'를 미리 제거하고자 했다. 문제는 이들 중 상당수가 이미 미국 국적자였다는 점이었다. 한마디로 말하자면 미국 정부는 단지 인종과 피부색이 다르다는 이유만으로 자국 국민을 강제 수용하기로 결정한 것이다. 한 가지 예외는 하와이에 있는 일본계 주민들이었다. 주민의 3분의 1인 이들이 사라질 경우 경제, 행정, 사회, 교육 등 모든 면에서 하와이의 주요 기능이 마비될 것이라는 우려가 있었다. 최종적으로 위험인물로 분류된 1,800명 정도의 인원들이 강제 수용되었으며 다수인 일본계 주민들은 자신의 집과 일터를 지키고 있었다.

일본계 주민들의 본격적인 이주 및 수용은 1942년 3월 24일부터 시작되었다. 이날 서부 워싱턴 베이브릿지에 거주하던 일본인 227명이 캘리포니아의 만자나르Manzanar로 이동하라는 명령을 받았다. 이들은 거주하는 집에서 즉시 퇴거당했으며, 대부분 여행용 캐리어 몇 개만 들고 침울한 표정으로 임시 거주지로 향했다. 눈치가 빠른 몇몇 사람들은 재산이나 사업체를 미리 처분하기도 했지만 많은 사람들이 그렇게 하지 못해 재산상의 손해를 보게 되었다. 곧 캘리포니아 전체에서 일본인들의 강제 이동이 이루어져 8월까지 모두 17개의 임시수용소Civilian Assembly Centers로 옮기게 되었다. 일본계 주민들과 더불어 미국과 협력하는 남미 국가에서 추방된 독일계나 이탈리아계 외국인들 역시 수용되었는데, 이들은 5천 명 정도로 그 숫자가 비교적 많지는 않았다. 갑자기 12만 명의 사람들을 수용해야 하는 상황에서 서부방위사령부는 육군 공병대에 임시수용소 건설을 지시했다. 임시수용소 시설은 대부분 이전에 경마장이나 박람회장이었던 곳을 개조해서 사용되었으며, 여러 가족들 간에 분리하여 거주할 수 있도록 칸막이 등이 만들어졌다. 더불어 필수 시설인 공동화장실이나 세탁 시설, 식당 등이 신속하게 지어졌다. 물론 지역 주민들은 자신들 거주지 인근에 일본계 수용자들이 들어오는 것에 강하게 반대했지만, 전시 상황인지라 모든 항의는 묵살되었다.

임시수용소에서 잠시 시간을 보낸 일본계 주민들은 이후 '재정착 센터Relocation centers'라 불리던 메인 수용소에 수용되었는데, 이런 수용소가 캘리포니아, 콜로라도, 유타, 와이오밍 등 미국 7개 주에 총 10곳이 있었다. 각 수용소는 대략 1만 명 정도의 인원이 거주했으며 대개 황량한 사막지대에 철조망을 둘러친 곳이었다. 수용자들은 군대의 막사 같은 건물에 거주했다. 건물 밖에는 사막의 먼지바람이 휘몰아쳤고 사람들은 연신 콜록대며 눈과 입을 막았다. 막사 내부가 상당히 비좁았기 때문에 사생활을 보장받는 것은 거의 불가능했다. 그럼에도 불구하고 삶은 계속되어야 했다. 수용자들은 함께 텃밭을 가꾸거나 합창단을 만들었고, 야구나 미식축구 같은 운동에 함께 참여하며 가까이 교류했다. 이러한 활동들을 통해 수용자들은 같은 공동체로서 일체감을 공유했고 수용소에서의 단조로운 생활을 견딜 수 있었다. 비록 수용소 생활이 나치의 강제수용소나 일본군 포로수용소의 끔찍한 환경에 비할 바는 아니었지만 수용자들은 의기소침했고, 마음 한구석에는 끊임없이 의문이 맴돌았다. 수용자 중 많은 이들이 미국 국적자임에도 불구하고 '국가의 잠재적인 적'으로서 강제로 수용되어 있는 이 부조리한 상황에서 정체성에 혼란을 겪기 시작한 것이다. 비록 이들이 미국의 주류인 백인으로 태어나지는 않았지만 대부분은 자신을 미국인으로 여겨왔다. 하지만 당국은 명백히 아시아계를 향한 인종적인 편견을 바탕으로 자신들을 '미국의 적'으로 내몰고 있었다. 거의 모든 수용자들이 이러한 고민에 빠졌고, 그들은 결국 하나의 결론에 도달했다. "나는 미국인이다I am an American." 수용자들은 곧 자신들의 정체성과 애국심을 정부에 전달하기 위해 노력하기 시작했다. 특히 젊은 남자들은 보다 적극적인 방식을 선택했는데, 그건 바로 자신들의 애국심을 증명하기 위해 군대의 문을 두드리는 것이었다. 이들의 열의가 먼저 표출된 지역은 일본계 주민 숫자가 가장 많았던 하와이였다.

"나는 미국인이다!"

진주만 공격 이후 성난 미국인들로부터 가게를 보호하기 위해
일본인 주인이 붙여놓은 'I AM AN AMERICAN' 표지.
© Library of Congress

진주만 공격 직후 미군은 일본군의 상륙을 예견하고 해안 지대에 방위군인 298/299 연대를 배치했다. 문제는 이들 중 상당수가 일본계라는 점이었다. 미군 지휘부는 이들이 아군에게 총부리를 돌리지 않을까 우려해 종국에는 지급했던 스프링필드 소총과 탄환을 회수하기까지 했다. 결국 일본계 병사들은 하와이 방어에 참여할 수 없었으니, 이들 입장에서는 기가 막힐 노릇이었다. 이후 계엄령이 선포된 하와이에 델로스 에먼스Delos Emmons라는 신임 군정사령관이 부임하게 된다. 그 역시 일본계 주민들을 신뢰하지 않은 것은 마찬가지였지만 델로스는 적어도 그들에게 애국심을 증명할 수 있는 기회는 주고 싶었다. 그렇게 해서 방위군에서 제외된 일본계 대학생 학군단 ROTC생들이 주축이 되어 대학승리봉사단VVV: Varsity Victory Volunteer이라는 일종의 노동 및 근로지원부대가 창설되었다. 일본계 주민들은 이를 본격적인 전투 부대 창설을 위한 커다란 첫걸음으로 받아들였다. 이후 일본계를 대상으로 한 공식적인 징집이 시작되었으며, 1942년 5월에 1,400명 이상의 일본계 지원자들이 최종적으로 선발되었다. 한편 미 당국은 일본군의 하와이 침공을 계속 우려했고, 더 나아가 이런 경우에 일본계 병사들이 안보상의 문제가 될 것도 우려했다.

일본계 병사들은 6월 5일 군사훈련을 받는다는 명분 아래 미국 본토로 은밀히 출항하게 된다. 이들은 '하와이 임시 보병대'라는 잠정적인 부대명으로 불렸는데, 상위 부대가 없는 이른바 '고아 부대'였다. 미국 서부의 오클랜드 항구에 도착해서야 이들은 '제100대대'라는 정식 부대명을 부여받았다. 최초의 미군 소속 일본계 전투 부대가 탄생하는 순간이었지만 그 전후 배경을 살펴보면 그다지 감동적이지는 않았다. 이후 100대대는 3량의 분리된 열차에 실려 미 대륙을 횡단했고, 최종 목적지인 5대호 근처 위스콘신의 캠프 맥코이Camp McCoy에 도착했다. 이곳에서 백인 장교와 부사관의 지휘 아래 본격적인 훈련이 시작되었지만, 일본계 병사들은 끊임없이 자신들의 애국심과 충성심을 시험하려는 백인 교관들의 날 선 의도와 냉랭한 시선을 느낄 수 있었다. 반면 부대 주변의 민간인들과는 대체로 우호적인 관계를 유지했다. 한번은 인근 호수에서 익사할 뻔한 민간인을 100대대 병사가 구조한 사건도 있었다. 캠프 맥코이에서 6개월간의 기본 훈련을 마친 병사들은 1943년 1월에 상급 훈련 과정을 위해 남쪽 미시시피의 캠프 셸비Camp Shelby로 이동했다. 보다 실전에 가까운 전투 기술을 연마하기 시작했으며, 이곳의 훈련 강도는 이전 훈련장보다 훨씬 더했지만 병사들 누구 하나 불평하지 않고 어려움을 견뎌냈다. 자신들을 향한 보이지 않는 차별 속에 일본계로서 일종의 오기가 발동했던 것이다. 결국 100대대 병력들은 일련의 훈련 과정을 대단히 우수한 성적으로 마쳐 미군 지휘부에 깊은 인상을 남기게 된다. 이후 미군 당국은 일본계 미국인 부대를 추가 설립하기로 결정했다. 이 과정에서 미국 정부는 일본계 지원자에 대해 설문조사를 실시했는데, 조사 내용 중 이들이 일본에 충성하는지를 물어보는 항목이 있었다. 이것은 여전히 일본계에 대한 불신이 존재한다는 증거였기에 화가 난 일부 인원들은 설문지를 공란으로 제출하는 것으로 자신들의 분노를 표출했다. 우여곡절 끝에 1943년 2월 하와이에서 3천 명, 본토에서 8백 명이 모여 '제442보병연대'가 탄생하게 된다. 본토 출신 지원자가 상대적으로 적었던 것은 이들 가족들이 대부분 수용소에 갇혀 있다는 점도 한 원인으로 작용했다. 442연대는 3개의 보병대대와 더불어 522야전포병대대 및 대학승리봉사단vvv 출신들이 주요 부대원이었던 232전투공병중대 등으로 구성되었다. 442연대 역시 미시시피의 캠프 셸비에서 훈련을 받았고 7월에는 인근 루이지애나에서 야외 기동훈련까지 마치고 돌아온 100대대와 합류할 수 있었다. 100대대 병사들은 스스로 부대 구호를 만들었는데, 바로 "진주만을 기억하라Remember Pearl Harbor"였다. 다른 미국인들에게 같은 미국인으로서 자신들의 충성심을 보여주고 싶은 강한 열망에서 비롯된 구호였다.

먼저 훈련을 받았던 선배로서 100대대는 이제 전장으로 나갈 모든 준비를 갖추었다. 한편 미국 정부는 이들이 같은 혈통인 일본군과 맞서게 하기보다는 유럽 전선으로 파견하여 독일 및 이탈리아군과 싸우게 하도록 내부 방침을 정했다. 그리고 두 달 후인 8월 말, 100대대는 마침내 대서양을 건너 이동했지만 그들의 목적지는 최전선이 아니었다. 도착지는 이미 연합군이 점령한 북아프리카 알제리의 오랑Oran이었다. 사실 당시 연합군 총사령관이던 아이젠하워 장군이 일본계 병사들의 전입을 강하게 거부했다. 하지만 이탈리아 침공을 목전에 둔 제5군 사령관 마크 클라크Mark Wayne Clark 장군이 100대대의 훈련 성과에 따른 잠재력을 높이 평가해 이들을 자신의 휘하에 있는 34보병사단 133연대에 배속시켰다. 전선으로 이동하기전까지 이들의 임무는 본격적인 전투보다는 그저 독일군 포로의 감시를 맡는 등 단순한 업무였다. 드디어 9월 19일에 34사단이 출동했고, 이에 배속된 100대대 역시 사흘 후에 이탈리아 중서부의 살레르노Salerno로 이동하게 된다. 100대대가 투입된 살레르노 일대는 이탈리아 최고의 경관을 자랑하는 지중해의 명승지였지만 이들과 대항하는 적들은 전혀 호의적이지 않았다. 100대대는 북동쪽의 교통 요충지인 베네벤토Benevento 방향으로 진격하며 다양한 전투에 참여했다. 이곳 독일군이 매우 거세게 저항하여 독일군의 기관총과 벙커 앞에 물불을 안 가리고 돌격했던 많은 100대대 병사들이 부상을 입게 된다. 그 과정에서 이들의 전투 본능이 드러났으니, 전투 개시 후 두 달 동안 100대대는 수훈십자장Distinguished Service Cross을 6개나 받을 정도로 그 용맹함을 인정받는 쾌거를 이루었다. 하지만 이 모든 것들은 다가오는 시련들의 서막에 불과했으며, 일본계 병사들 앞에 본격적인 고행이 막 펼쳐지고 있었다. 그 고행의 장소는 이탈리아 중부의 몬테 카시노Monte Casino였다.

전설의 시작

100대대는 1944년 1월, 이탈리아 전선 중 최악의 격전장이 된 몬테 카시노 전투에 투입된다. 이곳은 이탈리아반도 중간의 험준한 산지에 위치했는데, 고대부터 유서 깊은 수도원이 있는 동시에 로마로 직접 연결되는 '6번 도로'가 지나는 전략상 요충지였다. 즉 연합군은 로마로 가기 위해 무슨 수를 써서라도 이곳을 점령해야 했다. 이러한 연합군의 상황을 잘 알고 있는 독일군의 알베르트 케셀링 Albert Kesselring 장군은 이 일대에 '구스타프 라인Gustav Line'이라는 견고한 방어선을 구축해 놓았다. 또한 방어선과 더불어 아프리카 전선의 백전노장인 '헤르만 괴링 장갑사단'이나 최정예 공수부대를 배치하여 이곳을 사수하기 위한 만반의 준비를 해놓고 있었다. 이러한 독일군에 맞서는 연합군은 미군(일본계 병사들 포함), 영국/인도군은 물론 캐나다군과 남미에서 온 브라질군 등이 있었다. 또한 복수를 벼르고 있는 자유 폴란드군과 프랑스군에 속한 알제리 · 모로코 · 세네갈 출신의 식민지 부대 등이 포진되어 몬테 카시노 일대는 마치 전 세계 인종들의 집합 장소 같았다. 100대대가 속한 34사단은 연합군 전체 중 정면에 배치되어 있었으며, 이들은 사단의 정예 부대로서 공격의 선봉에 섰다. 하지만 독일군의 기관총과 빈틈없는 포화망에 갇혀 좀처럼 진격하기가 쉽지 않았다. 몬테 카시노의 독일군을 공격하기 위해서는 적들의 감시 속에 화력이 집중되었던 개활지대를 거친 후 험준한 산지를 올라가야 했다. 방어하는 쪽에 절대적으로 유리한 지형이었으며 공격하는 쪽은 목숨을 걸어야 했다. 이탈리아에 처음 상륙했을 때 1,300명이었던 부대원 수는 몬테 카시노 전투가 진행되면서 600명 이하로 줄어들었다. 이때부터 100대대는 '퍼플 하트 대대Purple Heart'(미군이 전사자 및 부상병에게 수여하는 메달의 이름)라는 별칭으로 불리게 된다. 그만큼 부대원 모두가 마치 죽음을 작정이라도 한 듯 적진으로 달려가 싸웠던 것이다. 부대원들이 이러니 장교들도 솔선수범을 보여야 했다. 이러한 장교들 중 한국계인 김영옥 중위가 있었다. 그는 로스앤젤레스 출신으로 100대대에 자원 입대했지만 일본계와 한국계의 사이가 안 좋다는 것을 알게 된 백인 상사들이 그의 전출을 권유했다. 그는 끝까지 전출을 거부하고 일본계 병사들과 하나가 되어 싸웠다. 그는 항상 선두에 서서 부대원들을 이끌고 공격에 앞장섰으며, 이미 1943년 11월에 일련의 독일군 기관총 진지들을 분쇄한 공로로 은성무공훈장Silver Star을 받았다. 이러한 과정에서 일본계 부하들은 김영옥 중위를 친형처럼 따르며 존경했고 그와 함께라면 죽음도 두려워하지 않았다.

1943년 말까지도 연합군은 몬테 카시노를 포함한 독일군의 구스타프 라인을 뚫지 못하여, 그 대안으로 구스타프 라인 서쪽 후방인 안치오Anzio에 상륙해 몬테 카시노 일대의 독일군 병력을 분산시키고 '모든 길이 통하는' 로마로 가는 길을 열고자 했다. 하지만 1944년 1월에 있었던 안치오 상륙에서 연합군은 독일군에 막혀 내륙으로 전진하지도 못한 채 해안에 갇혔고 사실상 3면으로 포위되어 버린다. 독일군은 안치오의 연합군이 "역사상 최대 규모의 '자급자족'하는 포로 수용소에 갇혔다"라고 적힌 전단을 뿌리며 비아냥거렸다. 100 대대는 이런 상황에

이탈리아 전선에서 독일군고 대치 중인 100대대 병사들.
© Courtesy of the United States Army Signal Corps

서 3월에 안치오에 투입되었는데, 병사들은 마치 1차 세계대전 당시의 참호전 같은 교착 상태를 두 달 동안 견뎌야 했다. 답답한 전황 속에서도 연합군은 전면적인 재공세를 준비했고, 김영옥 중위는 또 하나의 임무를 부여받게 되었다. 바로 전방 독일 기갑사단의 위치와 동태를 파악하기 위해 독일군 포로를 잡아오는 것이었다. 김영옥 중

위는 대담하게도 휘하의 일병 1명만 데리고 5월 16일 아침 교대 근무 시간에 독일군 진지로 잠입하여 피곤에 지친 포로 2명을 생포하는 데 성공했다. 포로들을 심문하는 과정에서 부대의 진격로 도중에는 기갑사단이 없다는 진술을 확보해 5월 17일 연합군의 총공세가 시작되었다. 그리고 마침내 독일군의 방어선을 뚫으며 내륙으로 진격할 수 있었다. 드디어 로마로 가는 길이 열리게 된 것이다. 김영옥 중위는 이때의 공로로 명예훈장 다음가는 영예인 수훈십자장을 받게 된다. 이후 100대대는 로마 인근에 주둔하면서 대기하다가, 본토에서 모든 훈련을 마친 442연대가 5월 말에 안치오에 도착했을 때 함께 싸우기 위해 준비했다. 미군 지휘부는 1944년 6월 11일에 442연대를 34사단에 배속시킨다. 이후 자연스럽게 100대대는 442연대에 편입되었고, 그렇게 두 일본계 부대는 하나로 뭉치게 되었다. 한편 100대대는 공식적으로는 442연대의 1대대였지만 그간의 엄청난 전훈과 공적을 인정받아 '100대대'라는 이름을 그대로 유지할 수 있었으며 부대 대통령 표창을 받는 영광을 누렸다. 이제 100대대의 명성을 이어받아 상급 부대인 442연대가 실력을 보여줄 차례였다.

"끝장을 볼 때까지 싸운다!"

100대대를 보충받아 신규 편성된 442연대는 로마를 거쳐 중북부의 토스카나로 진군한다. 6월 26일에 이들의 첫 전투가 벌어졌는데, 그 장소는 피사와 피렌체가 멀지 않았던 수베레토의 벨베데레 Belvedere 마을이었다. 442연대는 마을의 독일군을 소탕하기 전에 입

구와 출구에 미리 부대원들을 배치하고 측면에서 기습 공격했다. 이
후 마치 토끼몰이를 하듯 독일군을 몰아붙였으며, 독일군들은 이미
기다리고 있던 미군의 매복 공격을 받으며 무너졌다. 영리한 작전
과 병사들의 용맹함이 결합되어 최상의 결과를 낳은 셈이었다. 당시
442연대 병사들은 때로 사거리가 멀어 포병 지원이 없는 상황에 처
했지만 기다리지 않았고 즉시 공격에 나서 스스로 기회를 만들었다.
7월 한 달 동안 442연대는 계속 북진했으며 1,000명 이상의 독일군
을 사살하고 300명 이상을 포로로 잡는 전과를 올렸다. 9월 11일에
442연대는 제5군을 떠나 제7군 소속 36사단에 배속되었고, 다음 목
표지로 가기 위해 나폴리 항구로 이동했다. 다시 말해 이들이 다음
목표에 이르려면 다시 한번 바다를 건너야 한다는 뜻이었다.

프랑스 브뤼에르에서 대통령 표창을 받는 442연대 병사들(1944년 11월).
© Courtesy of National Archives

442연대는 9월 30일에 남프랑스 마르세유에 상륙했다. 당시 북

프랑스에서는 노르망디 상륙으로 독일군을 밀어붙여 8월 25일에 파리가 해방되었다. 이제는 남프랑스 일대의 협공을 통해 남은 독일군을 프랑스에서 밀어버릴 차례였고, 이에 442연대도 가담하게 된 것이다. 이들은 10월까지 도보와 열차를 통해 프랑스를 종단하며 북쪽으로 이동했는데 그 거리가 자그마치 800㎞였다. 이들은 아비뇽과 와인으로 유명한 론 계곡을 지나서 동부 프랑스의 보주Vosges 산맥 일대에서 작전을 펼쳤는데, 독일군은 이곳에서 무너지면 이제 다음 전장은 독일 본토라는 것을 잘 알고 있었기에 결사적으로 대항했다. 더불어 험준한 산악 지형에서 고지전을 펼치는 가운데 무섭게 내리는 가을비, 진흙밭과 안개 등으로 인해 연대원들의 심신은 점점 지쳐갔다. 당시 이들의 주요 교전지 중 한 곳은 독일 국경에서 멀지 않은 작은 마을 브뤼에르Bruyères였는데, 독일군은 이곳을 난공불락의 진지로 강화해 놓은 상황이었다. 442연대는 10월 15일에 36사단의 다른 부대들과 함께 본격적인 공격에 나섰다. 232공병중대가 선제적으로 도로의 지뢰를 제거하는 가운데 병사들은 마을 주변의 울창한 숲을 거쳐 공격을 개시했다. 이곳을 방어하는 독일군은 친위대 경찰연대와 척탄병 연대의 병사들이었으며 기관총과 대전차포를 적절히 활용해 미군의 공격을 필사적으로 막고 있었다. 442연대 또한 마을 주변의 고지들을 하나씩 점령하면서 전진했으며 독일군 돌격포Strumgeschutz(포탑이 고정되어 있으며 적 전차를 기습 공격하는 역할을 했던 독일군의 대전차 기갑차량)와 전차의 공격에는 대전차용 바주카포로 대응했다. 이러한 치열한 공격과 방어가 사흘간 지속되었으니, 한마디로 '전투 프로 대對 전투 프로'의 대결이었다. 10월 18일 442

연대는 마침내 마을 중심부를 장악하여 현지 주민들을 만날 수 있었다. 지하실에서 나온 프랑스 주민들은 생소한 아시아계 미군 모습에 어리둥절했지만 곧 이들을 열렬히 환영했다. 이후 10월 23일까지 격렬한 시가전을 통해 인근의 비퐁텐Biffontaine 마을도 해방시켰다. 전투는 끝났지만 숨 돌릴 틈도 없이 이들에게 다음 임무가 떨어졌다. 임무 수행을 위해 비퐁텐에서 불과 몇 킬로미터 떨어진 동쪽으로 가야 했는데, 그곳에서 미군 1개 대대가 포위당한 처지였다.

　고립된 대대는 같은 36사단 소속의 141연대 1대대로, '텍사스 출신' 병력 275명으로 구성되어 있었다. '알라모 대대'로도 불렸던 이들은 독일군의 2개 연대에 포위된 터였다(이들은 미국-멕시코 전쟁 당시 포위된 텍사스의 알라모 요새에서 영감을 얻어 '알라모 대대' 또는 '사라진 대대Lost battalion'로 불렸다). 보주 산맥의 전투가 격렬하다 보니 양군 간에 부대가 서로 뒤엉키다가 결국은 고립되고 말았던 것이다. 36사단장 달퀴스트John E. Dahlquist 장군은 442연대에게 알라모 대대의 구출을 위해 10월 27일 새벽에 출동하도록 명령한다. 10월 말 산악의 짙은 안개와 추위가 병사들을 뒤덮는 가운데 442연대 병사들은 지금까지 투입된 전투 중 가장 힘든 시간을 겪게 된다. 나쁜 날씨와 더불어 쏟아지는 포격의 와중에 나무들에 포탄이 부딪치며 파편이 튀었고, 독일군이 설치한 부비 트랩에 많은 병사들이 전사하거나 부상을 입은 것이다. 독일군의 포화가 심해지자 역전의 442연대 병사들조차 잠시 머뭇거리게 되었다. 보다 못한 3대대장 앨프리드 퍼설Alfred Pursall 중령이 권총을 휘두르며 선두에서 이들을 독려했다. 곧 병사들은 하나둘 일어나 적에게 돌격했다. 이때 이들이 외친 말은 "반

자이萬歲", 즉 일본어로 '만세'였다(좀 더 정확히는 온갖 고성과 욕설의 혼
합이었다고 한다)! 알아들을 수 없는 괴성을 지르며 착검한 채 뛰어오
는 아시아계 병사들의 모습에서 독일군은 상당한 공포를 느꼈다. 수
류탄을 던지고 백병전을 겪은 후에 연대원들은 비로소 독일군 방어
진지를 돌파할 수 있었고, 10월 30일에 211명의 알라모 대대를 구
출하게 된다. 하지만 전투 과정에서 무려 800명의 442연대 병사들
이 전상을 입었으며, 어떤 소대는 소대원이 불과 2명만 남아 있었
다. 10월 초 보주 산맥에 들어갔을 때 2,900명 이상을 헤아리던 연
대 병력이 800명 미만으로 준 것이다. 병사들은 때로는 자신들에게
내려진 명령이 자살 임무 같다고 느낄 때도 있었지만, 이들은 어찌
되었든 주어진 임무를 묵묵히 완수해 냈다. 이러한 과정에서 "끝장
을 볼 때까지 싸운다Go for broke"(원래는 도박장에서 '올인'을 한다는 뜻이
다)라는 연대 구호를 문자 그대로 실행한 442연대원들의 용맹함에
찬사가 쏟아졌으며, 이들은 전 미군의 관심을 받게 되었다.

스스로 전설이 되다

보주 산맥에서의 격전 후 442연대는 남프랑스로 이동하며 프랑
스-이탈리아 국경을 경비하는 임무를 맡았다. 그동안의 사투와 비
교하면 휴식과 같은 시간이었고, 실제로 병사들도 그런 상황을 즐
기면서 부대는 재충전을 하게 된다. 1945년 3월에 442연대는 4개월
간의 경비 임무를 마치고 다시 한번 전선으로 이동했다. 당시 442
연대는 분리되어 임무를 수행했는데, 보병들은 북부 이탈리아 전선

으로 이동했고 522야전포병대는 독일 서부의 라인란트Rheinland로 파견을 나간 것이다. 522포병대는 442연대 중 유일하게 독일에서 전투를 수행한 부대가 되었다. 이들은 독일 서부에서 남부로 이동하며 임무를 수행했는데, 4월 말에는 바이에른의 후어라흐Hurlach 인근에서 유대인 강제수용소를 해방하기도 했다. 뼈와 가죽만 남은 수용소 생존자들의 모습과 산더미처럼 쌓인 시체를 보며 사선을 넘어온 강인한 병사들조차 충격에 할 말을 잃어버리고 말았다. 한편 442연대 본대는 이탈리아 북부의 리보르노Livorno 항구로 이동했으며 과거의 제5군에 재합류하여 92사단에 배속되었다. 92사단은 흑인만으로 구성된 미군 유일의 전투 부대였는데, 같은 유색인종인 일본계 연대가 이들과 힘을 합치게 된 것이다. 당시 이곳 연합군은 독일군의 최후의 보루인 고딕 방어선Gothic Line에 막혀 이렇다 할 전진을 못하고 있었다. 독일군은 특유의 장기를 살려 이탈리아 산맥 위에 일련의 강력한 콘크리트 요새들을 건설했으며 이 요새들은 수많은 기관총좌와 벙커로 가득 차 있었다. 영리하고 용감했던 독일군 사령관 알베르트 케셀링 원수는 비록 독일이 전쟁에서 패할 것을 알고 있었지만 전투에서까지 패하고 싶지는 않았다. 한때 유럽의 거의 전부를 점령했던 나치의 마지막 남은 알량한 자존심이었던 것이다. 그리고 이러한 '나치의 자존심'에 마지막 구멍을 내야 하는 임무를 442연대가 맡았다. 1945년 4월 3일, 442연대는 고딕 방어선의 서부 지역에 배치되었고, 지난 수개월 동안 '늘 그랬듯이' 독일군 고지를 향해 묵묵히 돌격하기 시작했다. 부대는 몬티뇨소Montignoso, 브루지아나Brugiana, 오르트노보Ortnovo 등의 서북부 산악 지역을 돌파하며 북상해 나아갔다. 마침내 4월 23일에는 이탈리아 지역 파르티잔과 함께 주요 철도 교차점인 아울라Aulla에서 독일군을 포위하며 이들의 숨통을 끊어놓았다. 이것으로 이탈리아 전선에서 주요 전투는 사실상 종결되었고, 5월 8일에 독일이 항복하며 유럽에서 전쟁이 비로소 끝났다.

의회 황금장 수여에 서명한 오바마 대통령과 442연대 참전용사들(2010년).

전쟁의 종결을 환영한 모든 442연대원은 순차적으로 귀국길에 오르게 된다. 아직 일본과의 전투가 남아 있었기에 김영옥 대위 같은 이들은 태평양 전선으로의 전출을 희망했다. 하지만 8월 15일에 일본 역시 항복해 모든 부대원들이 집으로 돌아가게 되었다. 442연대원들은 귀국하면서 전쟁 영웅으로 환영받았는데, 이것은 단순한 미사여구가 아니었다. 2년이 안 되는 전쟁 기간 동안 442연대원들은 21개의 명예훈장, 52개의 수훈십자장, 300개 이상의 은성무공훈장과 4,000개 이상의 동성무공훈장을 수훈했다. 또한 대통령 부대 표창을 8번 받았고 20개 이상의 프랑스와 이탈리아 무공 훈장도 받왔다. 비록 차별과 견제를 받는 일본계 2세 부대로서 이들의 시작은 미약했지만, 자신들의 부대를 미군 역사상 최다 훈장을 받은 '최고의 부대'로 만들며 스스로 전설을 써 내려갔다.

이들에 대한 찬사는 전쟁이 끝난 이후에도 이어졌다. 1962년에 텍사스주는 텍사스 출신의 '알라모 대대'를 구한 공적을 기려 442연대 베테랑들을 '명예 텍사스 주민Honorary Texans'으로 선포했다. 시간이 흘러 2010년 10월에 미국 의회는 442연대에 대해 '미국 의회 황금장' 수훈을 의결했고 그다음 해에 생존한 442연대 부대원들을 대상으로 수여했다. 이 모든 것은 부당한 차별과 편견에 대항하여 묵묵히 자신들의 의지를 보여주고 용기로서 증명해 낸 442연대 니세이 부대원들의 공로다. 더불어 이들의 '해외에서의 승리'를 통해 미국 내 수용되었던 일본계 미국인들도 '국내에서의 승리'를 거둘 수 있었다. 이들이 전쟁 때 보여주었던 행동은 "나를 의심하고 인정하지 않는 이들에게 어떻게 대응해야 하는가?"라는 어려운 질문에 대한 가장 인상적인 답변이 될 것이다.

7장

터스키기 항공대

편견과 차별을 극복하고 정상에 우뚝 서다

미국 최초의 흑인 전투 비행단(1939~1947)

터스키기 항공대와 부대 마크.
© US Army

"우리의 성공이 트루먼 대통령으로 하여금 군대 내 흑인과 백인을
통합하라는 명령을 내리게 했다고 생각한다."

332전투비행단 소속 찰스 맥기 예비역 준장(2007년 BBC와의 인터뷰 중)

2021년 1월, 미국 조폐국은 새로운 디자인의 25센트 동전을 선보였다. 이 동전은 코로나19 팬데믹이라는 혼란한 상황에서도 대중의 관심을 끌었다. 동전의 앞면에는 미국 건국의 아버지이자 전통적인 위인인 조지 워싱턴의 모습이 있어서 그리 특별하진 않았지만,

2021년에 나온 신규 25센트 동전. 무명의 흑인 조종사가 새겨져 있다.

사람들의 이목을 집중시킨 것은 바로 동전의 뒷면이었다. 은색 동전 뒷면에는 2차 세계대전 당시 미군의 주력 전투기였던 P-51 머스탱 2기가 보이고, 그 옆에 흑인 남성으로 보이는 전투기 조종사의 모습이 새겨져 있었다. 흑인 남성의 모습이 미국 화폐에 새겨진 최초의 사례였다. 동전 테두리에는 "터스키기 항공대원Tuskegee Airmen"이라는 설명과 함께 "그들은 두 개의 전쟁에서 싸웠다They fought two wars"라고 적혀 있었다. 이들 흑인 조종사들은 2차 세계대전에 참전해 조국인 미국을 위해 최선을 다해 나치와 싸웠는데, 사실 이보다 더욱 힘겨웠던 전쟁은 따로 있었다. 이들의 전쟁은 당시 미국이 처해 있던 국내외 사건들과 사회적인 편견, 차별이 얽힌 매우 복합적인 전쟁이었으며, 그 투쟁의 과정은 지독히도 외롭고 험난한 가시밭길이었다. 하지만 이들의 투쟁을 통해 전후 미국 사회 전반에 엄청난 변화가 불어닥쳐 마침내 전반적인 국가 진일보의 시발점이 되었다. 지금부터 그들이 싸워야 했던 두 개의 전쟁(또는 투쟁)에 대해 살펴보도록 하자.

새로운 도전의 시작

털사 인종 학살(1921년) 당시 산탄총을 든 백인이 체포된 흑인들을 감시하고 있다.
© Miscellaneous Items in High Demand, PPOC, Library of Congress

1865년 미국 남북전쟁이 끝나고 링컨 대통령이 노예 해방을 공식화했지만, 아무리 시간이 흘러도 미국 사회에서 흑인의 지위는 별반 나아지지 못했다. 이것은 20세기 들어서도 마찬가지였으며 특히 남부 여러 주에서 흑인 차별은 일상이었다. 여전히 많은 곳에서 흑백 인종에 대한 사회적 분리가 법제화 또는 관습화되어 있었고, 흑인은 백인과 같은 화장실이나 대중교통을 이용할 수 없었다. 이것을 어긴 흑인에 대한 제재와 집단 폭행은 특히 미국 남부 내의 암묵적인 불문율이었다. 이 와중에 KKK단 같은 극렬 인종주의자들이 기승을 부리곤 했다. 흑인들 역시 이러한 상황에 분노하긴 했지만 사회적, 경제적 약자였던 이들이 달리 할 수 있는 것은 없었다. 미국 사회에서 흑인은 여전히 사람 취급을 받지 못하는 2등 시민이었기 때문이다. 흑백 간의 갈등은 남부를 넘어 미국 전역에서 불거졌고, 그 절정은 1921년에 발생한 중남부 오클라호마의 털사Tulsa에서 벌어진 인종 폭력 사건이었다. 한 흑인 구두닦이가 엘리베이터에서 백인 여성을 성폭행했다는 거짓 소문이 퍼졌고 이에 흥분한 백인들의 폭력으로 100명 이상의 지역 흑인들이 살해당했던 것이다. 이에 반발하여 들고일어난 수천 명의 흑인들 상당수가 경찰에 구류되었지만 오히려 이 사건으로 체포된 백인은 한 명도 없었다. 이것이 20세기 전반부에 있었던 '자유와 평등의 나라' 미국의 냉혹한 현실이었다. 인종 간 평등과 정의는 요원한 것처럼 보였다. 인종 갈등은 군대에서도 예외가 아니었는데, 우선 흑인은 철저히 백인과 분리되었고 주류 전투 부대에서 배제되었다. 대신 이들은 주로 취사, 수송, 잡역 등 비非전투 병과에 집중적으로 배치받았다. 흑인들의 전투 능력에 대한 백인 고위 관리 및 장교들의 근거 없는 의구심 때문이었다. 1925년 미국 육군대학의 '비밀 보고서'는 흑인을 "전투 능력이 떨어지고 게으르며 기술적인 업무를 처리하는 것에 부적합한 인종"으로 폄하한 바 있었다. 이들은 흑인들의 지능이 선천적으로 낮다고 믿었고 자신들의 행동이 '차별이 아닌 차이를 인정하는 태도'라고 생각했다. 백인과 분리되어 흑인들이 주축이 된 일부 미 육군 전투부대가 존재하긴 했지만, 그들의 지휘관은 예외 없이 모두 백인이었다. 사실상 흑인 병사들에게는 인간으로서 최소한의 권리만 인정되었으니, 당시는 이런 말도 안 되는 차별이 당연시되는 암울한 시대였던 것이다.

시간이 흘러 1930년대 후반을 거치며 유럽을 중심으로 대규모 전쟁이 일어날 것이라는 가능성이 대두되었다. 비록 미국이 초기에는 중립을 유지할지라도 시시각각 다가오는 전쟁을 준비해야 한다는 점은 분명했다. 특히 교육과 훈련에 상당한 시간이 소요되는 항공기 조종사 양성이 절실히 필요했다. 이러한 계획의 일환으로 루스벨트 대통령은 1938년 12월에 연간 2만 명의 대학생들에게 조종사 훈련을 시키는 '민간 조종사 훈련 프로그램CPTP: Civilian Pilot Training Program'을 추진하는 법안에 서명한다. 이 프로그램은 공식적으로는 항공산업을 활성화하기 위한 방안으로 소개되며 '민간 조종사'라는 타이틀을 강조하긴 했지만 다른 한편으로는 미래의 전쟁에 대비하고자 하는 목적을 가지고 있었다. 1939년 6월에는 '민간 조종사 양성 법안'이 통과되어 본격적으로 예비 조종사 양성의 길이 열리게 되었다. 1939년 9월에 독일이 폴란드를 침공하자 조종사 양성 프로그램은 이제 국가적인 방위를 위한 핵심적인 현안으로 부상했다. 폴란드 전투에서 독일 공군 루프트바페Luftwaffe의 무시무시한 능력을 보고 미 육군과 해군 모두 조종사와 훈련기가 부족하다는 것을 절실히 느끼던 터였다. 조종사 양성을 위한 프로그램에 참여한 대학교 중에는 남부 앨라배마주의 흑인 전용 교육기관인 터스키기 대학교Tuskegee Institute도 있었다. 이곳에서는 흑인들을 대상으로 조종사 교육을 실시했는데, 어렸을 때 대서양을 횡단한 찰스 린드버그Charles Lindbergh나 불멸의 여자 조종사 어밀리아 에어하트Amelia Earhart의 이야기를 듣고 자라며 창공을 동경해 왔던 많은 흑인 젊은이들이 여기로 모여들었다. 푸른 창공에는 흑인도 백인도 없었던 것이다. 이런 가운데 루스벨트는 1940년에 3선에 출마했고 흑인들의 표를 얻기 위한 전략 중 하나로 흑인 조종사 부대 양성을 공약으로 발표했다. 결국 루스벨트는 대선에서 승리했고, 이후 해리 슈워츠Harry Shcwartz 상원의원 같은 백인들이 흑인 조종사 훈련생을 위한 기금을 마련하는 법안을 통과시키며 흑인 젊은이들의 꿈에 날개를 달아주었다. 이런 지원에 힘입어 흑인 훈련생들은 단기 속성 교육을 통해 조종사가 되는 꿈에 한발 더 다가갈 수 있었다. 게다가 1940년 9월에 제정된 '군인 선발 훈련 및 복무에 관한 법안'은 모든 군인 선발 및 훈련 과정에서의 인종 차별을 금지했다. 당시 미국 인구의 10%를 차지하던 흑인들의 군 복무 비율은 2%대에 불과했지만, 그들의 참여를 확대하려는 '거대한 사회적 진전'이 서서히 시작되고 있었다. 전쟁은 이러한 흐름에 속도를 더했다.

과거 1차 세계대전 때 미국인으로서 항공기 조종사가 되기를 희망했던 유진 불러드Eugene Bullard는 단지 흑인이라는 이유만으로 미군에서 조종사의 꿈을 이루지 못했고 프랑스군 항공대 소속으로 겨우 참전할 수 있었다. 여전히 미국 흑인에게 전투기 조종사는 사실상 '금단의 영역'이었지만 이제 그러한 불합리와 차별의 거대한 벽이 서서히 무너지기 시작했다. 조종사가 되기 위한 흑인 젊은이들의 커다란 꿈만큼이나 사람들의 우려와 걱정도 만만치 않았는데, 이는 기본적으로 백인이 주류인 미국 사회에서 이들이 차별받는 '주변인'이었기 때문이다. 이들의 도전이 어떤 결과로 이어질지 당시로서는 그 누구도 장담할 수 없었다.

흑인 비행대의 창설

영부인인 엘리너 루스벨트를 태우고 비행했던 터스키기 훈련 교관 찰스 앤더슨.

1941년 4월 11일, 터스키기에 상당히 특별한 손님이 방문했다. 그 손님은 바로 '퍼스트 레이디'인 엘리너 루스벨트Eleanor Roosevelt였다! 그녀는 터스키기 부대 내의 아동 병원 시설을 둘러보다가 마침 상공에서 훈련 중인 여러 대의 비행기를 보게 되었다. 무슨 의도였는지 영부인은 갑자기 훈련 비행기의 조종사를 만나고 싶어 했고, 그렇게 선임 훈련 교관인 흑인 찰스 '치프' 앤더슨Charles 'Chief' Anderson 과의 만남이 이루어졌다. 그녀는 예정에 없던 돌발 상황에 사색이 된 경호원들의 만류에도 불구하고 '흑인 조종사'인 앤더슨의 단엽 J-3컵Cub 비행기에 탑승하고 싶어 했다. 이후 40분간 백인 영부인과 흑인 조종사의 역사적인 비행이 이어졌다. 루스벨트 여사는 그동안 흑인은 비행에 적합하지 않다는 말을 수도 없이 들어왔지만, 이 짧은 비행은 그런 인식을 완전히 바꾸어놓았다. 비행기가 착륙하자, 아이처럼 들뜬 영부인은 앤더슨에게 "이거 봐요, 당신도 비행할 수 있잖아요!"라고 외쳤다. 이 짧은 비행은 흑인도 비행기를 조종할 수 있다는 것을 보여준 상징적인 사건이 되었고, 루스벨트 행정부는 이를 계기로 흑인 조종사 양성에 더욱 박차를 가했다. '터스키기에서의 거대한 실험'은 그렇게 본격적으로 시작되었다.

사실 앤더슨의 비행 한 달 전인 1941년 3월 22일, 최초의 흑인 전투비행대인 '제99추격비행대The 99th Pursuit Squadron'가 일리노이주 란툴Rantoul에서 창설되었다. 33명의 조종 교육생과 수백 명의 정비병이 함께한 이 부대는 미군이 목표로 한 3만 명의 조종사 중 극히 일부에 불과했지만, 모두 흑인 중에서도 대학 교육을 받은 상위 1%에서 선발된 엘리트들이었다. 조종 교육생들은 3개월 뒤 터스키기로 이동해 훗날 '터스키기 비행대'의 핵심 인물이 된다. 이들은 앤더슨 같은 열정적인 교관들의 지도를 받으며 비행 훈련에 매진했고, 그중 한 명이 바로 벤저민 데이비스 2세Benjamin Oliver Davis Jr.였다. 데이비스 2세는 원래 이곳에서 전술학을 가르치던 교관으로, 미국 역사상 네 번째 흑인 육군사관학교 출신 장교였다. 그는 사관학교 재학 시절 백인 생도들의 온갖 모욕과 차별을 견디며 끝내 자신의 자리를 지켜냈다. 그의 가문 또한 특별했는데, 아버지인 벤저민 데이비스는 당시 미군에서 복무한 최초이자 유일한 흑인 장군이었다. 하지만 아버지 데이비스는 여느 장군들과 달리 휘하의 전투 부대를 가질 수 없었고, 아들처럼 터스키기에서 전술학 교관으로 근무해야 했다. 이는 흑인 장교의 지휘 아래 백인 하급자를 두지 않으려는 미군의 내부적 고려에 따른 결정이었다. 당시 미 육군에 복무하고 있던 5명의 흑인 장교 중 군 목사 3명을 제외하면, 남은 2명이 바로 이 데이비스 부자였다. 이러한 현실 속에서 데이비스 2세는 조종사라는 돌파구를 선택했고, 다른 교육생들과 함께 전투기 조종 훈련에 매진했다. 그는 마침내 99추격비행대의 지휘관이 되었고, 타고난 인품과 리더십으로 부대를 훌륭하게 이끌었다. 1942년 3월 데이비스 2세는 5명의 흑인 조종사들과 함께 모든 과정을 수료하며 정식 전투기 조종사가 되었고, 훗날 미 공군 최초의 흑인 장군으로 이름을 남겼다.

터스키기 훈련장에 흑인 조종사들이 있었지만, 전체적인 책임은 백인 부대장이 맡고 있었다. 훈련대 초기에는 지역 백인 주민들과의 갈등이 적지 않았다. 주민들은 흑인 훈련생들이 머무는 시설을 마치 교도소 같은 혐오 시설로 여겼고, 치안 유지를 위해 곤봉을 휴대한 흑인 군사경찰들이 동네를 순찰할 때면 불쾌한 기색을 숨기지 않았으며 부대에 민원을 넣기까지 했다. 지휘관의 성향에 따라 상황이 조금씩 달라지기도 했지만 대부분의 백인 부대장들은 지역 사회와의 마찰을 피하고 기존의 관습을 유지하기 위해 흑백 분리 정책을 고수했다. 그러나 1941년 12월 초, 진주만 공습 직전에 노엘 패리시Noel Parrish 대위가 훈련장 책임자로 부임하면서 흐름이 근본적으로 바뀌기 시작했다. 패리시는 이미 9개월 넘게 터스키기와 인근 맥스웰 비행장에서 훈련을 받은 경험이 있어 누구보다 이곳의 사정을 잘 알고 있었다. 무엇보다 그가 이전 지휘관들과 달랐던 점은 흑인 훈련생들을 '능력 있는 인간'으로 존중했다는 것이다. 그는 실력이 부족한 후보생은 가차 없이 탈락시켰지만 뛰어난 후보생은 전폭적으로 지원하며 인종을 넘은 진심 어린 애정을 보였다. 패리시는 지역 백인 주민과의 갈등을 줄이기 위해 직접 그들과 만나 대화를 이어갔고, 흑인 병사들의 사기를 높이기 위해 다양한 방법을 강구했다. 그 일환으로 그는 당시 최고의 스타들을 훈련장에 초청해 공연을 열었다. 재즈 가수 레나 혼, 엘라 피츠제럴드, 그리고 만능 엔터테이너 루이 암스트롱이 그 주인공이었다. 심지어 헤비급 권투 챔피언 조 루이스도 이곳을 찾아 위문공연을 펼쳤다. 백인 주민들 탓에 외출도 힘들었던 흑인 병사들에게 이러한 공연은 더없이 특별한 선물이었다. 패리시는 이를 통해 분명한 메시지를 전하고자 했다. 생김새가 다르다고 해서 혐오의 대상이 되어선 안 되며, 흑인은 '함께 적과 싸워야 할 소중한 동료'임을 몸소 보여주려 했던 것이다. 그의 노력 덕분에 터스키기 비행대는 본연의 임무인 비행 훈련에 집중할 수 있었고, 마침내 실전에 투입될 준비가 된 흑인 조종사들을 배출하기 시작했다. 더불어 이들의 비행기를 정비하고 관리할 정비사와 기관 요원들도 함께 양성되었다. 그렇게 터스키기 조종사들의 전설이 하나둘 막에 오를 준비를 마쳐 갔다.

레드 테일스의 전설

1942년 9월, 마침내 터스키기 조종사들은 모든 훈련 과정을 끝냈다. 그러나 전 세계 오대양 육대주의 수많은 전선 가운데 이들을 반갑게 맞이하는 백인 지휘관은 단 한 명도 없었다. 시간이 흘러 1943년, 북아프리카 전선에서는 독일과 이탈리아의 추축동맹군이 빠르게 무너지고 있었다. 드디어 99전투비행대에게도 출격 시점이 다가오게 되었다. 9개월 동안 대기 상태에 있던 99전투비행대는 짧은 환송 파티를 마친 뒤 1943년 4월 2일 P-40 워호크 전투기를 이끌고 북아프리카로 이동했다. 모로코 카사블랑카에 도착한 이들은 실전에 앞서 추가적인 교육을 받았고, 6월 초부터는 튀니지와 시칠리아 사이에 위치한 전략 요충지 판텔레리아Pantelleria 섬 공격 작전에 투입되었다. 이 섬은 약 11,000명의 이탈리아군과 소수의 독일군이 주둔하며 방어하고 있었고, 포대와 레이더 장비를 갖추고 있어 7월에 있을 연합군의 시칠리아 상륙작전에 위협이 되는 존재였다. 99전투비행대를 포함한 연합군 공군은 이 전략 거점을 향해 총공세를 퍼부었다. 섬 전체에 떨어진 폭탄의 양만 무려 6,300톤. 엄청난 공중 폭격에 이탈리아군은 정신이 혼미해졌고, 결국 6월 11일에 항복을 선언하게 된다. 판텔레리아 섬은 역사상 드물게 공군력만으로 점령된 전례로 남았다. 99전투비행대는 이 작전에서 지상 공격 임무에 참여하며 귀중한 첫 전투 경험을 쌓았다. 또한 공중전에서도 적 전투기를 격추하며 미군의 '수훈부대 표창Distinguished Unit Citation'을 수여받는 영예를 안았다.

이들의 활약이 전쟁 뉴스로 전해지자 미국 본토의 가족과 지인들은 영화관 스크린 앞에서 환호성을 터뜨렸다. 그러나 모든 것이 순조로워 보이던 그때, 예기치 못한 상황이 벌어졌다. 99전투비행대의 상급 부대인 33전투비행단의 윌리엄 모마이어William W. Momyer 대령이 99전투비행대가 전투 시 공격성과 적극성이 부족하다는 보고서를 상부에 올린 것이다. 그는 99전투비행대를 후방 해안순찰 임무로 전환하자고 제안했다. 이 보고는 곧 워싱턴의 육군항공대에 전달되었고, 조사단이 꾸려져 본격적인 조사에 착수했다. 사안이 커지며 하원 청문회까지 열렸고 『타임』지를 비롯한 언론에도 대서특필되었다. 부대장 벤저민 데이비스 2세는 곧바로 워싱턴으로 향했고 자신의 부대를 변호하기 위해 전력을 다했다. 그는 감정이나 열정 같은 추상적 언급 대신 전투 성과를 입증하는 객관적 통계 자료에 집중했다. 그 결과, 육군항공대는 99전투비행대가 다른 부대에 뒤지지 않는 성과를 냈으며 충분히 임무를 잘 수행하고 있다고 결론 내렸다. 그러나 이 사건은 단지 시작일 뿐이었다. 흑인 조종사들로 구성된 '특별한 부대'를 향한 편견과 의심은 계속해서 따라붙었고, 99전투비행대의 대원들은 이제부터 더욱 단단한 각오로 전장을 마주해야 했다.

폭격기 호위를 위한 출격 전 작전에 대해 상의하는 터스키기 항공대 조종사들.

99전투비행대는 이후 시칠리아로 근거지를 옮긴 뒤 이탈리아 전선의 주요 격전지였던 안치오와 몬테 카시노에서 연합군의 항공 지원 임무를 수행했다. 이들은 독일군 전력에 심대한 타격을 가하며 연합군의 진격로를 확보하는 데 결정적인 역할을 해냈다. 특히 안치오 전투에서는 단 이틀 만에 12대의 적기를 격추하며, 미국 본토의 신문 1면을 장식하기도 했다. 흑인 조종사들의 뛰어난 전투 능력이 입증되자 더 많은 흑인 비행대가 창설되었고, 1944년 5월에는 99전투비행대를 포함한 332전투비행단332nd Fighter Group으로 확대 개편되었다. 지휘는 터스키기 훈련생 출신으로 이제 대령으로 진급한 벤저민 데이비스 2세가 맡았다. 332전투비행단은 그해 6월, 남동부 이탈리아 아드리아해 인근의 라미텔리Ramitelli 비행장으로 이동했다. 이 부대의 주요 임무는 미국 제15공군이 중부 유럽의 나치 점령지를 폭격할 때 B-17이나 B-24 같은 중폭격기를 P-51 머스탱 전투기로 호위하는 것이었다. 독일 전투기들이 대열 한가운데를 파고들며 기습 공격을 감행할 때, 332비행단 조종사들은 목숨을 걸고 이를 막아 냈다. "한 대의 폭격기도 잃지 말라"는 명령을 말 그대로 실천하고자 했던 것이다. 기존에는 흑인 조종사들에게 회의적인 시선을 보냈던 백인 폭격기 승무원들조차 332전투비행단 조종사들의 헌신적인 호위 작전에 감명을 받기 시작했다. 이들은 고난도의 임무를 수행하며 신뢰를 얻었고, 점차 전선에서 중요한 동료로 여겨졌다. 당시 332비행단의 전투기들은 후방 꼬리 날개에 붉은색을 칠해 식별 마크로 삼았으며, 이 특징적인 도색은 곧 '레드 테일스Red Tails'라는 별명으로 불리게 되었다. 심지어 독일군 조종사들은 이들을 '검은 악마Black

Devils'라 부르며 두려워했다. 당시 한 폭격기 승무원은 "비행기 밖으로 붉은 꼬리 날개가 보이면 마음이 놓였다"라고 회상하기도 했다. 데이비스 대령은 자신의 전투기에 '요청에 의해By Request'라는 이름을 붙였다. 이는 폭격기 승무원들이 그만큼 자신을 원한다는 유머가 섞인 작명이었다. 실제로 머스탱 전투기를 운용하던 다른 호위 비행대가 평균 46대의 폭격기를 손실한 반면, 332전투비행단의 손실은 절반 수준인 27대에 불과할 정도로 뛰어난 호위 능력을 자랑했다.

'요청에 의해'라 명명된 자신의 전투기 앞에서 포즈를 취한 벤저민 데이비스 2세(우측 끝).
© Library of Congress Prints and Photographs Division Washington, D.C. 20540 USA

이들의 활약은 1945년 3월 24일, 전쟁 말기에 수행된 베를린 다임러-벤츠Daimler-Benz 전차공장 폭격 호위 임무에서 절정을 맞았다. 332전투비행단은 이탈리아 남부 기지에서 출격해 1,200km가 넘는 장거리를 비행해야 했으며, 이를 위해 연료 보조탱크가 필요했다. 어렵게 브란덴부르크 상공에 도달한 그들을 맞이한 것은 환영의 축포가 아닌 전례 없이 거센 대공포 사격이었다. 게다가 당시로서는 신형 무기였던 독일의 제트 전투기, 메서슈미트 Me-262 약 30대가 이들을 가로막았다. 이 전투기들은 독일 공군의 에이스 조종사 발터 노보트니Walter Nowotny의 이름을 딴 '제7전투비행단 노보트니Jagdgeschwader 7 Nowotny' 소속의 정예 부대였다. 전쟁의 판세가 이미 기운 상황에서도 독일 공군은 연합군 폭격기들을 가차 없이 공격했다. P-51 머스탱 전투기가 아무리 성능이 뛰어나더라도 시속이 약 150km 더 빠른 제트 전투기를 상대하기는 쉽지 않았다. 이에 터스키기 조종사들은 연료 보조탱크를 분리해 기동성을 높였고, 독일 전투기의 시야 사각지대인 후방 측면을 파고드는 전술을 택했다. 그 결과 이들은 기체에 장착된 50구경 브라우닝 기관총 6기로 Me-262 전투기 3대를 격추하는 전과를 올렸다. 폭격 작전은 성공적으로 마무리되었으나 연료 부족으로 인해 일부 조종사들은 귀환하는 도중 비상착륙을 해야 했다. 이날의 용맹한 전투로 332전투비행단은 또 하나의 부대 표창을 받게 되었고, 우수한 전투 능력을 갖춘 흑인 부대로서 그 위상을 확고히 다졌다.

전쟁 기간 동안 총 992명의 터스키기 출신 훈련생들이 미 육군 항공대 조종사로 임관했다. 이 중 절반가량이 실전에 투입되어 약 1,600회 이상의 전투에 출격했고, 공중전에서는 적기 112대를 격추시켰으며 지상에서도 150대 이상의 항공기를 파괴했다. 또한 950량이 넘는 수송열차를 파괴해 추축군의 병참망에 심각한 타격을 입혔고, 이탈리아 해군의 어뢰정 1척을 대파하기도 했다. 이러한 전과 뒤에는 값비싼 희생이 따랐다. 전투 중 사망한 터스키기 조종사는 66명에 달했고, 12명은 독일군의 포로가 되었다. 이렇듯 조국을 위해 헌신하며 이룬 공로는 뚜렷했지만, 이들에게는 전선 뒤편에 또 다른 싸움이 남아 있었다. 인종차별과 제도적 편견 속에서 싸워야 했던 이 '내부의 전쟁'은, 어쩌면 총칼이 오가는 전장보다 더 혹독한 싸움이었을지도 모른다.

또 하나의 전쟁에서 승리하다

흑인 장교에 대한 불평등에 항의하며 자신의 경력을 포기한 로저 테리(왼쪽에서 4번째).

흑인 전투비행대가 유럽 전선으로 파병되던 1943년 5월, 터스키기에서는 처음으로 흑인 병력만으로 구성된 616폭격비행대The 616th Bombardment Squadron가 조직되었다. 그러나 이 부대는 실전에 투입되지 못한 채 대기 상태에서 해체되었다. 이후 332전투비행단의 활약상이 알려지며 흑인 폭격기 부대를 다시 창설하자는 목소리도 높아졌다. 결국 1944년 1월, 흑인 장병들로 구성된 477폭격비행단The 477th Bombardment Group이 창설되었다. 이들은 쌍발 엔진의 B-25 미첼Mitchell 폭격기를 운용하며 미시간주 셀프리지필드Selfridge Field에서 전장에 투입될 날을 기다리고 있었다. 전투기 조종사들이 단독으로 임무를 수행했던 것과 달리, 폭격기는 조종사, 항법사, 무전병, 포수 등 여러 명의 승무원이 협업해야 했기 때문에 흑인 조종사들에게는 또 다른 도전이자 실력을 입증할 무대가 될 수 있었다.

문제는 477폭격비행단의 지휘관이었던 로버트 셀웨이Robert Selway 대령이 강경한 인종차별주의자였다는 점이었다. 그는 흑인 장교들을 불신했고, 부대 내에서 흑백 분리 정책을 고수했다. 교육생들은 이 같은 차별에 분노했지만 당시에는 그러한 조치가 묵인되던 시절이었기에, 우선은 실력을 입증할 때까지 인내할 수밖에 없었다. 1945년 3월, 부대는 인디애나주 프리먼필드Freeman Field로 이동했고, 이곳에서 중대한 사건이 발생했다. 셀웨이 대령은 모든 백인 장병을 '교관' 신분으로, 흑인 장교들은 '교육생' 신분으로 일방적으로 분류했다. 이 조치로 인해 수백 시간의 비행 경력을 지닌 흑인 장교들조차 기지 내 장교 전용 클럽을 이용할 수 없게 되었다. 대신 열악한 교육생용 클럽만이 허용되었다. 이에 항의하기 위해 흑인 장교들은 정복을 갖춰 입고 장교 클럽 출입을 시도했으나 백인 관리병으로부터 "당신에게 서빙할 수 없습니다"라며 냉정히 거절당했다. 이는 명백한 인종차별적 거부였다. 1945년 4월 5일부터 6일까지 이 문제에 항의하며 클럽 출입을 시도한 흑인 장교 61명이 체포되었고, 이후 셀웨이는 오히려 불평등한 장교 클럽 규정 문서에 서명할 것을 요구했다. 서명을 거부하자 그는 101명을 추가로 체포하며 '전시 명령 불복종'으로 처벌하겠다고 협박했다. 체포된 장교들은 기지 인근 수용시설에 구금되었는데, 이 시설은 심지어 독일군 포로들과 함께 사용되던 장소였다. 조국을 위해 싸운 흑인 장교들이 오히려 적군 포로보다 더 열악한 대우를 받는 아이러니한 현실이었다. 이 사태는 곧 워싱턴 고위층에도 보고되었고, 마침 루스벨트 대통령의 서거 (1945년 4월 12일) 직후의 불안정한 정국 속에서 육군참모총장 조지 마셜George C. Marshall은 더 큰 파장을 우려해 101명을 전원 석방하라고 지시했다. 앞서 체포된 61명 중 58명도 함께 석방되었지만, 로저 테리Roger Terry 소위를 포함한 3명은 군법회의에 회부되었다. 그중 테리 소위는 백인 장교를 밀쳤다는 이유로 유죄 판결을 받고, 벌금형 및 불명예 제대 처분을 받았다. 비록 전시 명령 불복종에 따른 중형은 피했지만, 명예를 중시하던 테리에게 이는 사실상 사회적 매장과도 같았다. 이 사건은 미국 내 인종차별을 극복해 나가는 과정에서 군대 부문의 이정표가 되었고, 이후 미국 사회는 1950~60년대의 격변기를 거치며 인종 간의 완전한 통합을 향해 멈추지 않고 나아간다.

　1948년 7월, 해리 S. 트루먼 대통령은 '대통령 명령 9981호Executive Order 9981'를 발표하여 미군 내 인종 간 완전한 통합을 공식 선언했다. 이 명령을 통해 모든 미국인은 인종, 피부색, 출신에 관계없이 동등하게 군 복무를 할 수 있게 되었으며, 이는 미국 사회 전반의 인종 통합을 향한 중대한 밑바탕이 되었다. 그리고 그 중심에 터스키기 항공대를 비롯한 흑인 참전용사들의 헌신과 희생이 자리하고 있었다. 비록 군의 구조적 차별은 쉽게 사라지지 않았고 완전한 평등에 이르기까지는 여전히 갈 길이 멀었지만, 이들의 투쟁이 미래를 위한 의미 있는 씨앗을 뿌린 셈이었다. 그 결실은 약 반세기 뒤인 1995년에 맺어진다. 1945년 프리먼필드 사건으로 기소됐던 로저 테리 소위는 미국 정부로부터 공식 사면을 받고 군 계급도 복권되었다. 이는 단지 개인의 명예 회복을 넘어 터스키기 조종사들이 치른 '두 개의 전쟁', 즉 전장에서의 싸움과 미국 내 인종차별에 맞선 싸움에서 모두 승리했음을 상징하는 사건이었다. 그 길은 고통스럽고 지난했지만, 이들의 용기와 신념은 이후 세대에게 확고한 희망이자 정의의 증거로 남게 되었다.

8장

소련군 여성 저격부대

일발 필살로 파시스트를 끝장내다

2차 세계대전에서 활약한 소련군 여성 저격수들(1941~1945)

소련군 여성 저격수들과 저격수 뱃지

"알리야 몰다굴로바는 불멸의 여성입니다. 카자흐스탄 인민들에게
그녀의 위업과 사심 없는 조국에 대한 헌신을 전해주시기 바랍니다."

알리야 몰다굴로바의 부대장이 카자흐스탄 공산당 중앙위원회에 쓴 편지 중

1942년 9월 27일 오후, 미국 시카고의 솔저 필드Soldier Field 경기
장에서는 평소와는 다른 이색적인 행사가 진행되고 있었다. 미시간
호숫가에 자리 잡은 이곳은 가을바람이 제법 쌀쌀했지만, 2만여 명
의 관중들은 차분한 분위기 속에서 무대의 시작을 기다리고 있었
다. 이날 행사는 '소련전쟁지원 미국위원회American Committee for Russian War
Relief'의 주최로, 독일과 사투를 벌이고 있는 소련과 그 국민들을 돕
기 위해 마련된 자리였다. 행사의 주인공은 바로 전장의 한복판에서
미국까지 건너온 소련의 참전 인사들이었다. 첫 번째 연사로는 저
격수 블라디미르 프첼린체프Vladimir Pchelintsev가 등장했다. 그는 독일군
병사 150명 이상을 사살한 전적을 지닌 인물로, 소련의 절박한 상황
을 설명하며 미국의 지원을 호소했다. 이어서 다른 소련 대표자들도
연단에 올라 비슷한 취지의 연설을 이어갔다. 청중들은 연설에 박
수로 화답했고, 행사장에서는 자선기금을 모으기 위한 모금함이 관
중석을 누비며 전달되었다. 전쟁 중 미국 곳곳에서 종종 열렸던 전
형적인 후원 행사로, 이날 역시 그 흐름을 따르는 듯 보였다. 그러나
한 연사의 등장으로 인해 분위기는 곧 예상치 못한 방향으로 바뀌
었다. 무대에 갑자기 등장한 인물은 키 160cm 남짓의 아담한 체구를
지닌 여성 소련군인이었다. 황갈색 군복을 입은 그녀는 조심스레 숨
을 고르며 단상에 섰다. 수많은 미국인 관중들의 시선을 한 몸에 받
자 처음엔 약간 긴장한 기색도 보였지만, 곧 단단히 마음을 다잡은
듯 당당하게 연설을 시작했다. 그녀는 강한 러시아 억양으로 담담하
지만 단호하게 미국 청중들에게 호소했다.
　　"저는 26살이고 지금까지 309명의 파시스트 침략자들을 사살했

습니다. 여러분, 당신들은 지금까지 제 등 뒤에서 너무 오랜 시간을 숨어 지냈다고 생각하지 않습니까?"

그녀는 나치 독일에 맞서 소련이 사실상 홀로 싸우고 있다는 점을 강조하며, 서방 연합군이 하루빨리 유럽에 '제2전선'을 개척해 줄 것을 강력히 요청했다. 관중들은 처음엔 놀라움 속에 말을 잃었지만, 그녀가 무려 309명의 추축국 병사를 사살한 저격수라는 사실이 알려지자 점차 열광적인 환호가 터져 나왔다. 그녀의 이름은 류드밀라 파블리첸코Lyudmila Pavlichenko. 소련 붉은 군대 제25소총사단 소속의 여성 저격수로, 2차 세계대전에서 활약한 가장 뛰어난 여성 스나이퍼로 기록된 인물이다. 이날 그녀는 단 한 번의 연설로 미국인들의 마음을 강하게 흔들었고, 전쟁의 양상에 있어 연합군의 결단을 촉구하는 상징적인 존재가 되었다.

금단의 영역에 들어가다

1941년 6월, 독일군의 침공 이후 소련군은 엄청난 충격 속에 속수무책으로 무너지고 있었다. 진선이 급속도로 붕괴되는 가운데 스탈린은 이례적으로 '인민에 대한 사랑'과 '조국에 대한 애국심'을 내세운 대국민 연설을 단행했고, 이 연설은 예상 밖의 호응을 불러일으켰다. 수많은 소련 시민들이 자발적으로 입대하기 시작한 것이다. 대부분의 자원자는 남성이었지만, 조국을 지키기 위해 기꺼이 희생하고자 했던 여성들의 애국심 역시 결코 부족하지 않았다. 이들 여성 자원자 중 상당수는 간호병이나 후방 전투 보조 부대에 배치되었다. 그러나 단순한 보조 역할을 넘어서 직접 전장에 나서기를 원한 여성들도 적지 않았다. 이들의 용기와 열의는 누구보다 뜨거웠지만, 남성에 비해 신체적 조건에서의 한계 또한 무시할 수 없는 현실이었다. 소련 당국은 이러한 사정을 고려하여 여성 지원자들을 전투 보조에 머무르게 하기보다는 간호 이외의 보다 특수하고 전문적인 병과에 배치하기 시작했다. 대표적인 예가 바로 항공 조종사와 저격수였다.

참호에서 임무 수행 중인 '죽음의 여인', 류드밀라 파블리첸코.
© Израиль Абрамович Озерский

1941년, 25세의 류드밀라 파블리첸코가 나치 독일의 침공 소식을 들었을 당시 그녀는 우크라이나 키이우 대학교에서 역사를 전공하던 평범한 대학생이었다. 그녀는 러시아 내전 당시 '적기 훈장'을 받은 공산당원 아버지 밑에서 자랐고, 어릴 때부터 육상을 비롯한 운동을 즐기는 활달한 소녀였다. 그러나 그녀의 가장 독특한 취미는 다름 아닌 사격이었다. 키이우에서 운영하는 사격클럽에 가입한 파블리첸코는 그곳에서 소총 다루는 법을 배우고 실제 사격 훈련까지 받았다. 사실 소련은 언젠가 닥칠 나치와의 전쟁을 대비해 전국적으로 준군사 조직과 체계를 준비해 두고 있었다. 그런 분위기 속에서 1934년 개봉한 선전 영화 〈차파예프Chapaev〉는 소련 청소년들 사이에서 큰 반향을 일으켰다. 이 영화의 한 장면에서 여성 주인공이 기관총을 쏘며 반혁명군(백군)을 막아내는 장면은 특히 소녀들의 열광을 자아냈고, 파블리첸코도 그렇게 열광하던 소녀 중 하나였다. 사격 실력을 인정받은 그녀는 관련 자격증을 취득하고 이후 군에서 가르치는 고급 저격 훈련도 이수하게 된다. 이러한 배경으로 전쟁이 발발했을 때 그녀는 곧바로 우크라이나 남부의 항구도시 오데사Odessa에 위치한 모병소로 달려가 저격수로서의 복무를 자원할 수 있었다. 그러나 모집 담당자는 체구가 작고 여성이라는 이유로 그녀에게 간호병을 권유했고, 파블리첸코는 이에 맞서 자신이 쌓아온 경력과 자격을 상세히 설명하며 설득에 나섰다. 결국 특유의 뚝심과 고집으로 그녀는 저격병으로 선발된다.

그러나 실제 전장에서 그녀는 더 큰 문제에 직면했다. 남부 전선, 오데사 인근의 제25소총사단에 배치된 그녀는 전투 중대의 저격병으로 등록되었지만 무기 부족 때문에 정작 '총'을 지급받지 못했던 것이다. 그녀는 수류탄과 야전삽 하나만 들고 참호를 파거나 통신선을 설치하며 고참 병사들을 뒤따르는 등, 한동안은 이런 부차적인 임무만을 수행할 수밖에 없었다. 명색이 저격병이었지만, 총이 없다는 이유로 '전투원'이 될 수 없었던 것이다.

그러던 7월 말, 전환점이 찾아왔다. 함께 복무하던 동료 저격수가 포탄에 맞아 부상당하면서 그의 모신-나강Mosin-Nagant 소총이 파블리첸코에게 넘어온 것이다. 그녀가 사격클럽 시절 익숙하게 다뤘던 이 소총은 5발 장전식에 스코프가 장착된 전형적인 소련군 저격소총이었다. 며칠 뒤인 8월 8일, 파블리첸코는 루마니아 병사 2명을 저격하며 마침내 본격적인 전투에 뛰어들었다. 그녀는 오데사 포위전 내내 최전선에 배치되어 적군과 맞섰고, 철저히 위장한 채 적진 가까이 숨어든 뒤 신속하고 정확하게 목표를 제거했다. 특히 그녀는 통신병이나 장교 등 적군의 지휘 체계를 노렸고, 이로 인해 독일군은 도대체 어디서 총알이 날아오는지도 모른 채 공포에 질려 허공에 총을 쏘기 일쑤였다. 파블리첸코는 투입된 지 불과 두 달 반 만에 180명이 넘는 독일군 및 루마니아군 병사를 사살하며 전장의 전설로 떠오른다. 특히 주목할 만한 점은, 그녀가 임무 중에 36명의 독일군 저격수까지 제거했다는 사실이다! 이 시점부터 추축국 병사들은 그녀를 '죽음의 여인Lady Death'이라 부르기 시작했다.

한편 독일과의 전쟁이 발발했을 당시 21세의 나탈리야 코브쇼바Natalya Kovshova는 모스크바 국민방위대에서 적 항공기 감시와 통신 임무를 수행하고 있었다. 모스크바 동쪽의 도시 우파Ufa 출신인 그녀는 고등학교를 졸업한 뒤 국립항공기술연구소에 취업했고 모스크바 항공학교에서의 학업을 꿈꾸고 있었다. 하지만 독일군의 침공은 그녀의 삶의 방향을 송두리째 바꾸어놓는다. 조국을 침략한 독일군에 대한 분노와 저항의 의지는 그녀를 일선 전투 부대로 이끌었다. 국민방위대를 떠나 전방 부대에 자원한 코브쇼바는 단기간의 저격수 훈련을 마친 후 북서전선군 소속 제130소총사단에 배치되었고, 1941년 10월부터 본격적인 전투에 투입된다. 그녀의 부대에는 항공기술연구소 시절 알고 지냈던 마리아 폴리아노바Mariya Polivanova도 있었고 두 사람은 금세 친밀한 동료가 되어 함께 저격수 팀을 구성한다. 코브쇼바가 사수 역할을 맡고 폴리아노바는 표적을 관찰하는 관측수 겸 정찰병으로 활동했다. 두 사람이 전장에 배치되었을 때 독일군은 모스크바 진공을 목표로 태풍 작전Operation Typhoon을 개시한 상황이었다. 이는 소련 전체로 보아도 전쟁 중 가장 절박한 시기였다. 코브쇼바와 폴리아노바는 곧바로 전선에 투입되었고, 완벽한 팀워크와 뛰어난 실력으로 임무를 수행해 나갔다. 이들은 전방 은폐지나 덤불 속에 몸을 숨긴 채 장시간 동안 미동도 없이 대기하다가, 통상 400m 이내로 적이 접근하면 한 발의 총탄으로 그 생명을 끝장냈다. 혹독한 추위 속에서도 온종일 땅에 배를 붙이고 엎드린 채, 둘은 침착하게 기회를 노렸다. 그 결과 두 사람은 얼마 지나지 않아 수십 명의 독일군을 사살하며 부대 내에서 명성을 쌓게 되었다. 저격 능력뿐 아니라 포탄에 맞은 연대장을 직접 구해낸 활약으로도 이름을 알렸다. 코브쇼바는 1942년 초부터는 실전에 투입되는 동시에 신병들에게 소총 사용법과 저격 전술을 가르치는 임시 교관 역할까지 맡게 되었고, 그녀를 통해 수십 명의 임시 저격수가 배출되었다. 독일군 입장에서 저격수란 '소리 없는 공포'였다. 언제 어디서 날아올지 모를 총알 앞에서 병사들은 하나둘 쓰러졌고, 생존자들은 자신이 다음 차례가 아닐까 두려움에 떨었다. 심지어 지휘관들조차 행동을 멈추고 엎드려 숨는 경우가 많았다. 이렇듯 저격은 적은 인원으로 적에게 큰 피해와 심리적 압박을 줄 수 있는 매우 효과적인 전술이었다. (소련과 독일 모두 저격수 포로를 붙잡으면 가차 없이 고문하거나 살해했는데, 그만큼 이들이 주는 공포는 양측 모두에게 대단히 컸다.)

코브쇼바와 폴리아노바가 함께 활동한 저격 팀은 1942년 8월, 둘이 함께 전사하기까지 300명 이상의 독일군을 사살한 것으로 알려져 있다. 이는 단순한 수치를 넘어, 매일 수천 명의 병사를 잃던 소련군에게는 사기를 끌어올려 주는 소중한 성과였다. 더불어 여성 저격수들의 이러한 활약은 공산주의 체제하에서 '여성도 남성과 동등하게 조국을 수호할 수 있다'는 강력한 선전 수단으로 기능했다.

소련 당국은 파블리첸코나 코브쇼바처럼 예상치 못한 '여성 슈퍼 저격수'들의 활약에 주목하기 시작했고, 이들의 전투에서의 뛰어난 기량과 심리적 효과 등 다양한 장점을 발견하게 되었다. 곧이어 소련군은 여성 저격수들을 조직적으로 대량 양성하기 위한 본격적인 계획을 수립하게 된다.

당당한 여성 저격수들의 탄생

1942년 3월 20일, 모스크바 함락 위기를 가까스로 넘긴 소련 국방인민위원회는 지난 수개월간 일부 여성 군인들이 보여준 놀라운 활약에 화답하듯 여군을 위한 저격수 양성학교 설립을 명령했다. 학교는 모스크바 동부의 베슈냐키Veshnyaki에 세워졌으며, 정식 명칭은 '중앙 여성 저격수 훈련학교'였다. 이 소식이 알려지자 전국에서 유능한 여성 지원자들이 수도 없이 몰려들었다. 저격이라는 특수하고 극도로 위험한 임무의 특성상 선발 기준은 매우 엄격했다. 지원자는 원칙적으로 만 20세 이상이어야 했고(하지만 전시라는 특수한 상황하에서 이보다 어린 경우도 예외적으로 허용되었다), 건강한 신체 조건을 갖추고 있어야 했으며, 소련 학제 기준으로 중등 7개 학년 과정을 이수한 자만이 지원 자격을 얻었다. 체력, 정신력, 지력 등 모든 면에서 우수한 인재를 가려내기 위한 까다로운 조건이었다.

'중앙 여성 저격수 훈련학교' 교관과 훈련생들의 모습(1943년).

두 달의 시간이 흐르고 제1기 입학생 선발이 마무리되었다. 1942년 5월 3일, 훈련생들은 입교 선서와 함께 사열 및 행진을 하며 입학식을 치렀고, 곧바로 본격적인 교육 과정에 들어갔다. 교육생들은 자신들이 '정예 중의 정예'로 선발되었다는 자부심을 강하게 느꼈지만, 그만큼 훈련은 결코 만만하지 않았다. 훈련은 기초 체력을 기르기 위한 단체 구보와 체조로 시작되었으며, 소총의 분해와 조립, 실제 사격 등 저격수로서 반드시 익혀야 할 기술들을 반복 숙달하는 데 집중되었다. 또한 적진에 은밀히 침투하는 방법, 지형지물을 활용한 은폐 및 위장 기술, 위급한 상황에서의 응급처치 등도 집중적으로 교육받았다. 저격수는 장시간 움직이지 않은 채 기회를

포착해야 하는 임무 특성상 심리적 안정과 인내력을 기르는 훈련에
도 많은 시간을 들여야 했다. 혹한 속에서 10~12시간 동안 미동도
없이 자세를 유지하는 연습이나 적진 근처에서 배설물 흔적을 남기
지 않기 위해 먹고 마시는 양을 줄이며 버티는 훈련도 포함되었다.
실제로 여성들은 남성보다 인내심, 집중력, 추위에 대한 저항력 등
에서 더 뛰어난 모습을 보였고, 모든 훈련 과정을 훌륭히 소화해 냈
다. 전체 교육 과정은 약 1년 가까이 소요되었으며, 1943년 6월부터
는 훈련을 마친 여성 저격수들이 전선에 배치되기 시작했다. 당시
상황에 따라 매달 50명에서 많게는 200명에 이르는 졸업생들이 전
장으로 향했다. 소련군 내에서 많은 여군들이 성희롱과 같은 부당
한 대우를 견뎌야 했지만, 저격수로 선발된 여성들은 예외적 존재였
다. 일선의 거친 남성 병사들조차 이 여성 저격수들을 함부로 대하
지 못했고, 그들을 동등한 전우로 인정하고 존중했다. 그 이유는 단
하나, 이들의 임무가 얼마나 혹독하고 위험한지를 누구보다 잘 알고
있었기 때문이다. 이렇게 전장에 투입된 여성 저격수들은 머지않아
하나둘 전설적인 활약을 만들어내기 시작했다.

킬러의 본성을 깨우다

독일과의 전쟁이 시작되었을 당시, 알리야 몰다굴로바Aliya
Moldagulova는 겨우 16세의 카자흐스탄 출신 소녀로 레닌그라드에 거
주하고 있었다. 도시가 독일군에게 포위되자 가까스로 피난길에 올
라 모스크바 인근의 야로슬라블Yaroslavl로 이동했고, 그곳의 항공기술

학교에 입학했다. 이듬해 17세
가 된 몰다굴로바는 군 입대를
자원했고, 당시 신설된 중앙 여
성 저격수 훈련학교에 어렵사
리 합격했다. 키 152*cm*의 왜소
한 체구였지만, 그녀는 비범한

대독 승전 50주년 기념으로 카자흐스탄에서
발행된 저격수 알리야 몰다굴로바의 우표.

지능과 강한 인내심을 갖추고 있었다. 이는 훌륭한 저격수에게 필수
적인 자질이었다. 그녀는 탁월한 성적으로 학교를 졸업했고, "콤소
몰(소련공산당의 청년 동맹) 중앙위원회가 기증함"이라는 문구가 새겨
진 소총을 수여받았다.

　1943년 8월, 몰다굴로바는 레닌그라드 전선의 제54소총여단에
배치되었는데, 처음에는 많은 남성 병사들이 그녀의 앳된 외모와 연
약한 몸을 보고 실전에 적응할 수 있을지 의심스러워했다. 그러나
그 의심은 오래가지 않았다. 그녀는 10월까지 단 세 달도 되지 않
는 기간 동안 독일군 병사 32명을 사살하는 눈부신 전과를 올렸다.
1944년 1월, 몰다굴로바는 벨라루스 인근의 노보소콜니키Novosokolniki
전투에 투입되었다. 당시 선장은 독일군의 집중 포격으로 혼란에 빠
졌고, 소련군은 급격히 밀리고 있었다. 선두에 있던 병사들이 하나
둘 후퇴하던 그때, 믿기 어려운 장면이 벌어졌다. 이제 겨우 19세에
불과한 '작은 아시아계 소녀'가 맨 앞에 나서서 반격하라고 목청이
터져라 외치고 있었던 것이다. 몰다굴로바는 수류탄을 던지고, 전사
한 병사들이 남긴 기관단총을 집어 들어 적에게 반격을 가했다. 당
황하던 병사들은 그 광경을 보고 즉시 정신을 차렸고, 그녀와 함께

반격에 나섰다. 곧 양측 병력이 치열하게 충돌하며 참혹한 백병전이 벌어졌고, 몰다굴로바는 이 와중에 독일군 장교 1명을 사살하는 전과를 올렸다. 하지만 그녀 역시 총상을 입고 쓰러져 가까스로 후방으로 이송되었고 끝내 회복하지 못하고 전사했다. 그녀의 용맹한 행동은 곧 소련 전역에 걸쳐 선전되었고, 몰다굴로바는 사후에 '소비에트 연방 영웅' 칭호를 받았다. 공식 기록에 따르면 그녀는 생전에 총 78명의 독일군을 사살했으며, 마지막 희생자는 백병전에서 그녀가 끝까지 싸워 쓰러뜨린 바로 그 독일군 장교였다.

또 한 명의 영웅, 로자 샤니나Roza Shanina는 독일의 여성 공산주의 혁명가인 로자 룩셈부르크Rosa Luxemburg를 기리기 위해 '로자'라고 이름 지어졌다고 전해진다. 그녀는 소련 북부의 극지방인 아르항겔스크Arkhangelsk 출신으로, 1941년 12월에 징집되어 전사한 19세 오빠의 비보를 접한 뒤 겨우 17세의 나이로 군 입대를 자원했다. 당시 그녀는 연령 미달로 바로 입대할 수 없었지만, 그 의지를 증명하기 위해 민간인을 대상으로 한 종합 군사훈련 프로그램에 지원해 훈련생으로 선발되었다. 이곳에서 사격술을 연마한 샤니나는 이후 여러 차례에 걸쳐 중앙 여성 저격수 훈련학교에 입학시켜 달라는 간절한 청원을 보냈고, 마침내 1943년 6월 입학이 허가되었다. 샤니나는 저격 훈련을 최우수 성적으로 수료했으며, 그녀의 재능을 알아본 학교 측은 교관으로 남을 것을 권유했다. 그러나 샤니나는 단호히 이를 거절했다. 그녀에겐 전장에서 전사한 오빠를 대신해 복수해야 한다는 사명이 있었던 것이다.

1944년 4월 2일, 그녀는 중부 전선 벨라루스에 주둔 중이던 제

338소총사단에 배치되었다. 이 부대에는 여
성으로만 구성된 저격수 소대가 있었고, 샤
니나는 이곳에서 드디어 실전 임무에 투입
되었다. 첫 작전지는 벨라루스 동부의 비
테프스크Vitebsk 인근으로, 그녀는 조용히 사
격 기회를 노리며 저격수로서의 첫 임무에
임했다. 4월 5일, 마침내 첫 독일군을 사살
한 그녀는 극도의 긴장으로 인해 이후 정신

전선에서 잠시 포즈를 취
하고 있는 로자 샤니나
(1944년 11월).

이 멍해졌고 온몸에 힘이 빠지는 것 같았다고 회상했다. 그러나 이
내 평정을 되찾은 샤니나는 냉정한 저격수로 다시 돌아와 4월 11일
까지 단 6일 동안 무려 13명의 독일군을 사살하는 성과를 거두었다.
하루 평균 2명 이상의 저격이라는 놀라운 기록이었다. 그녀는 곧 분
대장으로 승진했고, 6월 초에는 군의 사기 진작을 위해 발행된 신
문에 모신-나강 소총을 든 그녀의 얼굴이 대문짝만하게 실리며 전
국적으로 주목받았다. 그해 가을, 소련군이 독일 영토인 동프로이센
까지 진격하자 샤니나는 소대원들과 함께 '독일군 사냥'을 이어갔
고, 전선에서는 그녀를 '동프로이센의 공포'라고 불렀다. 이후 그녀
의 안전을 염려한 지휘관들은 그녀를 후방으로 전출시키려 했지만
샤니나는 이를 거부했으며 스탈린에게 두 차례 직접 편지를 써가며
전선에 남겠다는 강한 의지를 보였다. 결국 그녀는 전장을 떠나지
않았지만, 1945년 1월 동프로이센 전투에서 포탄 파편에 중상을 입
고 전사했다. 그녀의 공식 전과는 독일군 59명 사살이었다.

이처럼 여성 저격수들의 영웅담이 속속 전해지던 당시, 소련 당

국은 서방 연합국의 지지를 얻기 위해 전선에서 활약한 전투 영웅들을 해외로 파견하기 시작했다. 이들은 소련의 고통스러운 전쟁 상황을 알리고, 더 많은 지원을 끌어내기 위한 외교 사절단 역할을 맡았다. 그 가운데 가장 두드러진 인물이 앞서 언급한 여성 저격수의 선구자, 류드밀라 파블리첸코였다.

조국의 어려움을 널리 알리다

엘리너 루스벨트 여사와 함께한 류드밀라 파블리첸코.
© Library of Congress.gov

1941년 10월 15일, 오데사가 독일군에 함락되자 파블리첸코와 그녀의 부대는 세바스토폴Sevastopol 요새로 철수해 전투를 이어갔다. 그녀는 1942년 5월까지 총 257명의 적군을 사살하며 눈부신 활약을 펼쳤다. 독일군의 포위와 대구경 포탄의 집중 포격 속에서 파블리첸코의 승전 소식은 병사들의 사기를 크게 끌어올리는 힘이 되었다. 이 무렵 독일군 역시 그녀의 존재를 인지하게 되었고, 파블리첸코는 '최우선 제거 대상'으로 지정되기에 이른다.

최전방에서 저격 임무를 수행하던 그녀는 결국 6월 중순, 독일군의 박격포 공격으로 중상을 입고 만다. 당시 세바스토폴은 만슈타인 장군 휘하 독일군의 거센 공격으로 함락 직전이었고, 소련군은 이처럼 상징성이 큰 영웅을 잃을 수 없었다. 이에 따라 파블리첸코는 상부의 명령을 받아 조용히 항구에 잠입한 잠수함을 타고 극적으로 세바스토폴을 탈출하게 된다.

　　부상 치료에 전념하며 한 달을 보낸 파블리첸코는, 전선으로 복귀하는 대신 1942년 9월부터 소련의 공식 홍보 사절로 캐나다와 미국을 방문하게 된다. 워싱턴에 도착한 그녀는 엘리너 루스벨트 여사의 따뜻한 환대를 받았고, 루스벨트 대통령이 머무는 백악관에도 초청되었다. 엘리너 여사는 작지만 당찬 이 소련 여군의 모습에 깊은 인상을 받았으며, 그녀가 300명 이상의 적군을 사살했다는 말에 크게 놀라며 더욱 매료되었다. 두 사람은 빠르게 가까워졌고, 파블리첸코는 루스벨트 여사에게 러시아 전통 음식인 보르시 수프를 직접 만들어줄 정도로 친밀한 관계를 쌓는다. 엘리너 여사의 전폭적인 지지를 받은 덕분에 소련 대표단은 미국 전역을 순회하며 자국의 전쟁 상황을 알리고 미국의 지원을 호소할 수 있었다. 미국 기자들은 이 방문단에 큰 관심을 보였지만, 파블리첸코에게는 전쟁터의 경험보다는 화장이나 스커트 길이 같은 가십성 질문을 던지는 일이 잦았다. 이런 통속적인 접근이 불쾌했던 파블리첸코는 미국인들에게 진정한 전장의 현실을 전하고자 강렬한 연설을 준비했고, 그 절정은 이 장의 서두에서 언급했듯 시카고 솔저 필드에서 이뤄졌다. 그녀의 진솔한 증언을 들은 미국 청중들은 크게 감동해 기립 박수까지 보냈다. 이 투어는 대성공이었다. 미국의 포크 가수 우디 거스리 Woody Guthrie는 파블리첸코의 영웅적 행보에 감동을 받아 그녀를 주제로 노래 〈미스 파블리첸코Miss Pavlichenko〉를 작곡하기도 했다. 이후 그녀는 11월에 영국을 방문하여 무기 구매를 위한 자선 모금 활동을 이어갔다. 귀국한 파블리첸코는 더 이상 전투에 투입되지는 않았지만, 저격수 훈련 학교에서 후배들에게 자신의 경험과 기술을 전수하며 수많은 여성 저격수들을 길러냈다. 그녀는 전선에서도, 또 그 이후에도 소련 여성들에게 진정한 의미의 선구자였다.

1945년 봄, 전쟁의 승패는 이미 사실상 결정된 상태였고 여성 저격수들도 하나둘 위험한 전방에서 철수하기 시작했다. 중앙 여성 저격수 훈련학교는 독일이 소련에 항복한 다음 날인 5월 10일을 기점으로 완전히 해체되었다.

종전까지 소련군에는 약 50만 명의 여성이 복무했으며, 이 중 2,484명이 공식적으로 저격수로 활약했다. 이들이 사살한 추축국 병력은 무려 1개 사단에 해당하는 11,280명에 달한다. 그러나 이들 중 상당수가 전투 중 전사했고, 류드밀라 파블리첸코를 포함한 약 500명 정도만이 살아남아 종전을 맞이할 수 있었다.

이 여성 저격수들은 문자 그대로 최전선에서 소수의 인원으로 적을 끊임없이 괴롭히고 공포에 빠뜨렸으며, 아군의 사기를 높이는 데 큰 역할을 했다. 그리고 무엇보다, 탁월한 전투 능력을 통해 여성에 대한 소련(러시아) 사회의 전통적 고정관념을 근본적으로 뒤흔들어 놓았다.

9장

영국 공군 303 폴란드 전투비행단

분노로 무장하여 역사의 흐름을 바꾸다

영국 항공전의 승리에 기여한 폴란드 출신 조종사들(1940~1945)

영국 공군 소속 폴란드 전투비행단과 부대 마크
© Imperial War Museums

"인류의 전투 역사에서, 이렇게 적은 인원이 이토록 많은 사람들에게
이처럼 큰 은혜를 안긴 경우는 결코 없었다."

윈스턴 처칠, 영국항공전 당시 참전 조종사들을 언급하며

2013년 10월 15일, 유럽 축구 팬들의 관심은 2014 브라질 월드컵 유럽 예선에 쏠려 있었다. 경기는 영국 축구의 성지 웸블리 스타디움에서 열렸으며, 조 1위이자 최강팀인 잉글랜드는 승리로 본선 진출을 확정 짓고자 했다. 반면 폴란드는 반드

체스판 무늬의 폴란드 공군 표지.

시 잉글랜드를 꺾어야만 본선 진출의 희망을 이어갈 수 있는 상황이었다. 중요한 경기인 만큼 폴란드에서 무려 1만 8천 명의 축구 팬들이 영국으로 건너와 페이스 페인팅과 열띤 응원으로 자국의 승리를 기원했다. 경기는 결국 잉글랜드가 2:0으로 승리하며 본선행을 확정했지만, 그날 경기장에서 또 하나의 장면이 관중들의 시선을 사로잡았다. 바로 경기 시작 전, 폴란드 응원석에서 펼쳐진 거대한 깃발이었다. 이 깃발은 폴란드 국기처럼 붉은색과 흰색이 대각선으로 교차하며 마치 거대한 체스판 같은 모양을 이루고 있었다. 사실 이는 과거 '폴란드 공군'의 상징으로, 영국 경기장에서 이 깃발이 등장한 배경에는 2차 세계대전 당시 양국이 맺었던 특별한 인연이 있었다. 그 인연 덕분에 처칠의 표현을 빌려 '가장 어두웠던 시기The darkest hour'에 처했던 영국은 생존하고 구원받을 수 있었다. 폴란드 군인들은 그때 자신들의 희생이 훗날 전 세계를 구하는 결과로 이어질 것이라고는 상상도 하지 못했을 것이다.

망국의 용사들

프랑스에 집결한 폴란드 망명군 병사들과 담소 중인
폴란드군 사령관 시코르스키 장군(1940년).

1939년 9월 1일, 독일이 폴란드를 전격적으로 침공해 순식간에
영토를 점령하자 폴란드 국민들은 문자 그대로 '충격과 공포'에 빠
졌다. 중동부 유럽의 강국이었던 폴란드는 독일의 침략에 대비해 나
름대로 군사적 준비를 해왔지만, 전투력은 어디까지나 상대적인 것
이었다. 폴란드는 독일군의 신형 장비와 혁신적인 전술, 즉 '전격전'
을 감당할 수 없었다. 설상가상으로 9월 17일에는 동쪽에서 소련군
이 침공하면서, '이 가련한 나라'의 운명은 사실상 결정된 것이나 마
찬가지였다. 많은 폴란드 병사들은 당시 국경을 맞대고 있던 남쪽의
루마니아와 헝가리, 혹은 북쪽 스칸디나비아의 덴마크와 스웨덴 등
으로 피신했다. 이후 천신만고 끝에 튀르키예를 거치거나 지중해와
북해를 건넌 이 망국의 병사들은 독일과의 전쟁을 준비하던 프랑스
에서 재편성되었고, 그 수는 순식간에 8만 명에 달했다. 일부 폴란

드군은 '카르파티아 여단'이라는 이름으로 프랑스 식민지였던 중동 시리아에도 주둔했다. 혹독한 1939~40년 겨울이 지나고 이듬해 봄이 오자, 포성은 멀리 북쪽의 덴마크와 노르웨이에서 먼저 울렸다. 소국 덴마크는 불과 몇 시간 만에 독일군에 점령당했지만 노르웨이의 상황은 달랐다. 노르웨이는 독일이 절실히 필요로 하는 전략 자원, 즉 스웨덴 철광석의 핵심 수송로였기 때문이다. 이를 잘 알고 있던 연합군은 노르웨이가 독일 손에 넘어가는 것을 막으려 했다. 4월 8일, 노르웨이 해안에는 영국, 프랑스 등 연합군이 독일군과 거의 동시에 도착했고, 양측은 즉시 전투에 돌입했다. 일부 폴란드군도 이 전투에 투입되었지만 독일군의 기세를 꺾기에는 역부족이었다. 이런 가운데 5월 10일, 독일군이 대대적으로 베네룩스 3국(벨기에, 네덜란드, 룩셈부르크)과 프랑스를 침공하자 모든 연합군은 독일군을 막기 위해 서유럽 전선으로 투입됐다. 폴란드군 2개 사단도 프랑스군 지휘 아래 전투에 참전했다.

한편, 독일군은 강력한 육군뿐 아니라 당시 세계 최강으로 평가받던 공군을 보유하고 있었다. 나치 권력 서열 2위였던 헤르만 괴링의 전폭적인 지원 아래, 독일 공군은 5,600대가 넘는 전투기, 폭격기, 지원기를 동원할 수 있었다. 프랑스로 탈출한 폴란드군 가운데에는 약 200명의 공군 조종사들도 포함되어 있었다. 이들은 독일군에 맞서 싸우기를 원했지만, 전투기 자체가 부족했던 프랑스군으로부터 배정받을 수 있는 기체는 많지 않았다. 결국 그들에게 지급된 전투기는 독일군 주력기인 메서슈미트 Bf-109에 비해 속도, 무장, 기동성 등 모든 면에서 크게 뒤처진 '콜드롱Cauldron C-714' 전투기였다. 비록 성능은 형편없었지만 전투기 자체가 없는 것보다는 나았다. 그러나 독일군의 침공이 시작된 지 일주일이 지난 5월 18일에서야 이 전투기를 인수할 수 있었고, 장비와 보급을 마쳤을 때는 이미 5월 25일이었다. 이 무렵 프랑스에선 전세가 기울어 있었고, 연합군은 됭케르크Dunkerque에서 영국으로 철수하려고 준비하는 상태였다. 그럼에도 불구하고 폴란드 조종사들은 6월 8일부터 전투에 투입되자마자 저돌적으로 독일군을 공격했다. 조국에서 겪었던 독일군의 폭격과 공습의 악몽이 여전히 생생했기에, 복수심이 그들의 비행을 더욱 거칠고 과감하게 만들었다. 놀랍게도 단 3일간의 공중전에서 12대의 독일 전투기를 격추하는 전과를 올렸다. 사실 이들은 이미 폴란드 전투 당시, 구형인 랜딩기어 고정식 갈매기형 주익의 PZL P-11 전투기로도 독일군과 맞서 싸운 경험이 있었고, 그때도 무려 130대의 독일기를 격추시킨 바 있었다. 이번에 지급된 프랑스제 전투기는 당시 자국 전투기에 비하면 오히려 신형이었다. 결국 폴란드 조종사들은 프랑스 전투에서 총 53대의 독일기를 격추했다. 하지만 이들의 분전에 불구하고, 6월 초가 되자 프랑스의 패배는 피할 수 없는 기정사실로 보였다. 상황을 냉정히 판단한 영국은 자국 본토에서 벌어질 다음 전투에 대비해 병력과 항공기를 전력을 다해 철수시키기 시작했다. 조종사들을 포함한 다수의 폴란드군 역시 계속 싸우기 위해 영국으로 건너갔다. 이로써 '프랑스 전투Battle of France'는 막을 내렸고, 히틀러에 맞선 마지막 섬나라 영국에서 '영국 전투Battle of Britain'가 막 시작되려 하고 있었다. 전 세계 대부분의 사람들은 독일군이 이번에도 손쉽게 승리하여 영국을 점령할 것이라 예상했다. 심지어 영국 내에서도 외무장관 핼리팩스 경Lord Halifax 등 일부 인사는 상황을 비관하며 독일과 협상해야 한다고 주장했다. 수 세기 동안 세계를 호령해 온 대영제국 역사상 최대의 위기가 눈앞에 다가오고 있었다.

'미운 오리 새끼들'의 반란

노솔트 기지에서 부대의 마스코트인 강아지와 휴식하는 폴란드 조종사들(1940년).
© Imperial War Museums

1940년 6월, 전시 내각 수상 윈스턴 처칠은 "피와 수고와 눈물과 땀밖에 줄 것이 없다"는 감동적인 연설로 국민들을 고무시켰다. 그러나 독일군의 침공을 막는 것은 감동적인 연설이 아니라 실제 무기와 군대였다. 당시 영국이 가진 강력한 이점이라면, 대륙과 영국 사이에 놓인 폭 40km의 거친 도버해협과 이를 지키는 세계 최강의 해군이었다. 게다가 독일 해군은 노르웨이 전투에서 주력 전투함 13척을 잃어 전력이 크게 약화된 상태였다. 그러나 영국 해군도 하늘에서 쏟아지는 적의 공격에는 취약했고, 독일군도 이를 잘 알고 있었다. 독일은 상륙 작전에 앞서 영국 공군을 먼저 궤멸시키는 것을 최우선 전략으로 삼았다. 영국 공군이 무력화되면, 대규모 유보트U-boot 부대를 투입해 영국 해군을 제압하고 손쉽게 상륙할 수 있다고 판단한 것이다. 이렇게 하여 양측의 공군이 1차 전투의 주역이 될 운명이었다. 문제는 프랑스가 항복한 직후, 세계 최대 규모의 독일 공군에 맞서야 하는 영국 공군의 전력이 크게 부족했다는 점이었다. 당시 독일의 주력 전투기 메서슈미트 Bf-109E와 영국의 스핏파이어Spitfire Mk I은 성능 면에서 우열을 가리기 어려웠다. 하지만 전투기와 조종사 숫자에서 영국이 불리했다. 7월 내내 양국 전투기들은 도버해협 상공에서 서로의 전력을 탐색하는 위태로운 교전을 이어갔다. 당시 유행하던 애상적인 노래의 배경인 도버의 하얀 절벽 The White Cliffs of Dover 상공에서 편대가 얽혀 싸우는 모습은 전쟁 중 가장 낭만적인 장면으로 묘사되기도 했다. 그러나 그 절벽 아래에서는 매일같이 많은 조종사들이 목숨을 잃고 있었다. 이런 상황에서, 수적으로 밀리는 영국 공군에 더 많은 조종사가 필요하다는 것은 자명했다. 한계에 몰린 영국은 마침내 지국에 머물던 외국인 가용 인력들과 접촉하기 시작했다.

프랑스가 패배한 뒤 영국에 모인 폴란드 조종사는 100여 명 남짓이었다. 영국 공군은 1940년 7월에 이들을 2개의 폴란드 전투기 비행중대로 재편했는데, 하나는 302 비행대, 다른 하나가 바로 303 비행대였다. 303 비행대는 영국 중서부 랭커셔Lancashire 블랙풀에서 창설되어 8월 2일 런던 서부의 노솔트Northolt 공군기지로 이동했다.

부대는 장교 조종사 13명, 부사관 조종사 8명, 그리고 100명 이상에 달하는 지상 지원요원으로 구성되었다. 폴란드인들은 독일군에게 복수하겠다는 열망이 어느 나라 지원자보다도 강했다. 그러나 그 뜨거운 의지와 달리, 그들에게 주어진 첫 과제는 다름 아닌 '비행 관련 영어' 공부였다. 상당수가 영어 의사소통이 불가능했기 때문에 이는 전투 시 무선 교신에 치명적인 문제가 될 수 있었다. 폴란드인들은 이를 인정하고 영어 학습에 열정을 쏟았다. 여기에 비행대장 존 켄트John Alexander Kent도 폴란드어를 배우며 이들과의 유대감을 쌓기 위해 노력했다. 긴 시간 동안 전투기와 강의실을 오가며 영어를 익힌 폴란드인들은 두 번째 과제를 받았다. 뜻밖에도 그것은 '자전거 타기'였다. 영국 공군은 이를 통해 폴란드 조종사들이 영국식 편대 비행 감각에 간접적으로나마 익숙해지기를 바랐다. 하지만 대다수 폴란드 조종사들은 이미 비행 실력에서 영국인 못지않은 베테랑들이었다. 게다가 모든 장교 조종사들은 이전의 폴란드군 계급과 관계없이 영국 공군 소위 계급으로 통일되었다. 폴란드 조종사들의 불만이 쌓여갔다.

마침내 8월 초, 폴란드인들에게 전투기가 지급되었다. 그러나 그것은 기대하던 스핏파이어가 아니라 2선급으로 분류되는 허리케인Hurricane이었다. 물론 허리케인은 튼튼한 방공 전투기로 그들이 이전에 몰았던 어느 기종보다 우수했지만, 본래 사람 마음이란 더 나은 것을 원하는 법이지 않은가. 게다가 폴란드인들은 자신들을 은근히 무시하는 듯한 영국인들에게 본때를 보여주고 싶었고, 그 기회를 조용히 기다리고 있었다. 그리고 마침내, 그 순간이 찾아왔다.

303 비행대는 1940년 8월 31일 공식 투입이 결정되었고, 하루 전인 8월 30일 마지막 편대 비행 훈련에 나섰다. 비행 중 영국인 편대장이 멀리 이동 중인 독일 폭격기 편대를 발견했다. 그는 폴란드인들에게 교전하지 말고 기지로 귀환하라는 명령을 '매우 느린 영어'로 전달했다. 그러나 폴란드 조종사들은 하나같이 교신이 들리지 않는다며 "반복을 요청합니다Repeat, please"라는 문장만 되풀이했다. 잠시 후 무선에서 빠른 폴란드어 대화가 흘러나왔고, 이상한 기운을 감지한 영국인 편대장이 주위를 둘러보았을 때 이미 폴란드 조종사들은 시야에서 사라진 뒤였다. 그들은 독일 전투기 편대를 향해 마치 사냥개가 먹잇감을 쫓듯 전속력으로 돌진했다. 목표를 포착하자 날개에 장착된 7.7㎜ 기관총 6정이 일제히 불을 뿜었다. 당황한 독일 폭격기들은 황급히 방향을 틀어 도주했지만, 곧 1대가 연기를 내뿜으며 추락하기 시작했고 하얀 낙하산이 펼쳐졌다. 33세의 '늙다리 소위' 루드비크 파슈키예비치Ludwik Paszkiewicz의 사격으로 운명을 다한 것이었다. 노솔트 기지로 복귀한 파슈키예비치는 자신이 격추한 기체가 도르니어Dornier Do-17 폭격기라고 보고했으나, 후에 그것이 폭격기를 호위하던 쌍발 엔진 전투기 메서슈미트 Bf 110인이 확인되었다. 기지에 돌아온 후 영국인 편대장과 303 비행대장 존 켄트는 그의 규율 위반과 편대 이탈을 엄중히 질책했다. 그러나 곧이어 11전투기 비행단장 키스 파크Keith Park가 보낸 짧은 전보가 낭독되었다.

"오늘부로 303 비행대는 전투에 투입되었습니다. 축하합니다!"

순간 비행대원들의 환호와 박수가 터져 나왔고, 영국인과 폴란드인 모두가 진심 어린 교감을 나눴다. 폴란드 조종사들에게는 타국에서 오랜만에 느껴보는 동료애였으며, 이는 비행대의 사기를 크게 끌어올렸다. 이제, 본격적인 독일군 사냥이 시작될 순간이었다.

절체절명의 순간에 영국인들을 구하다

긴급 출동 중인 폴란드 비행대원들.

다음 날인 8월 31일, 드디어 303 비행대의 첫 번째 공식 출격이 시작되었다. 늦은 오후, 이들의 목표는 영국 남동부 끝자락의 켄트 지방이었다. 그곳에서 독일군 호위 전투기 Bf-109 편대와 조우하자 즉시 '도그 파이팅Dog fighting'(두 전투기가 서로 얽혀 치열하게 교전하는 상황)'에 돌입했다. 격렬한 공중전 끝에 폴란드 조종사들은 이날 무려 6대의 적기를 격추했다. 귀환 후 영국인 편대장은 놀라움과 기쁨을 감추지 못했고, 기지 근처 바에서 모두가 술잔을 기울이며 이날의 성과를 축하했다. 그러나 이것은 시작에 불과했다. 이틀 뒤인 9월 2일, 부대원들은 긴장과 기다림 속에서 하루 세 차례나 출격하는 강행군을 치렀다. 그 과정에서 303 비행대는 2대의 적기를 격추했으며, 그중 1대는 체코슬로바키아 출신 부사관 요제프 프란첵Josef

František의 끈질긴 추격 끝에 쓰러졌다. 다음 날인 9월 3일에도 프란첵은 도버해협 근처에서 또 1대를 격추했다. 영국 훈련 초기에 랜딩기어를 내리는 것을 잊어(그는 구형 '랜딩기어 고정식' 기종에 익숙했다) 동체 착륙을 했던 그였지만, 이제 하루가 다르게 성장하고 있었다.

9월 5일, 303 비행대는 적 전투기 5대와 폭격기 3대를 격추했다. 같은 날 아군은 전투기 1대를 잃고 2대가 불시착했다. 격추된 조종사는 낙하산으로 무사 탈출해 치료를 받은 뒤 곧바로 복귀할 수 있었다. 이는 홈그라운드에서 싸우는 영국과 폴란드 비행대의 큰 장점이었다. 이날 전투에서는 이례적인 장면도 있었다. 스타니스와프 카루빈Stanisław Karubin이 적기 1대를 격추한 뒤 탄약을 모두 소진했지만, 초저공 고도로 계속 독일기를 추격했던 것이다. 이에 당황한 독일기의 좌측 날개가 지면과 충돌하면서 불시착했고, 곧 파괴되었다. 총알 한 발 없이 적기를 쓰러뜨린 것이다! 9월 6일에는 비행대가 적 전투기 5대와 폭격기 2대를 격추했으나, 폴란드인 리더 크라스노뎅스키Zdzisław Krasnodębski가 심한 화상을 입어 전선에서 물러났다. 그리고 9월 7일은 303 비행대에게 최고의 날 중 하나였는데, 불과 15분간의 교전에서 전투기 2대를 포함해 무려 14대의 적기를 격추하는 대기록을 세운 것이다. 이후 비행대는 매일 10대 이상의 적기를 격추했고, 특히 9월 15일 '배틀 오브 브리튼 데이Battle of Britain Day'(영국 공군이 독일 공군기 68대를 격추하며 독일의 침공 의지를 좌절시킨 날)에는 15대의 독일기를 격추하며 또 한 번 그 실력을 입증했다. 이날 독일군은 런던에 대규모 폭격을 시도했지만, 폴란드 조종사들의 요격으로 폭격기는 런던 상공에 접근조차 하지 못했다. 영국은 몰랐지만, 독일은 9월 21일을 영국 침공일로 예정하고 있었으며 15일에는 영국 공군을 궤멸시킬 각오로 공격을 감행했던 것이다. 그러나 이 시도는 폴란드 비행대를 비롯한 영국 공군의 결사적인 방어로 좌절되었다. 전투 투입 후 불과 2주가 지난 시점, 303 비행대의 격추 실적은 이미 영국 공군 전체 전투비행대 가운데 최정상급으로 올라서 있었다.

303 비행대가 기대 이상으로 연전연승을 거두자, 일부 영국인들은 혹시 전과를 부풀리는 것이 아닌가 의심했다. 그러던 어느 날, 이런 의심을 품고 있던 한 영국 비행대장이 직접 전투기를 몰고 이들의 작전을 참관하기로 했다. 몇 시간 후 기지로 돌아온 그는 동료들을 향해 고개를 절레절레 저으며 짧게 말했다. "폴란드 조종사들의 실력은 소문 그대로였다." 폴란

탄약이 떨어진 상태임에도 불구하고 적기를 추락시킨 스타니스와프 카루빈.
© Niebieska Eskadra, Autor nieznany

드 조종사들의 놀라운 전투력에 대해 한 폴란드 대원은 이렇게 말했다. "우리는 독일군 기체의 검은 십자가 마크만 봐도 심장이 뛰고 격추 본능이 치솟았다. 그것은 절대적인 복수심에서 비롯된 감정이었다." 그들은 독일군에 의해 조국에서 쫓겨나 머나먼 영국까지 와서 싸워야 했으며 가족과 친지의 생사조차 알 수 없는 처지였다. 그들에게 독일군은 증오의 대상일 수밖에 없었고, 이 감정은 죽음을 불사하는 전투 정신으로 승화되었으며 또한 그들을 한계 상황까지 몰아붙이는 원동력이 되었다. 영국 조종사들이 보통 350m 남짓한

거리에서 적기를 향해 발포한 반면, 폴란드 조종사들은 명중률을 높이기 위해 위험을 무릅쓰고 약 90m 앞까지 접근했다. 2차 세계대전 당시 전투기가 시속 500km 이상으로 움직였음을 고려하면 이는 극도로 위험한 행동이었다. 그러나 이러한 과감함은 격추 확률을 크게 끌어올렸고, 그 작은 차이들이 쌓여 결국 압도적인 전과로 이어졌다.

폴란드 조종사들의 눈부신 활약은 영국인들의 관심을 사로잡았다. 9월 20일, BBC는 그들의 전과를 보도하며 감사의 메시지를 전했다. 방송의 마지막 멘트는 이렇게 끝났다.

"폴란드여, 영원하라Long live Poland!"

영국을 위해 헌신적으로 싸우는 폴란드 조종사들은 기지 주변 주민들에게도 큰 사랑을 받았고, 특히 젊은 아가씨들에게 인기가 높았다. 심지어 이들을 흉내 내어 아가씨들을 유혹하려는 영국군까지 등장하는 웃지 못할 일도 있었다. 9월 26일, 303 비행대는 특별한 손님을 맞았는데, 바로 영국 국왕 조지 6세가 친히 부대를 찾아와 이들을 격려한 것이다. 그러나 국왕이 감사의 인사를 전하던 중 갑자기 비상 사이렌이 울리며 조종사들이 긴급 출격했다. 버킹엄궁으로 돌아온 조지 6세는 곧바로 전투 결과를 물었고, 몇 시간 뒤 그는 "전투기 4대, 폭격기 9대 등 총 13대 격추"라는 놀라운 소식을 듣게 되었다.

10월에 들어서자 독일군의 공세는 다소 누그러진 듯 보였지만, 부대원들은 여전히 긴장을 늦출 수 없었다. 10월 8일, 303 비행대는 정찰 임무를 수행하고 있었는데 부대로 귀환하던 도중 프란첵의 전투기가 편대를 이탈한 채 사라졌다. 곧 그의 전투기가 추락한 상태로 발견되었고, 사인은 전투 피로로 인한 사망으로 추정되었다. 그는 단 한 달 남짓한 기간 동안 무려 17대의 적기를 격추하며 비영국인 조종사 중 최고 기록을 세웠다. 10월 11일, 비행대는 40일간의 작전을 마치고 휴식과 정비에 들어갔다. 독일군의 영국 침공 의지는 당분간 꺾인 듯 보였다. 불과 한 달여의 전투 기간 동안 303 비행대는 140여 대의 적기를 격추하며 교환비 14:1이라는 경이적인 전과를 올렸다. 이는 단순한 승리를 넘어 기적에 가까운 기록이었고, 팽팽하던 전세를 영국 쪽으로 기울게 한 결정적인 힘이 되었다.

배신 그리고 치유

1946년 6월 8일 런던에서 열린 '승전 1주년 기념 행진'에서 행진하는 미군.
폴란드군은 초대되지 않았다.
© Imperial War Museums

1941년이 되자 영국 본토에 대한 독일군의 직접적인 위협은 거의 사라진 듯 보였다. 1월, 303 비행대의 전투기는 스핏파이어로 교체되었고 이들의 임무는 기존과 정반대로 영국에서 대륙으로 날아가 독일군의 공군 기지와 시설을 공격하는 것이었다. 같은 해 6월 22일, 독일이 소련을 침공하면서 영국에 대한 폭격과 침공 가능성은 크게 줄어들었다. 한편 영국 정부는 새 동맹국이 된 소련과 우호 관계를 유지해야 했지만, 런던에 있던 폴란드 망명정부는 과거 독일과 함께 자국을 침공했던 소련을 극도로 의심하고 증오했다. 당분간은 '독일'이라는 공동의 적에 맞서 연합군의 이름 아래 함께 싸웠지만, 근본적인 출발점과 목표가 서로 달랐던 것이다. 시간이 흐르면서 갈등은 심화되었고, 소련과 서방이 주도한 테헤란, 얄타 회담 등에서 폴란드를 포함한 중소국의 운명이 당사자와의 협의 없이 결정되자 폴란드 망명정부의 분노는 커졌다. 이들 합의에 따르면 폴란드는 소련에 점령당한 동부 영토를 포기하는 대신 독일의 동부 영토를 합병하게 될 예정이었다. 결국 나라 전체가 서쪽으로 이동하며 영토가 20% 줄어드는, 역사상 유례없는 변화가 예고된 것이다. 이러한 상황 속에서 소련은 이미 폴란드를 포함한 동유럽에 위성 정권을 세울 계획을 세우고 국가별로 준비하기 시작했다. 전쟁이 끝날 때까지 폴란드 비행대는 지상 공격 지원과 폭격기 호위 임무에 투입되었고, 유럽 본토의 폴란드 제2군단과 함께 전 세계에 폴란드의 존재감을 알리며 연합군의 승리에 기여했다.

1946년 6월 8일, 영국 런던에서는 대독일 및 대일본 승전 1주년을 기념하는 퍼레이드가 열렸다. 2차 세계대전 동안 영국과 함께 싸운 30여 개국의 혈맹이 참가했으며, 행사는 이미 1945년 11월부터 준비되기 시작하여 각국에 초청장이 발송됐다. 퍼레이드 당일, 런던의 중심부인 리젠트 파크와 화이트홀 등 주요 거리를 각국 참전용사들이 위풍당당하게 행진했다. 미국, 프랑스, 체코슬로바키아, 네덜란드, 벨기에, 그리스, 인도, 중국은 물론, 영국 식민지였던 트랜스요르단(현 요르단) 등 소국까지도 자리를 빛냈다. 그러나 연합군 내에서 무려 20만 명이 참전했던 폴란드는 어디에도 보이지 않았다.

사실 폴란드의 참가 여부는 당시 영국 정치, 외교계의 뜨거운 논쟁거리였다. 당시는 1947년 3월의 트루먼 독트린Truman Doctrine(공산주의 확산 저지와 자유·독립을 추구하는 국가 지원 정책. 흔히 냉전의 시작으로 평가됨) 발표 이전이었지만, 이미 미국과 소련 간 냉전은 세계 곳곳에서 시작되고 있었다. 이때 폴란드에서는 공산화가 서서히 준비되고 있었고, 사법이나 치안 등 주요 부문은 이미 공산 세력이 장악한 터였다. 소련의 지시를 받는 꼭두각시 정권이었던 것이다. 이러한 상황에서 런던의 폴란드 망명정부에 충성하던 해외 폴란드인들은 귀향을 거부했다. 귀국하면 체포나 처형을 당할 게 너무나도 뻔했기 때문이다. 폴란드 비행대 역시 마찬가지였다. 당시 애틀리 Clement Richard Attlee 수상의 영국 노동당 정부는 소련의 눈치를 보며 런던의 폴란드 망명정부 소속 군대에 초청장을 보내지 않았다. 처칠을 비롯한 다수의 의원과 특히 영국 공군 장성들이 "말도 안 되는 조치"라며 반발했고, 의원 10명은 "우리는 감사할 줄 모르는 민족인가?"라며 정부에 공식 항의서를 제출하기도 했다. 이에 영국 정부는 행사 직전에야 영국에 주둔 중이던 폴란드 비행대에 단 25장의 초청장을 보냈다. 그러나 초청장을 받은 이들은 수많은 다른 폴란드군들이 여전히 영국에서 대기 중인데 자신들만 초청받는 상황에 대단히 분개하며 참가를 거부했다. 결국 폴란드 측에서는 단 한 명도 퍼레이드에 참석하지 않았다. 제국주의 행사라며 냉소적인 태도를 보이던 소련 역시 불참했다. 영국에 남아 있던 폴란드 비행대와 군인들은 영국의 배신에 치를 떨었고, 이것이 바로 국제정치의 냉혹한 현실임을 깨달았다. 작가이자 전쟁 저널리스트인 존 키건John Keegan은 이를 "냉전 시대 영국이 저지른 가장 부끄러운 행위 중 하나"라고 평했다. 몇몇 조종사는 런던 거리에서 행진을 지켜보며 조용히 눈물을 흘렸다. 그들은 분노를 삼키며 기다려야 했고, 그 기다림에 대한 답을 얻기까지는 더 많은 세월이 필요했다.

1948년 11월 2일, 영국 노솔트 기지 인근에 제복을 차려입은 이들이 모여들었다. 이 자리에는 영국의 전·현직 공군참모총장을 비롯해 다수의 폴란드 참전용사들이 함께했다. 이날 행사는 이들이 힘을 모아 기금을 마련해 건립한 폴란드 공군 기념관Polish Air Force Memorial 개관식이었다. 기념관은 탑 형태로 세워졌으며, 꼭대기에는 폴란드 공군의 상징인 독수리가 자리했고 탑 중간에는 폴란드군으로 구성된 영국 공군 비행대 명단이 새겨졌다. 영국인들은 조국으로 돌아갈 수 없는 폴란드 용사들의 현실에 깊이 공감하며 함께 가슴 아파했다. 그로부터 수십 년이 지난 2003년 9월, 영국에 거주하던 한 폴란드 참전군인의 아들 마이클 모신스키Michael Moszynski는 당시 총리였던 토니 블레어Tony Blair에게 편지를 보내, 1946년 전승 퍼레이드에 폴란드군이 초대받지 못했던 일을 항의했다. 블레어 총리는 즉시 과거 영국 정부의 잘못된 조치에 대해 사과의 뜻을 전했다. 폴란드인들이 영국 정부 고위 인사로부터 사과를 받기까지, 무려 60년 가까운 세월이 흘러야 했던 것이다.

전쟁 동안 14개 비행대에 소속된 18,000명의 폴란드인들이 영국 공군과 함께 싸웠고, 그중 약 2,000명이 전사했다. 소련 측 인사들은 전쟁 후 전범 재판에 선 독일군 게르트 폰 룬트슈테트Gerd von Rundstedt 원수에게 전쟁 중 가장 중요하게 여긴 전투가 무엇이었는지 물었다. 사실 소련 측은 당연히 '스탈린그라드 전투'라는 대답을 기대하며 유도질문을 던진 것이었으나 룬트슈테트의 대답은 뜻밖에도 '영국 전투'였다. 이 전투에서 영국이 이겼기에 이후 소련에 대한 지원이 가능했고 독일군은 양면전쟁이라는 악몽에 빠졌으며, 결국 이것이 연합군의 승리를 가능하게 했기 때문이었다. 이처럼 폴란드 조종사들은 2차 세계대전에서 가장 값진 희생을 치른 집단 가운데 하나였으며, 그들의 헌신은 전쟁의 판도는 물론 역사의 흐름까지 바꿔놓았다.

4부.
특별한 소수 정예

전쟁이 막대한 병력과 규모로 치러지는 가운데, 특수 임무를 수행할 '매우 정예화된 소수'의 필요성도 점점 커졌다. 이들은 소리 없이 움직이며 적진 깊숙한 곳까지 은밀히 침투했다. 소수 정예 병사들의 대담한 활약은 적을 혼란의 소용돌이로 몰아넣었고, 이를 운용하는 국가는 최소한의 자원으로 최대의 타격을 가할 수 있었다.

10장

친디트

정글을 지배한 영국판 트로이의 목마

버마 적진 한가운데 침투한 영국군 부대(1943~1945)

버마 정글에서 하천을 건너 이동하는 친디트 대원들과 부대 마크.
© Imperial War Museums

"우리는 윈게이트의 주술에 걸렸고 점차 그가 얘기하는 작전의
현실적인 가능성과 환상 속에서 판단력을 잃어버리게 되었다."

초기에는 친디트 회의론자였던 친디트 16여단 부대장 버나드 퍼거슨

2015년 2월 초, 영국 언론은 새로운 군부대 창설 소식을 전했다. '제77여단'이라 명명될 이 부대는 군 조직이지만 직접적인 전투와는 무관한, 다소 특별한 임무를 띠고 있었다. 그 목적은 급속히 확장되고 있던 사이버 세계에서 정보를 수집하고 대응하는 것이었다. 특히 러시아, ISIS, 하마스 등 적대 국가와 단체들이 온라인을 통해 정보 수집은 물론 신병 모집까지 활발히 벌이던 상황에 대응하기 위한 조치였다. 영국군은 현역 군인과 민간인 중 온라인과 SNS 활용에 능한 인력을 대상으로 1,500명 규모의 병력을 모집했다. '제77여단'이라는 이름은 2차 세계대전 당시 버마(현 미얀마) 전선에서 활약했던 영국군 '제77인도보병여단', 일명 '친디트 부대The Chindits'를 기념한 작명이었다. 친디트 부대는 일본군이 장악한 버마의 밀림 깊숙이 침투해 창의적이고 예상을 뛰어넘는 전술로 작전을 수행해 명성을 얻었다. 신설될 제77여단에는 이러한 친디트 부대의 허를 찌르는 전투 방식과 전술적 창의성을 온라인 전장에서 계승하겠다는 영국군의 바람이 담겼다. 과거 친디트 부대가 탄생했을 당시 일본군은 아시아와 태평양 전역을 휩쓸며 연합군을 압박했고, 홍콩, 싱가포르, 말라야(말레이시아), 버마에서 패퇴한 영국은 절망적인 상황을 돌파하기 위해 뼈를 깎는 노력을 기울였다. 친디트는 그 치열한 고민의 산물이었다.

후퇴의 연속

1941년 12월 7일 진주만 공격 이후, 일본군은 동남아시아 각지를 잇달아 공략하며 파죽지세로 진격했다. 이 가운데 일본군 제15군은 2개 사단으로 편성되어 있었고, 1942년 1월 이이다 쇼지로飯田祥二郎 중장의 지휘 아래 일본과 우호 관계에 있던 태국 북부를 거쳐 버마 침공을 시작했다. 당시 버마는 중일전쟁을 치르고 있던 중국 입장에서 1938년 이후 미국과 영국으로부터 군수품을 공급받는 중요한 연결 통로이자 생명선이었다. 일본군은 랑군과 철도로 연결된 라시오Lashio에서 중국 쿤밍으로 이어지는 보급로를 반드시 끊어 중국 전선을 압박하려 했다. 더 나아가 버마는 영국령 인도로 통하는 관문이었기에, 이를 점령한 뒤 인도로 진격해 인도인의 독립 의지를 자극하고 일본 편으로 끌어들이려는 전략을 세웠다. 이에 맞선 영국군은 토머스 허튼Thomas Hutton 중장의 지휘 아래 제17인도보병사단과 제1버마사단을 중심으로 방어선을 구축했다. 그러나 이들의 전투력은 훈련과 장비 모두 크게 부족해, 본격적인 전투보다는 치안 유지 수준에 불과했다. 결국 영국군은 빠르게 밀려 살윈 강 부근의 모울메인Moulmein까지 후퇴했다. 일본군의 공세는 멈추지 않았고, 메르귀와 다웨이를 비

버마 전선에서 92식 중기관총으로 공격 중인 일본군.

롯한 해안 도시들이 잇달아 함락됐다.

3월 7일, 버마의 수도이자 교통 요충지인 랑군마저 일본군 수중에 들어가자 영국군은 사령부를 북쪽 맨달레이로 옮기고, 물자를 적

에 넘기지 않기 위해 주요 거점을 불태우는 초토화 작전을 벌였다. 시커먼 연기가 하늘을 뒤덮었다. 이후 영국군 극동지역 총사령관 아치볼드 웨이벨Sir Archibald Wavell 장군은 기존 병력에 M3 스튜어트Stuart 경전차로 무장한 제7기갑여단을 증원해 '버마 군단'을 창설하며 반격을 준비했다. 한편 영국군의 연이은 패퇴로 보급로 차단을 우려한 중국의 장제스는 중국군 파병을 결정했다. 하지만 일본군도 싱가포르와 자바에서 2개 사단을 추가로 차출해 전력을 보강하고, 노획한 영국군 트럭까지 활용하며 신속히 북진했다. 3월 24일, 중국군 정예 200사단과 일본군 55사단이 랑군 북쪽 약 200㎞ 지점인 퉁구에서 격돌했다. 중국군 200사단은 명성에 걸맞게 완강히 저항했으나, 일본군이 3월 말 56사단까지 투입하자 결국 퉁구를 내주고 자국 방향으로 후퇴할 수밖에 없었다. 버마 동부 전선에서 중국군이 끝까지 분전한 반면, 서부 전선의 영국군은 점점 심각하고 지리멸렬한 상황으로 빠져 들고 있었다.

1942년 4월 중순, 영국의 버마 군단은 중부 예낭자웅Yenangyaung 전투에서 일본군에게 포위되어 전멸 직전에 몰렸다. 그러나 중국군 38사단이 구원에 나서면서 간신히 포위망을 돌파해 탈출할 수 있었다. 이 과정에서 영국군은 대부분의 차량과 장비를 잃었고, 곧이어 억수같이 비가 쏟아지는 우기 속에서 정글을 헤치며 인도를 향해 고난의 후퇴를 이어가야 했다. 그들의 퇴각길에는 수많은 피난민들이 함께했는데, 이는 이미 느린 영국군의 행군 속도를 더욱 지체시켰다. 마침내 1942년 5월, 영국군은 인도 마니푸르주 임팔Imphal에 도착했다. 버마를 종단하며 무려 1,600㎞ 이상을 물러난 셈이었다. 도착한 영국군의 모습은 참혹했다. 그들이 지나온 버마의 정글과 습지는 세계 최악의 자연환경 중 하나로, 병사 대부분이 부족한 보급과 열악한 위생 속에서 말라리아, 이질 등 각종 열대성 질병에 시달렸다. 이 퇴각은 대영제국이 일본이라는 가공할 적 앞에서 또 한 번 굴욕을 맛본 순간이었다.

지난 넉 달 동안 영국군은 마치 연이어 강펀치를 맞고 링 바닥에 쓰러진 권투선수처럼 아시아 전역에서 제대로 숨을 고를 틈조차 없었다. 이 모든 상황의 책임을 짊어진 인도 주둔 영국군 사령관 아치볼드 웨이벨 장군의 스트레스는 한계치에 다다르고 있었다. 바로 그때, 그의 머릿속에 과거 중동에서 함께 근무했던 한 인물이 떠올랐다.

기인의 등장

아디스아바바에 백마를 타고 입성하는 오드 윈게이트.
© IDF Archive

2차 세계대전 초기, 중동과 아프리카 전선에서 활약한 오드 윈게이트Orde Wingate 소령은 왜소하고 마른 체형에, 전통과 권위를 중시하는 영국군 문화 속에서 유난히 이질적인 존재였다. 1903년, 그는 영국령 인도의 북부 끝자락 나이니탈Nainital에서 태어났다. 아버지 조지 윈게이트George Wingate는 영국군 대령이었고 오드는 7남매 중 장남이었다. 아버지는 독실한 기독교 신앙 아래 자녀들을 엄격히 교육했으며, 어린 윈게이트는 이러한 가르침 속에서 성장했다. 1921년, 그는 영국 울리치 왕립군사학교Royal Military Academy, Woolwich의 포병 장교 교육과정에 지원해 합격했고, 정규 과정을 마친 뒤 1923년 소위로 임관했다. 이후 승마에 재능이 있다는 사실을 발견한 그는 1926년 육군 승마학교로 전출되어 말과 함께하는 시간을 마음껏 누렸다. 하지만 윈게이트는 말과의 교감은 뛰어난 반면 사람들과의 관계는 서툴렀다. 고집 세고 반항적인 성격 탓에 상급 장교들과 자주 부딪혔고, 괴팍한 행동으로 주변의 반감을 샀던 것이다. 훗날 전선에서는 양말로 홍차 물을 거른 뒤 손님에게 대접하는 등의 기행으로 악명을 떨쳤다. 1928년, 윈게이트는 아프리카의 수단으로 배속되어 '수단방위군' 소속으로 밀렵꾼과 노예상인 단속 임무를 맡았다. 그는 여기서 한 가지 기발한 아이디어를 생각해 냈는데, 순찰을 돌며 단속하던 방식을 '심야에 은밀히 매복하는 방식'으로 바꾼 것이다. 평소 보이던 순찰병들이 자취를 감추자 침입자들은 방심했고, 윈게이트와 부대원들은 어둠 속 수풀에서 이들을 기습해 체포했다. 1933년에는 몇몇 부대원들과 함께 리비아 사막 원정을 떠나 혹독한 환경에서 생존 기술과 인내심을 단련했다. 이 여정은 그에게 극한의 조건 속에서 부대를 이끄는 법과 리더십에 대한 철학을 깊이 고민하게 만든 계기가 되었다.

1936년 9월, 윈게이트 대위는 영국 위임통치령 팔레스타인에 참모 장교로 부임했다. 부임 직후 그는 정보 장교로서 지역 동향을 파악하기 위해 유대인 지도자들과 접촉했는데, 이 인연은 곧 개인적인 친분으로 발전했다. 처음에는 업무 차원의 관계였지만 윈게이트는 점차 시온주의(팔레스타인에 유대인 국가를 세우려는 운동)에 강하게 매료됐다. 당시 팔레스타인에서는 늘어나는 유대인 이주민과 기존 아랍인들 사이의 긴장이 극도로 고조돼 있었다. 유혈 충돌은 일상이었고, 양측 모두 폭력을 서슴치 않았다. 특히 영국 통치와 유대인 이주에 반대하는 아랍 반군은 무장 봉기를 벌였고, 윈게이트는 이를 진압하기 위해 소규모 '유대인 공격 부대' 창설을 구상했다. 그는 이 계획을 당시 영국군 팔레스타인 주둔 사령관 아치볼드 웨이벨 장군에게 보고했고, 재가를 얻었다.

윈게이트는 유대인 무장 조직 하가나Haganah의 지원을 받아 부대원을 모집하고 훈련시켰다. 이 부대는 전투에서 괄목할 만한 성과를 거두었으나 반군 진압을 넘어 일반 아랍인 마을까지 습격하며 민간인을 학살하는 등 무차별 공격을 가했다. 잔혹한 작전 방식은 상관들조차 비난할 정도였지만, 윈게이트는 이를 통해 아랍 반군을 효과적으로 약화시켰다. 이후 그의 정치적 행보는 노골적으로 친유대인 성향을 드러냈고, 더 이상 그의 상관들도 지켜볼 수 없는 지경에 이르렀다. 결국 1939년 5월, 그는 보직에서 해임돼 영국으로 송환됐다. 그러나 그의 지도를 받은 하가나 출신의 모셰 다얀Moshe Dayan(부상에 따른 애꾸눈으로 유명한 그는 1967년 '6일 전쟁' 당시 이스라엘 국방장관으로서 조국을 구하게 된다)과 같은 이들은, 자신들에게 전투 기술을 가르쳐 준 스승의 전출을 깊이 아쉬워했다(오늘날까지도 이스라엘에서는 윈게이트를 유대 국가 건설을 도운 영웅으로 기리고 있다).

2차 세계대전이 발발하자, 윈게이트는 본토에서 맡고 있던 대공방어 임무에서 벗어나 직접 전투에 나서길 간절히 원했다. 마침 영국군 중동사령부 총사령관이자 과거 상사였던 아치볼드 웨이벨 장군의 추천으로 그는 수단행 군용기에 몸을 실을 수 있었다. 수단에 도착한 윈게이트는 곧 새로운 실험에 착수했다. 영국인, 수단인, 에티오피아인으로 구성된 소수정예 부대를 조직한 것인데, 부대 이름은 기드온 특공대Gideon Force였다. 성경 『사사기』 속 소수 병력으로 대군을 무너뜨린 기드온의 전설에서 따온 이름이었다. 그들의 목표는 당시 추축국의 일원인 이탈리아가 점령하고 있던 에티오피아였다. 1941년 2월, 기드온 특공대는 본격적인 게릴라전에 돌입했다. 이들의 표적은 이탈리아군의 방어 진지와 보급로였다. 윈게이트는 이탈리아군에 깊은 반감을 품고 있던 현지 부족들의 지지를 등에 업고, 치밀한 기만 전술과 과감한 야간 기습을 펼쳤다. 병력은 1,700명 남짓이었지만 때로는 거짓 무전으로 대규모 군대처럼 보이도록 속임수를 쓰고, 잦은 야간 기습으로 적 지휘관을 심리적으로 압박하는 전략을 영악하게 구사했다. 이런 방식으로 그는 수적으로 10배 이상 우세한 이탈리아군의 항복을 받아내는 전과를 올렸다.

1941년 6월, 남쪽에서 진격해 온 앨런 커닝햄Alan Cunningham 장군의 부대와 합류하면서 기드온 특공대의 에티오피아 전투는 종지부를 찍었다. 이로써 동부 아프리카는 다시 영국의 통제 아래 들어왔지만, 윈게이트의 자식과도 같았던 기드온 부대는 해체되고 말았다. 많은 대원들이 영국 8군에 편입되어 북아프리카 사막 전선에서 싸우게 됐다. 카이로로 복귀한 윈게이트는 자신과 부대의 공적을 제대로 인정하지 않는 상관, 동료, 관료들과 갈등을 빚었다. 그는 런던으로 보내는 보고서에서 그들을 통렬히 비난했지만, 보고서가 영국 고위층에 도착할 때는 '부드럽게' 각색되어 있었다. 특히 윈스턴 처칠 수상에게는 마치 '영웅의 모험담'처럼 전달돼 깊은 인상을 남기기까지 했다. 그러나 그 무렵, 윈게이트는 극도의 우울증으로 육체적으로나 정신적으로 지쳐 있었으며, 열병에 시달리던 중 한때 자살 시도까지 할 정도로 한계 상황에 내몰렸다. 결국 그는 회복을 위해 영국으로 후송된다. 이후 그의 차기 임무를 두고 영국군과 고위 관료들 사이에서 논의가 이어졌다. 그때 인도 담당 장관 레오 아메리Leo Amery(비록 그는 영국 최고위 관료였지만 파시스트였던 그의 아들 존 아메리는 반역자가 되어 나치 친위대에 가입했고 종전 후 교수형을 당했다)가 인도·동남아 총사령관에게 윈게이트를 부하로 둘 의향이 있는지를 물었다. 답은 '예스'였다. 그 총사령관은 다름 아닌, 예전부터 윈게이트와 인연이 깊었던 웨이벨 상군이었다. 1942년 2월 말, 윈게이트는 그렇게 자신의 운명을 바꿀 무대로 향했다. 목적지는 버마였다.

정글에서 살아남기

1942년 3월 초, 윈게이트는 대령으로 진급한 직후 버마에 도착했다. 그러나 눈앞에 펼쳐진 전황은 참담했다. 일본군이 거침없이 밀고 들어오고 있었고, 영국군은 끝없이 후퇴를 거듭하고 있었다. 그는 버마에서 인도까지 철수하는 동안 한쪽 눈으로는 일본군의 침투 전술을, 다른 눈으로는 울창한 정글 지형을 세밀하게 관찰했다. 그리고 윈게이트는 정글과 자신의 과거 경험을 결합한, 소수정예 특수부대의 후방 교란 작전을 구상해 냈다. 윈게이트가 참고한 모델은 과거 에티오피아 고원에서 활약했던 기드온 특공대였다. 하지만 이번에는 전장이 산악이 아닌 정글인 만큼 작전을 새롭게 설계해야 했다. 우선 그는 부대 이름을 버마 사원 앞을 지키는 사자 모양의 수호신 '친테Chinthe'에서 따왔다. 하지만 발음을 잘못 알아들은 탓에 이 부대는 세상에 '친디트Chindits'라는 이름으로 알려지게 된다.

정글에서 취사를 준비하는 친디트 부대원들.
© Imperial War Museums

첫 번째 친디트 부대는 77인도보병여단이었다. 1942년 여름, 인도 중북부 잔시Jhansi에서 창설된 이 부대는 절반가량이 영국인이었고, 나머지는 인도인과 버마인 그리고 명성 높은 네팔 출신의 구르카 용병이 포함됐다. 작전 예정지는 수많은 해충과 동물, 썩은 늪지대와 식수 부족으로 인간이 살기에 너무나도 혹독한 버마의 정글이었다. 윈게이트는 병사들을 버마와 비슷한 환경의 인도 정글로 보내 야영과 훈련을 시켰다. 하지만 결과는 혹독했다. 무려 70% 이상의 인원이 말라리아, 이질 같은 질병에 쓰러진 것이다. 병력을 보충한 뒤 그는 체력과 정글 적응 훈련을 병행하며 부대의 전투력을 끌어올렸다. 친디트 부대는 보병뿐 아니라 빅커스Vickers 중기관총, 소구경 박격포, 대공포를 운용하는 중화기 중대, 통신대, 의무대까지 갖추고 있었다. 영국 공군 인원도 일부 배속되어, 전통적인 포병 화력은 공군의 공중 지원으로 대체할 계획이었다. 전투원들은 리엔필드 소총이나 스텐 기관단총, 야전삽, 침구, 탄약, 휴대용 식량 등 30kg이 넘는 장비를 짊어져야 했다. 짐을 나르는 노새는 필수였다. 이 노새는 보급 수송뿐 아니라 최악의 경우 식량이 될 수도 있는 '이동하는 단백질 저장고'였던 셈이다. 구르카 용병들은 특유의 쿠크리Kukri 단검을 손질하며, 일본군의 목을 베는 날을 손꼽아 기다렸다. 그리고 마침내, 해가 바뀐 1943년 2월 8일. 부대는 조용히, 그러나 단호하게 정글 속으로 발걸음을 옮겼다. 이들의 임무는 단 하나, 버마의 심장에서 일본군을 흔들어놓는 것이었다.

원래 친디트 부대원들은 북부 버마의 다른 작전에 투입되어, 기존 보병 부대와 함께 전선에 배치될 가능성도 있었다. 그러나 그 작전이 취소되자 윈게이트는 곧바로 웨이벨 장군을 찾아가 이들을 활용할 '특별한 방법'을 강하게 주장했다. 결국 그의 설계대로 작전이 승인되었고, 약 3,000명의 친디트 대원과 1,100마리의 노새가 7개 부대로 편성됐다. 이들은 은밀히 인도-버마 국경 동쪽, 친드윈Chindwin 강을 건너 일본군 점령 지역으로 침투했다. 바로 '롱클로스 작전Operation Longcloth'의 시작이었다. 7개 부대는 다시 2개의 그룹으로 나뉘었는데, 북부에는 주력인 5개 부대(2,000명의 병사와 850마리의 노새), 남부에는 나머지 2개 부대(1,000명의 병사와 250마리의 노새)가 배치됐다. 각 그룹은 독립적으로 이동하고 작전을 수행할 자율권을 부여받았다. 이는 일본군의 추적을 최대한 어렵게 만들기 위해서였다. 특히 남부 부대 2개는 마치 자신들이 주력인 것처럼 일본군을 속이기 위해, 일부러 대낮에 공수 보급을 받는 과감한 연막전을 펼쳤다. 처음 일본군은 이들을 단순한 소규모 정찰대쯤으로 여겼다. 하지만 시간이 지나면서 그들이 철도와 교량을 연쇄적으로 폭파하며 여러 차례 교전을 벌이자, 규모가 훨씬 크다는 사실을 간파했다. 곧 일본군은 3개 연대를 투입해 친디트 부대를 추적하기 시작했다. 북부로 향한 주력 부대는 수백 개의 철로를 파괴했지만, 일본군은 대부분을 일주일 안에 복구해 냈다. 결과적으로 전체 철도 운행에 치명적인 차질을 주지는 못했다. 그럼에도 불구하고 친디트는 계속해서 동쪽으로 전진하며 버마 전역을 휘저었고, 후방 교란과 파괴 활동을 멈추지 않았다. 이러한 친디트의 존재감은 일본군의 심리를 크게 타격했고, 황군皇軍이 더 이상 '버마 정글의 절대 지배자'가 아니라는 불안감을 느끼게 만들었다.

1943년 3월 24일, 작전을 시작한 지 한 달 반이 지나자 윈게이트는 모든 부대에 귀환 명령을 내렸다. 동쪽으로 깊숙이 들어갈수록 병사들의 체력은 한계에 다다랐고, 무엇보다 보급이 바닥나고 있었기 때문이다. 귀환길은 결코 순탄치 않았다. 부대 위치에 따라 병사들은 인도까지 500~800㎞를 걸어야 했고 그 사이 2개의 강도 건너야 했다. 더구나 강가에는 일본군이 매복해 이들의 동선을 주시하고 있었다. 돌아오는 길은 처음 버마로 진입했을 때보다 훨씬 고통스러웠다. 어떤 부대는 북쪽으로 방향을 틀어 중국 국경을 넘어가기도 했고, 또 다른 부대는 부상자를 긴급히 후송하기 위해 정글 한가운데 임시 비행장을 만들었다. 윈게이트는 부상자를 인근 버마 마을에 두고 가라는 냉정한 명령을 내렸지만, 실제로는 병사들이 이를 잘 따르지 않았다. 울퉁불퉁하고 불완전한 비행장에 허드슨 수송기가 착륙해 중상을 입은 병사들을 인도로 실어 나르는 장면은, 그 자체로 작전의 고난을 말해주었다. 결국 침투한 영국군은 많은 짐과 장비를 버리고 노새까지 풀어주며, 최소한의 무기와 식량만 챙긴 채 행군을 이어갔다.

험난한 여정 끝에 4월 말, 윈게이트를 비롯한 대부분의 부대는 친드윈 강을 건너 인도로 돌아왔다. 처음 3,000명으로 출발한 병력 중 2,182명만이 귀환했고, 나머지 818명은 전사하거나 포로가 되었다. 귀환병 가운데 다시 전투에 투입될 수 있는 인원은 600명에 불과했다. 병력의 3분의 1을 잃는 뼈아픈 손실에도 불구하고 윈게이트는 작전이 성공했다고 자평했다. 적진 깊숙이 들어가 3개월 넘게 공수 보급을 받으며 전투와 파괴 작전을 이어간 '장거리 침투' 이론이 실전에서 입증되었기 때문이다. 무엇보다 병사들은 일본군이 더 이상 무적이 아니며, 충분히 맞설 수 있는 상대라는 자신감을 얻게 되었다. 정글에서의 전투와 생존 경험 역시 값진 전리품이었다. 영국군 지휘부는 이 성과를 적극 홍보해 아군 전체의 사기를 끌어올렸다. 자신감을 되찾은 윈게이트는 더 큰 규모의 침투 작전을 구상하기 시작했고, 일본군은 기습을 당한 분노와 불안을 안고 '친디트'라는 위협의 싹을 잘라내기 위한 대응책을 마련했다. 그 결론은, 인도 본토를 직접 공격하겠다는 것이었다.

다시 정글로!

인도 랄라갓에서 '목요일 작전'을 위해 출격 중인 서아프리카 출신의 친디트 부대원들.
© Imperial War Museums

인도로 돌아온 윈게이트에게 가장 깊은 인상을 받은 인물은 다름 아닌 윈스턴 처칠이었다. 보어전쟁(아프리카에서 종단 정책을 추진하던 대영제국과 당시 남아프리카 지역에 정착해 살던 네덜란드계 보어인 사이에 일어난 전쟁) 당시 종군기자로 참여했다가 포로로 잡힌 뒤 기적적으로 탈출한 경험이 있던 처칠은 곧바로 윈게이트의 모험담에 매료되었다. 그는 1943년 8월, 윈게이트를 다우닝가 10번지의 관저로 초대해 함께 식사를 하며 이야기를 나누었다. 그 자리에서 윈게이트는 자신의 '장거리 침투' 계획을 신나게 설명했고, 처칠은 그 열정과 구상에 크게 고무되었다. 이후 윈게이트는 처칠과 함께 캐나다 퀘벡에서 열린 연합군 수뇌부 회의에도 동행해 자신의 향후 전략을 공개적으로 발표했다. 더불어 회의 직후 소장으로 진급하며 공로를 인정받았다. 그가 국제 무대에서 영웅으로 주목받는 사이, 인도 주둔 영국군 사령관 아치볼드 웨이벨 장군은 또 하나의 친디트 부대를 창설할 계획을 세우고 있었다. 목표는 2개의 부대를 번갈아 적진에 투입해 지속적으로 압박을 가하는 것이었다. 곧 111인도보병여단이 새롭게 조직되었고, 지휘관으로는 웨이벨이 아끼던 거구의 장교, 월터 '조' 랜테인Walter 'Joe' Lentaigne이 임명되었다. 랜테인은 1942년 초 버마 후퇴전에서 일본군과의 백병전으로 이름을 떨친 인물이었다. 1943년 9월, 퀘벡에서 돌아온 윈게이트는 처칠의 전폭적인 지원을 등에 업고 미 공군 코만도 부대의 항공 지원까지 약속받으며 새로운 작전을 준비하기 시작했다.

신설된 친디트 부대는 인도 북부의 괄리오르Gwalior에서 훈련을 시작했다. 훈련의 핵심은 정글 속에서 살아남는 법을 익히는 것이었다. 야영과 이동, 폭파 기술은 물론 최소한의 식수로 생활하는 법, 정글에서의 위생 처리, 공중 투하된 보급품을 신속하게 수거하는 방법까지 포함됐다. 모든 과정은 1차 원정에서 얻은 값비싼 교훈 위에 마련된 프로그램으로 이루어졌다. 처음에는 도시에서 자란 영국 병사들이 거친 환경에 크게 힘들어했지만, 시간이 흐르자 마치 원시인처럼 정글 생활에 적응해 갔다. 병력 중에는 서아프리카 영국 식민지 출신의 나이지리아 병사들도 있었는데, 이들은 놀라울 만큼 빠르게 적응하며 부대 전투력에 큰 힘이 되었다.

그러는 사이 2차 친디트 부대는 6개 여단 규모로 확대되었고, 작전 계획은 규모가 커질수록 수립과 수정을 반복했다. 이번 목표는, 버마-중국 국경에서 미군 조지프 스틸웰 장군 부대와 대치하고 있던 일본군의 통신과 보급선을 끊어 그들의 손발을 묶는 것이었다. 작전 방식은 1차 원정과 확연히 달랐다. 이번에는 적진 한가운데 있는 개활지에 병력을 수송기나 글라이더로 대규모 투입하는 좀 더 대담한 전략이었다. 착륙 후에는 활주로를 확장하고 그 주변을 요새화된 진지로 만들 계획이었다. 영국군은 이런 요새를 3곳 건설하기로 했고, 각각 런던, 뉴욕, 캘커타의 번화가 이름을 따 피카딜리Piccadilly, 브로드웨이Broadway, 초우링히Chowringhee 라는 암호명을 붙였다. 이 모든 계획의 성패는 친디트 부대의 번개 같은 기동력, 그리고 공군이 제공하는 끊김 없는 항공 보급에 달려 있었다.

1944년 2월 5일, 선발대인 버나드 퍼거슨Bernard Fergusson 준장의 16여단이 먼저 길을 나섰다. 그들은 적의 눈을 피해 가장 험준한 육로를 따라 은밀히 북부 버마의 인다우Indaw로 향했다. 산등성이마다 숨이 턱 막히는 경사와 싸우는 동안, 하늘로 투입될 주력 부대의 준비도 막바지에 이르고 있었다. 마침내 3월 5일 저녁, 인도 북부 랄라갓 비행장에서 C-47 수송기와 하드리안 글라이더들이 하나둘 이륙했다. 그러나 작전 직전, 영국군은 피카딜리 착륙지에 버마 농부들이 쌓아놓은 티크 목재 더미가 있다는 사실을 발견했다. 계획은 즉시 변경되었고, 전력은 브로드웨이 착륙지로 집중됐다. 브로드웨이로 향하는 수송기들은 평소와 달리 글라이더 2대를 한 번에 끌고 갔다. 빠른 진지 구축을 위해서였지만, 긴 줄에 매단 글라이더가 흔들리며 모체 수송기를 위협하는 아찔한 순간도 있었다. 우여곡절 끝에 77여단의 글라이더들이 어두운 브로드웨이 상공에 도착했으나 불규칙한 지형과 숨겨진 목재 더미, 그리고 야간 착륙이 겹치며 글라이더끼리 부딪히는 아수라장이 벌어졌다. 그 혼란 속에서 영국군 30명이 목숨을 잃었다. 하지만 병사들은 곧 정신을 가다듬고 잔해를 치우며 후속 글라이더가 착륙할 수 있는 길을 확보했다. 다음 날 아침, 다행히 일본군의 그림자는 보이지 않았다. 곧 병사들은 글라이더에서 장비를 꺼내 이중 철조망, 참호, 기관총좌, 벙커를 갖춘 요새를 만들기 시작했다. 공병대가 가져온 미니 불도저는 잔해를 치우고 활주로를 확장하는 데 큰 힘을 발휘했다.

3월 6일에는 초우링히에도 병력이 공수돼 또 하나의 거점이 세워졌다. 불과 며칠 동안 수송기들은 무려 600회나 출격해 총 9,000명의 병력을 적지 깊숙이 투입했다. 그리고 3월 12일, 선발대 16여단 역시 애버딘Aberdeen이라는 새로운 거점을 구축하라는 명령을 받고 즉시 작업에 들어갔다. 정글 속에 심어진 영국군의 '트로이 목마'는 하나가 아니었으며, 심지어 날이 갈수록 덩치를 불려갔다. 당시 무타구치 렌야牟田口廉也 장군 휘하의 일본군이 인도 동부 임팔과 코히마Kohima로 진격하며 영국군을 압박했지만, 후방에 부활한 친디트 부대의 존재는 그들의 작전에 치명적인 걸림돌이 되었다.

정글 요새가 완성되자 계획대로 주변 일본군을 타격하고 통신과 보급망을 끊는 작전이 신속하게 이어졌다. 그 사이 윈게이트는 공군과 공중 보급 문제를 논의하기 위해 임팔로 향했다. 그러나 3월 24일, 귀환하던 그의 B-25 폭격기가 정글 속에 추락해 탑승자 전원이 현장에서 숨지고 말았다. 작전이 한창인 상황에서 지휘 공백은 곧바로 채워져야 했다. 14군 사령관 슬림 중장은 고민 끝에 111여단 장이었던 렌테인 준장을 후임으로 지명했다. 이 무렵, 인도 임팔 전선의 상황이 급박해지자 친디트 23여단도 그곳으로 긴급 파견됐다. 그들은 정글을 누비며 일본군의 보급선을 끊고 끊임없이 기습하여 적을 아사 직전까지 내몰았다. 보급이 끊긴 일본군은 결국 영국군 수송기가 떨어뜨린 보급품 깡통을 주워 연명할 정도로 처참한 환경에 처했다. 사실상 전황은 이미 기울었고, 일본군은 5만 5천 명에 달하는 막대한 사상자를 내면서 버마 전선의 패배가 확정되었다.

한편 5월 중순, 버마에 남아 있던 친디트 부대는 미군 조지프 스틸웰 중장의 지휘 아래 들어갔다. 허나 보수적인 스틸웰은 파격적인 친디트 부대에 호의적이지 않았다. 그는 그들을 정글 요새에 머물게 하는 대신, 일본군 진지를 직접 점령하라고 명령했다. 전차와 포병 지원조차 없는 상황에서 친디트가 적을 제압하기는 했지만, 그 대가로 막대한 피해를 입었다. 스틸웰은 친디트를 특수부대가 아닌 단순한 보병 전력으로 간주했고, 이는 윈게이트의 전략과 크게 다른 접근이었다. 이라와디 강 동쪽에선 111여단이 바모Bhamo와 미치나 Myitkyina 일대에서 일본군을 계속 괴롭혔다. 버마 전역에서 친디트의 존재는 마치 끊임없이 달려드는 모기떼처럼 일본군을 성가시게 만들었다. 6월, 스틸웰은 77여단에 북부 버마의 요충지 모가웅Mogaung

을 점령하라고 명령했고, 부대는 3주 넘게 이어진 혈투 끝에 마침내 승리를 거뒀다. 이것이 사실상 버마에서 친디트가 치른 마지막 대규모 전투였다.

전설에서 부활하다

1944년 8월, 친디트 부대는 마침내 버마를 떠나 인도로 완전히 귀환했다. 2차 원정 동안 전사자는 1,396명, 부상자는 2,434명에 달했다. 전체 병력의 거의 40%가 전사하거나 부상을 입은 셈으로, 전년도 1차 원정보다 희생자의 비율이 훨씬 높았다. 돌아온 이들 가운데는 지친 몸과 마음 때문에 다시는 임무에 복귀할 수 없게 된 병사도 적지 않았다. 영국군 내부에서는 친디트의 존재 가치에 대한 논쟁이 일었다. 슬림 중장을 비롯한 고위 지휘관들조차

영국 런던 국방부 청사 앞에 있는 친디트 기념비.
©Derek Voller

친디트 부대의 효용에 의문을 품었다. 마침 영국군 규정에는 4년 이상 해외에서 근무한 병사는 본국으로 돌려보내야 한다는 조항이 있었고, 이를 근거로 친디트 소속 영국인 병사들이 속속 귀국 조치되었다. 남은 인원은 인도의 다른 사단으로 전출되었으며, 1945년 초 친디트는 공식적으로 해체되었다. 이미 고인이 된 윈게이트가 보았

다면 상당히 통탄했을 일이었다.

세월이 흘러 45년 뒤인 1990년 10월. 런던 영국 국방부 청사 옆에서 한 기념비의 제막식이 열렸다. 이 자리에는 당시 엘리자베스 여왕의 부군인 필립 공이 직접 참석해, 친디트와 그 창설자 윈게이트 장군의 공적을 기렸다. 그리고 또다시 30년이 흐른 2015년, '77여단 친디트'라는 이름이 영국군에 부활했다.

오늘날 친디트에 대한 평가는 엇갈린다. 누군가는 과감하고 혁신적인 전략의 상징으로, 또 누군가는 무모한 시도로 인해 지나치게 큰 희생을 치른 실험으로 본다. 그러나 한 가지 사실만큼은 분명하다. 아시아 전선이 가장 치열했던 시기에 친디트의 기습적인 후방 침투가 일본군 전략에 중대한 충격을 주었다는 점이다. 일본군은 그 위협을 제거하려 무리하게 인도 침공을 감행했지만 결국 참혹한 패배를 당했고, 버마 전선의 주도권을 영국군에 내주고 말았다. 역사가 아널드 토인비Arnold Toynbee가 말했듯 "역사는 도전에 대한 응전"이다. 친디트의 여정은 그 말이 단순한 수사가 아님을 보여준다. 그들의 도전은 오늘날까지도 혁신과 창의성에 대한 깊은 영감을 준다.

11장

브란덴부르거
적진에 풀어놓은 나치의 치명적인 독

독일군 특수임무부대(1939~1945)

브란덴부르거 대원들과 차량에 부착되었던 부대 마크.

"브란덴부르거 부대는 마치 유령처럼 은밀히 움직인다. 그들은
우리와 같은 언어를 쓰고, 같은 군복을 입으며, 같은 통신 장비를
사용한다. 상황이 벌어지기 전에는 그들을 발견하는 것이
거의 불가능하다."

브란덴부르거에 대한 소련군 정보 부서의 내부 보고서

1944년 12월 16일, 벨기에에 주둔하던 미군은 한순간에 극심한 혼란 속으로 빠져들었다. 새벽녘 독일군이 '벌지 전투Battle of the Bulge'라 불리게 될 대공세를 개시했기 때문이다. 당시 많은 미군 병사들은 독일군이 이미 붕괴했다고 믿고 다가오는 크리스마스에는 전쟁이 끝날 것이라 기대했다. 이들은 평화로운 벨기에에서 진흙 온천을 즐기며 연말을 만끽하고 있었다. 그러나 그 낙관은 새벽부터 몰아친 독일군의 포화 속에서 산산이 부서졌다. 부대 간 통신선은 순식간에 끊겼고, 병력 이동을 위해 나선 도로에서는 표지판들이 엉뚱한 방향으로 돌아가 있었다. 교차로마다 군사경찰들이 마치 주차장처럼 꽉 막힌 도로에서 간신히 차량 흐름을 조율해야 했다. 그때부터 다소 기묘한 장면이 이어졌다. 검문 과정에서, 군사경찰이 장군부터 이등병까지 가리지 않고 오직 '미국인만이 맞힐 수 있는' 질문을 던지기 시작한 것이다. 미국 각지의 지리에 관한 질문, 인기 스포츠인 야구, 그리고 여배우 베티 그레이블Betty Grable 같은 유명인사에 대한 질문이 쏟아졌다. 조지 패튼George S. Patton 장군 휘하에서 기갑사단을 지휘하던 브루스 클라크Bruce Clarke 준장은 "시카고 컵스가 아메리칸 리그 소속"이라고 잘못 답하는 바람에 며칠간 군사경찰에 구금되기까지 했다. 한 장교는 전리품으로 챙긴 독일군 부츠를 신고 있다가 꼬박 일주일을 구금당했다. 이 소동의 배후에는 미군으로 위장한 독일군이 있었다. 원어민처럼 영어를 구사하는 이 소수 정예 병력은, 공격 직전 미군 후방에 낙하산으로 침투해 큰 혼란을 불러일으켰다. 사실 이런 전술은 독일군이 전쟁 중 여러 차례, 그리고 이미 1차 세계대전 때부터 시도해 온 방식이었다.

과거의 경험에서 배우다

1914년 7월, 1차 세계대전이 유럽 전역을 뒤흔들기 시작하자 강대국들의 식민지였던 아프리카도 서서히 전쟁의 소용돌이에 휘말렸다. 독일령 동아프리카(오늘날의 탄자니아)에 주둔하던 독일군 사령관은 파울 폰 레토프-포어벡Paul von Lettow-Vorbeck이었다. 그는 아프리카가 유럽과 같은 주전장이 아니라는 점을 잘 알고 있었는데, 현지의 독일 식민지 관리들은 인근 영국, 프랑스 측과 충돌을 피하며 사실상 휴전 상태를 유지하길 원했다. 그러나 레토프-포어벡의 생각은 달랐다. 그는 자신이 맡은 임무를 '연합군의 병력을 최대한 아프리카에 묶어두는 것'으로 생각했고, 이에 맞춰 과감한 작전을 준비했다. 그의 지휘 아래 독일인 장교와 아프리카인 병사로 구성된 부대는 영국 철도와 주요 시설을

1차 세계대전 때 동아프리카에서 휘하 부대를 이끌고 특수 게릴라전을 수행한 파울 폰 레토프-포어벡.

기습했고, 보급품은 영국군이나 벨기에군의 물류 기지를 공격해서 충당했다. 레토프-포어벡은 동부 아프리카에서 쓰이는 스와힐리어에도 능통했는데, 이는 현지 병사들의 신뢰와 충성을 얻는 데 큰 힘이 되었다. 그의 병력은 연합군에 비하면 훨씬 적은 약 14,000명 수

준이었지만 동아프리카 전역을 종횡무진하며 유연한 게릴라전을 펼쳤다. 이 작은 부대는 곧 연합군의 눈엣가시가 되었고, 레토프-포어벡은 목표한 대로 적군의 발을 아프리카에 묶는 데 성공했다. 결과적으로 그는 기대 이상의 전략적 성과를 거두었다.

이 부대에서 복무한 독일군 장교 중 한 명이 바로 테오도어 폰 히펠Theodor von Hippel이었다. 1908년부터 동아프리카 독일 식민지에 거주하던 그는 전쟁이 발발하자마자 자원 입대해 레토프-포어벡 휘하에서 복무했다. 히펠은 적 전선을 넘나들며 치고 빠지는 전술, 보급 기지 및 통신 시설을 파괴하는 등의 다양한 게릴라전에 참여했고, 이러한 경험은 그의 전술적 사고에 깊이 새겨졌다. 하지만 아프리카에서의 이들의 뛰어난 활약에도 불구하고 전쟁은 독일의 패배로 종결되었고, 히펠 역시 다른 전우들과 함께 독일로 귀환했다. 그는 귀국 후 경제학을 공부해 박사 학위를 취득했고, 1934년까지 베를린의 한 은행에서 관리자로 근무했다. 그러던 1935년, 점점 세력을 확대하던 독일 국방군에 관심을 가지고 자원 입대했다. 초기에는 정찰 부서에서 근무하며 1차 세계대전 당시 중동 사막에서 튀르키예군을 상대로 게릴라전을 벌인 '아라비아의 로렌스T. E. Lawrence'를 연구하기도 했다. 이 과정에서 히펠은 과거 아프리카에서의 경험을 토대로 새로운 작전을 구상해 상부에 제안했다. 바로 현지 언어에 능통한 소규모 부대를 적 후방 깊숙이 침투시켜, 지휘 체계와 통신, 보급망을 마비시키는 계획이었다. 그러나 이 아이디어는 보수적인 프로이센 장교단 출신 상관들에게 지나치게 파격적으로 보여 거듭 거절당했다. 1937년 대위로 진급한 히펠은 과거의 전투 경력이 인정되어 독일 대외첩보기관 압베어 산하 사보타주 · 선동 전문 부서인 제 2국Abteilung II으로 전출됐다. 그곳에서 그는 다시 특수부대 창설 계획을 제안했지만, 압베어의 수장 빌헬름 카나리스Wilhelm Canaris 제독은 처음에는 이를 거부했을 뿐 아니라 히펠이 공산주의자들의 게릴라 전술을 차용하려 한다며 그의 정치적 성향까지 의심했다.

히펠의 제안이 압베어 내부에서 논란을 빚고 있던 그 무렵, 독일군은 이미 폴란드 침공 준비에 박차를 가하고 있었다. 전투를 앞두고 압베어는 히펠의 아이디어를 일부 수용해, 폴란드 후방에 잠입해 주요 전략 거점을 점령하고 파괴 공작을 수행할 특수부대를 편성했다. 이 부대는 약 500명 규모였으며, 대다수가 1939년 전후 폴란드를 떠나온 독일계 주민들이었다. 덕분에 그들은 모두 폴란드어에 능통했고, 현지 지형과 사정을 손바닥 보듯 잘 알고 있었다. 짧지만 집중적인 특수 훈련을 받은 이들은 과거 독일 영토였던 폴란드 서부의 고르니 슐롱스크Górny Śląsk(독일어명 오버슐레지엔)로 은밀히 침투했다. 부대는 지휘관의 이름을 따 '에빙하우스 전투단Kampfverband Ebbinghaus'이라 불렸다. 정규 독일군과 달랐던 점은 군복 대신 폴란드 민간인 복장을 착용했다는 것이나. 다만 팔에는 손수건을 묶어 아군끼리 식별할 수 있었다. 이들은 독일군 주력 부대가 공격을 개시하기 전에 폴란드의 교량, 터널, 산업 시설 등에 잠입해 기습과 파괴 공작을 감행했다. 물론 작전 중 일부 실패도 있었지만 전체적으로 볼 때 이들은 독일군이 본격적으로 진격하기 전에 미리 다수의 목표물을 선점하거나 무력화하는 데 성공했고, 이는 초기 전격전에 큰 도움을 주었다. 이렇게 히펠의 주장이 전장에서 효과를 입증하자 독일군 수뇌부도 그의 계획을 다시 진지하게 검토하기 시작했다. 마침내 폴란드 전투가 끝난 1939년 9월 27일, 히펠은 자신이 구상한 부대 창설에 대한 공식 승인을 받아낼 수 있었다.

신설된 부대는 외부의 눈을 피하기 위해 다소 애매모호한 이름을 달았다. 공식 명칭은 '800 특수 건설훈련대대Bau-Lehr-Bataillon 800'. 이 수상한 부대의 본부와 훈련장은 베를린 서쪽, 하펠 강변에 자리한 브란덴부르크 안 데어 하펠Brandenburg an der Havel에 있었고, 이 지명에서 따온 별칭 '브란덴부르거'가 곧 부대의 이름이 되었다.

이들은 적 후방 침투를 위해 기본적인 언어 능력 이상을 요구받았다. 해당 지역 언어를 원어민처럼 구사하는 것은 물론, 현지인의 문화와 습관까지 완벽히 체득해야 했다. 브란덴부르거라면 현지인처럼 먹고, 걷고, 심지어는 침 뱉고 욕설하는 법까지 자연스럽게 흉내 낼 수 있어야 했다. 흥미롭게도 금발과 푸른 눈의 전형적인 '아리아인' 이미지를 선호한 친위대와 달리, 히펠의 부대는 오히려 동유럽이나 남유럽인처럼 보이는, 즉 적의 눈에 덜 띄는 외모의 대원들을 선호했다. 훈련은 혹독했다. 낙하산 침투, 다양한 화기 운용(심지어 적군 무기까지 포함), 적지에서 최소한의 식량으로 생존하거나 현지에서 보급품을 빼앗는 법, 밀가루와 설탕으로 폭발물을 제조하는 기술까지 두루 익혔다. 은밀히 침투하는 부대 특성상 칼로 조용히 목표를 제거하는 근접 전투 훈련은 특히 반복에 반복을 거듭했다. 개개인의 임기응변 능력 또한 필수였다. 부대 안에는 위조 전문가, 크로스컨트리 선수 등 다양한 경력의 인물이 섞여 있었다. 모든 사격 훈련은 실탄으로만 진행되었다. 이제 정식 편제로 자리 잡은 브란덴부르거는 서부 전선으로 눈을 돌렸다. 그들의 다음 목표는 서방의 프랑스, 영국 등 연합국들을 상대로 한 본격적인 후방 침투 작전이었다.

적진을 휘젓고 다니다

1940년 5월 10일, 독일군은 7개월 동안 이어진 서부 전선의 소강 상태를 깨고 대규모 공세에 돌입했다. 그들의 첫 번째 목표는 네덜란드군이었다. 네덜란드는 운하가 많은 나라로 유명했으며, 운하마다 필수적으로 교량이 놓여 있었다. 독일군이 서부 유럽으로 신속히 진격하려면 이 수많은 다리를 손상 없이 확보하는 것이 무엇보다 중요했다. 그중에서도 네덜란드의 소도시 헤네프Gennep는 독일 국경에서 불과 2km 떨어진 요충지였다. 이곳에는 뫼즈 강을 가로지르는 400m 길이의 철교가 있었는데, 이 다리의 확보 여부가 서부 전선 작전의 모든 시간표를 좌우했다. 독일 정보부는 네덜란드군이 다리에 폭약을 설치해 몇 초 만에 폭파할 수 있다는 사실을 파악했고, 이를 막기 위한 작전이 수립됐다. 브란덴부르거 특수부대는 3월부터 야간 이동,

독일군의 첫 번째 공격 목표가 된 네덜란드 헤네프의 뫼즈 철교.

폭발물 처리, 백병전 훈련을 집중적으로 받아온 터였다.

5월 9일 자정 무렵, 네덜란드 군사경찰로 위장한 9명과 독일군 탈영병을 가장한 3명, 총 12명의 대원이 뫼즈 강을 건너 네덜란드 영토로 잠입했다. 강둑에 은폐한 채 1시간을 기다리던 그들은 독일군 병력을 태운 열차가 국경 쪽으로 다가오는 소리를 듣고 행동에 나섰다. 깜깜한 밤, 다가오는 무리를 본 네덜란드 경비병은 총을 들고 수하를 명령했으나, 네덜란드 군사경찰과 탈영병 차림의 병사들을 보고 잠시 혼란에 빠졌다. 브란덴부르거 대원들은 이 짧은 틈을 놓치지 않고 조용히 칼로 경비병을 제압했다. 이어 다른 경비병들도 순식간에 무력화됐다. 다리 폭파용 기폭 장치를 관리하던 경비병마저 당황한 채 제압되었고, 곧 다리 인근의 3개 벙커도 장악당했다. 이윽고 독일군 본대를 실은 열차가 도착하며 다리가 완전히 확보되었다. 단 한 명의 사상자도 없는 완벽한 작전이었다! 이 성공 덕분에 18군 예하 9기갑사단은 안전하게 다리를 건너 로테르담을 향해 진격할 수 있었다. 브란덴부르거 부대는 이와 같은 방식으로 네덜란드와 벨기에 전역에서 20개가량의 교량을 점령했고, 불과 침공 나흘째인 5월 14일, 네덜란드의 항복을 받아냈다.

벨기에 전선에서는 독일군의 진격이 다소 지체되었다. 1차 세계대전 당시 독일군의 침공을 받았던 벨기에는, 니우포르트Nieuwpoort에 있는 갑문을 개방해 인위적인 홍수를 일으키는 전술로 적의 진격을 가로막은 경험이 있었다. 이번 전쟁에서도 벨기에군이 같은 방법을 쓸 가능성이 높았다. 이를 저지하기 위해 독일군은 다시 브란덴부르거 특수부대를 투입하기로 했다. 작전 지휘는 클라우스 그라베르트

Klaus Grabert 중위에게 맡겨졌다. 그는 프랑스어에 능통한 12명의 대원을 선발해 니우포르트 남쪽 이제르 강 일대의 수문과 다리를 확보하는 임무를 부여했다. 그라베르트는 벨기에군 외투와 트럭을 준비해 위장했고, 5월 27일에 부대원들과 함께 적진으로 출발했다. 도로는 이미 피난민과 후퇴하는 벨기에군으로 아수라장이었다. 벨기에 정부는 항복 직전에 있었다. 혼란의 와중에 이들의 트럭은 거의 주목받지 않았다. 그러나 니우포르트에는 여전히 영국군 수비대가 남아 있었다.

해질 무렵, 브란덴부르거 부대는 이제르 강변에 도착해 곧장 영국군이 지키는 다리로 접근했다. 그들은 다리 위에 차량을 세우고 엄폐한 뒤 위장용 벨기에군 코트를 벗어던졌다. 곧바로 사격이 시작되었다. 영국군의 대응으로 전진이 멈추자 그라베르트는 완전히 어둠이 내릴 때까지 기다렸다. 밤이 깊자 그는 부대를 여러 조로 나누어 사방에서 공격하기 시작했다. 독일군의 병력이 훨씬 많은 것처럼 보이게 하려는 기만 전술이었다. 그라베르트 자신은 소수의 대원과 함께 다리를 따라 서서히 전진하며, 폭발물과 연결된 것으로 보이는 모든 전선을 하나씩 잘라냈다. 그 순간 영국군이 조명탄을 쏘아 올렸고, 위치가 발각된 독일군들을 향해 곧 브렌 기관총 사격이 쏟아졌다. 그러나 브란덴부르거 대원들은 바닥에 몸을 낮춘 채 전진을 멈추지 않았고, 마침내 모든 기폭선을 절단하는 데 성공했다. 그라베르트의 신호가 떨어지자 대원들은 일제히 수류탄을 투척하며 돌격했다. 어둠 속에서 독일군 병력을 과대평가한 영국군은 곧 후퇴했다. 갑문과 다리를 손상 없이 확보한 덕분에 독일군 본대는 남쪽의 프랑스 됭케르크Dunkerque로 진격하고, 연합군을 거대한 포위망 속에 가둘 수 있었다. 이번 작전에서도 독일군은 단 한 명의 사상자도 내지 않았다. 니우포르트 작전은 또 하나의 '브란덴부르거의 전설'로 기록됐다. 특히 이 작전에 참여한 대원들 가운데 75% 이상이 철십자훈장을 수훈하면서 그들의 공로가 입증되었다. 압베어 수장 카나리스 제독은 크게 기뻐했고, 평소 브란덴부르거 부대의 역할에 회의적이던 국방군 최고사령부의 빌헬름 카이텔Wilhelm Keitel 원수조차 칭찬을 아끼지 않았다. 1940년 10월, 브란덴부르거 부대는 연대급으로 확대 개편되었고 대원들은 곧 다가올 다음 작전을 준비하기 시작했다.

게임 체인저 vs. 학살 가담자

프랑스가 무너진 뒤 브란덴부르거 부대는 북부 프랑스로 이동해 영국 침공 작전에 대비했다. 그러나 독일 공군이 제공권을 장악하지 못하면서 이 계획은 끝내 실행되지 못했다. 이어 스페인 남쪽 영국령 지브롤터를 점령하기 위한 작전도 준비했으나 역시 실현되지 않았다. 1941년 초, 이미 연대급 규모로 확장된 부대는 계속 훈련을 이어갔다. 잠시 소강 상태였던 육상 전투는 4월 초, 발칸반도에서 다시 불붙었다. 독일군은 반反독 쿠데타가 일어난 유고슬라비아, 그리고 동맹국 이탈리아와 교전 중이던 그리스를 동시에 침공했다. 유고슬라비아 전역에서 관건이 된 목표 중 하나는 루마니아와 국경을 맞대고 흐르는 도나우 강의 오르쇼바Orşova 부두 시설을 파괴 없이 확보하는 것이었다. 침공 하루 전인 4월 5일, 브란덴부르거 소속 54명의 대원들이 유고슬라비아군 군복으로 위장해 잠입했다. 그들은 부두를 지키던 경비병들이 대응할 틈도 주지 않고 순식간에 제압하고 시설을 완전히 장악했다. 이로써 독일군의 병력과 물자를 실은 수송선들이 도나우 강을 따라 신속히 전진할 수 있었다. 그리스에서도 비슷한 장면이 펼쳐졌다. 브란덴부르거 부대가 바르다르 Vardar 강 위의 다리를 선점해 파괴를 방지했고, 그 덕분에 독일 73보병사단이 거침없이 진격할 수 있었다. 전격적인 진군으로 독일군은 발칸반도에서 그리스군과 영국 연합군을 단숨에 제압했고, 4월 27일 아테네의 파르테논 신전 위에서는 나치 독일의 하켄크로이츠 깃발이 휘날렸다.

발칸 전선의 포연이 채 가시기도 전에 독일군은 또 하나의 거대한 진군을 시작했다. 이번 목표는 그때까지 동맹 관계를 유지하던 '동방의 거인' 소련이었다. 300만 독일군의 선두에는 다시 한번 브란덴부르거 부대가 섰다.

이 무렵 나치는 카나리스 제독의 명령으로 브란덴부르거 예하에 2개의 특수부대를 신설했다. 하나는 나흐티갈Nachtigall (밤꾀꼬리) 대대, 다른 하나는 롤란트Roland 대대였다. 이들은 주로 소련에 반대하는 우크라이

리비우에서 독일군에 학살된 민간인들.

나 민족주의자들로 구성되어 있었으며, 독일군의 힘을 빌려 소련을 무너뜨리고 '우크라이나 독립국'을 세우겠다는 목표를 품고 있었다. 이들은 소련과 폴란드가 우크라이나의 독립을 가로막고 있다고 믿어 두 나라 모두에 깊은 적개심을 품고 있었다. 독일군은 현지 지형과 사정에 밝은 나흐티갈 부대를 길잡이로 활용하기로 했다. 동부 독일 노이하머Neuhammer에서 훈련을 마친 이 부대는 독일군의 진격과 함께, 당시 소련 점령하에 있던 우크라이나의 리비우Lviv(원래 이 도시는 폴란드의 르보프였으나 1939년 9월 소련이 점령하며 우크라이나로 편입되어 오늘날에 이르고 있다)로 향했다. 팔에는 우크라이나를 상징하는 파란색과 노란색 식별띠를 두른 채 6월 30일 현지 라디오 방송국을 점령했고, 독일 측과 협의 없이 전파를 통해 우크라이나 독립을 선언하기까지 했다. 그 직후 나흐티갈 부대가 포함된 독일군은 리비우 감옥을 점령했다. 그곳에서 수천 구에 이르는 우크라이나인 및 폴란드인의 시신이 발견되었는데, 시신 상당수에 고문 흔적이 뚜렷하게 남아 있었다. 후퇴하던 소련 비밀경찰NKVD이 처형한 것으로 추정되었지만 나치의 기존 선전에 이미 영향을 받은 일부 사람들은 '유대 공산주의자들의 소행'이라는 거짓된 소문을 퍼뜨렸다. 대부분 우크라이나인이었던 나흐티갈 대원들은 격분했다. 7월 1일부터 도시는 본격적인 유대인 집단 학살, 즉 포그롬Pogrom의 광풍에 휩싸였다. 반유대주의 정서에 사로잡힌 주민들이 유대인들을 무차별 폭행하고 재산을 약탈했으며, 심지어는 많은 이들이 몽둥이나 도끼에 맞아 끔찍하게 살해됐다. 그 와중에 피해자들은 도망칠 길조차 찾지 못했다. 7월 2일부터는 독일군의 학살 전담부대 아인자츠그루펜

Einsatzgruppen C가 개입했다. 이들은 유대인
들을 대규모로 체포해 즉시 처형하거나
게토와 강제수용소로 이송했다. 나흐티
갈 대원의 일부도 이 학살에 가담했으며,
그 결과 수천 명의 유대인이 목숨을 잃었
다. 1944년 7월, 소련군이 다시 리비우를
해방했을 때 전쟁 전 이 도시에 거주했던
약 16만 명의 유대인 중 살아남은 이는
불과 1% 남짓한 1,600명도 되지 않았다.

대담한 작전을 통해 소련의 마
이코프 유전 지대를 성공적으로
점령하고 철십자훈장을 받은 아
드리안 폰 푈커잠.

1941년 겨울, 소련을 마구 유린하던
독일군은 모스크바를 눈앞에 두고도 차가운 동장군과 뜨거운 소련
군의 저항에 밀려 후퇴해야 했다. 길고 혹독한 겨울 동안 독일군은
전선 곳곳에서 고전을 면치 못했다. 그러나 1942년 봄이 다가오자,
독일군 총사령부는 다시 한번 소련 공략 계획을 세웠다. 이번 작전
의 핵심 목표는 소련군의 전략적 심장부 중 하나, 코카서스 유전 지
대였다. 석유는 전쟁 수행의 혈맥과 같았다. 독일군이 이 유전을 손
에 넣는다면 장기전에 필요한 연료를 확보할 수 있있고, 반대로 이
를 얻지 못한다면 전쟁을 지속하는 데 큰 어려움을 겪을 수 있었다.

1942년 8월, 브란덴부르거 소속 아드리안 폰 푈커잠Adrian von
Fölkersam 중위는 발트해 연안과 체코 주데텐란트 출신 독일계 병사
62명을 이끌고 소련군 후방 깊숙이 침투했다. 푈커잠은 몇 대에 걸
쳐 러시아제국에서 봉사한 발트 독일계 귀족 가문 출신이라 러시아
어에 능통했다. 부하들 또한 대부분 러시아어를 자유롭게 구사할 수

있었다. 이들의 목표는 독일군 주력이 도착하기 전에 동부 흑해 연안의 마이코프Maikop 유전 지대를 장악하는 것이었다. 필커잠은 경계심을 줄이기 위해 소련 비밀경찰 복장을 입고 소령 계급장을 단 채 특유의 파란색 바지를 착용했다. 그들은 소련제 트럭을 징발해 이동하면서도 전혀 의심받지 않았다. 심지어 이동 중 다수의 소련군 탈영병을 만나자 필커잠은 놀랍게도 그들을 설득해 "부대로 복귀해 독일군을 물리치자"는 명목으로 합류시켰다. 그렇게 위장한 브란덴부르거 대원과 소련군 탈영병이 뒤섞인, 보기 드문 '기묘한 부대'가 마이코프로 향했다. 진짜 소련군이 포함된 덕에 누구도 그들을 수상히 여기지 않았다.

마이코프에 도착한 필커잠은 현지 방어 사령관을 만나 자신을 '특수 임무 수행 중인 NKVD 소속 소령'이라 소개하며, 탈영병들을 규합해 방어를 돕기 위해 왔다고 거짓말했다. 아무것도 모르는 사령관은 그 말을 믿었을 뿐 아니라 기뻐하면서 직접 마이코프 방어선과 요충지를 안내해 주기까지 했다. 8월 8일 저녁, 브란덴부르거 대원들은 소련군 통신 시설을 파괴하고 주요 방어 시설과 폭파 장치를 무력화하기 시작했다. 소련군과 유전을 파괴하려던 기술자들은 갑작스러운 폭음으로 혼란에 빠졌다. 필커잠은 후퇴가 시작됐다는 명령을 전했고, 이미 통신망이 끊긴 상황에서 그를 전방에서 본 적 있는 병사들은 전혀 의심하지 않고 그의 지시에 따라 후퇴했다. 다음 날인 8월 9일, 독일군 본대는 이미 방어망이 무력해진 마이코프에 무혈 입성했다. 그들을 맞이한 것은 작전을 성공시킨 필커잠과 그의 대원들이었다. 이 놀라운 기지와 성과로 필커잠은 기사철십자

훈장을 받았고, 브란덴부르거 부대의 전설에 또 한 페이지를 추가
했다.

독일군 특수부대의 몰락

디엔비엔푸 전투에서 포로가 된 프랑스 병사들(1954년). 1만 2천 명의 포로 중 2천 명 이상이
친위대나 브란덴부르거를 비롯한 구독일군 출신이었다.
© Stringer, AFP

1943년이 되자 전세는 서서히 추축국에서 연합군 쪽으로 기울
기 시작했다. 독일 점령지 곳곳에서 게릴라가 봉기했고, 특히 발칸
반도에서 그 움직임이 거셌다. 이를 진압하기 위해 독일군은 1943
년 봄, 브란덴부르거 부대를 발칸으로 이동시켰다. 이들은 그리스와
세르비아 전역에서 지역 파르티잔들과 치열한 전투를 이어갔다.

한편 7월 북아프리카 전선에서 패배한 추축군은 9월 연합군의

이탈리아 본토 상륙과 함께 치명적인 타격을 입었다. 이탈리아가 항복하자 브란덴부르거 대원들은 즉시 이탈리아로 이동해, 언제든 적으로 변할 수 있는 이탈리아군의 무장을 해제하는 임무를 수행했다. 1944년 5월, 이들은 다시 발칸으로 돌아가 파르티잔 토벌에 투입되었다. 이 과정에서 유고슬라비아의 대독 저항 지도자 요시프 브로즈 티토Josip Broz Tito를 포획 직전까지 몰고 갔으나, 결국 간발의 차로 놓쳤다. 그 뒤로 브란덴부르거 부대의 활동은 예전만큼 두드러지지 않았다. 특히 1944년 7월 20일, 히틀러 암살 시도가 발생한 이후에는 상황이 급변했다. 한때 그들을 자랑스럽게 바라보던 히틀러마저 불신을 품게 되었는데, 이는 브란덴부르거의 성장에 핵심적 역할을 했던 정보국장 빌헬름 카나리스 제독이 반히틀러 진영의 핵심 인물로서 암살 모의에 가담한 것이 드러났기 때문이다.

1944년 9월, 브란덴부르거는 특수부대로서의 명맥을 사실상 잃었다. 부대는 일반 국방군의 정규 부대로 재편되어 '브란덴부르크 기갑척탄병 사단'으로 전환되었고, 아드리안 폰 푈커잠을 비롯한 다수의 인원이 무장친위대로 전출되었다. 그해 12월, 벌지 전투에서는 브란덴부르거 출신의 무장친위대 병력들이 미군 후방에서 교란 작전을 펼쳤다. 이들은 미군 군복을 입고 활동하다가 포로가 되었는데, 제네바 협정에 따른 정식 포로 대우를 받을 수 없었다. 작전에 투입된 독일군 44명 중 16명이 발각되어 재판 후 총살당했다. 심문 과정에서 일부 포로는 "아이젠하워를 생포하러 왔다"는 과장된 발언을 하기도 했다. 이 말 한마디에 미군 지휘부는 즉시 비상이 걸렸고, 연합군 최고사령관인 아이젠하워 장군에 대한 경비가 대폭 강화되었다. 분노와 경계심에 휩싸인 연합군 최고사령관은 며칠 동안 거처에 격리되었고 어쩔 수 없이 외부 활동을 제한당했다.

독일의 마지막 발악이었던 벌지 전투가 끝나고, 전쟁은 이듬해 봄 마침내 종결되었다. 패전 후 많은 브란덴부르거 대원들이 각자의 생존을 위해 뿔뿔이 흩어졌다. 그중 일부는 프랑스 외인부대에 입대해 멀리 인도차이나반도의 베트남전쟁에까지 참전했다. 아이러니하게도 전에는 적군이었던 브란덴부르거 출신들을 프랑스는 기꺼이 받아들였다. 식민지 전선에서 싸움의 주도권을 쥐기 위해 이들이 지닌 '교묘한 전투 기술'을 적극 활용한 것이다. 일부는 1954년 봄, 디엔비엔푸 전투에서 전사하거나 포로가 되었다.

전쟁 중 브란덴부르거는 양면적인 면모를 보여주었다. 어떤 대원들의 얼굴에는 전쟁 범죄나 학살과 같은 어두운 그림자가 드리워져 있는 것도 사실이다. 동시에 전쟁 당시 이들이 보여준 작전의 대담함, 신속함, 그리고 일사불란한 움직임만큼은 누구도 부정할 수 없었다. 브란덴부르거는 적에게는 치명적인 독이었지만 아군에게는 전선을 원활히 움직이는 윤활유와 같은 존재였다. 연합군은 그 '독'을 의심 없이 마시고 무너졌으며, 독일군은 그 '윤활유'를 통해 '전격전'이라는 거대한 기관차를 거침없이 몰아붙일 수 있었다.

12장

장거리 사막 정찰대

사막이라는 바다를 평정한 20세기의 해적들

북아프리카 사막에서 싸운 영국군 소속 특수 사막 정찰대 (1941~1945)

장거리 사막 정찰대의 모습과 부대 마크
© Imperial War Museums

"평화로운 시절 사막을 여행할 때만 해도, 전쟁이 이 광막하고 텅 빈
고독의 공간까지 찾아올 것이라고는 상상조차 하지 못했다."

장거리 사막 정찰대를 창설한 랠프 백놀트의 회고

2024년 1월 4일, 영국과 미국의 주요 언론들은 일제히 한 인물의 부고를 전했다. 그 주인공은 전직 영국 육군 장교이자 오랜 기간 MI6 같은 대외 정보기관에서 활동했던 마이크 새들러Mike Sadler였다. 그는 2차 세계대전 참전 용사였는데, 전쟁에 참여한 영국인들이 워낙 많았던 것을 생각하면 '참전 용사'라는 사실 자체는 그렇게 특별할 것이 없었다. 그러나 새들러가 주목받은 이유는 전쟁 중 그가 보여준 탁월한 활약 때문이었다. 새들러는 북아프리카에서 장거리 사막 정찰대LRDG: Long Range Desert Group와 특수 공수부대SAS: Special Air Service 등 당시로서는 독특하고 위험한 부대에서 복무했다. 사망 당시 그의 나이는 103세로, 해당 부대 출신 중 거의 마지막 생존자였다. 영국인들은 그의 죽음을 깊이 애도했으며, 동시에 그가 활약했던 북아프리카 사막 전투가 다시금 대중의 관심을 끌었다. 부대에서 새들러는 항법사로서 빛을 발했다. 그는 칠흑 같은 사막의 밤하늘에서 별자리를 길잡이 삼아 마치 중세의 항해사처럼 이동 경로를 개척했다. 혹독한 사막 환경 속에서 그는 적의 배후로 침투해 정찰하고 그 동향을 보고했다. 또한 작전 도중에는 적의 보급로를 차단하고 다수의 차량과 전투기를 파괴하는 등 굵직한 전과를 올렸다. 새들러가 속한 부대에는 그처럼 모험심이 강한 이들이 많았다. 그들이 한 팀이 되어, 겉으로 보기엔 낭만적이지만 실상은 목숨을 건 작전을 수행하기까지는 수많은 우여곡절이 있었다. 이러한 '비정규 부대'의 성공 뒤에는 사막을 사랑한 한 사람의 확고한 의지가 자리하고 있었다. 그 여정의 시작은 1940년 6월, 영국군이 위태로운 상황에 놓였던 이집트 알렉산드리아Alexandria였다.

사막의 개척자들

1940년 6월 말, 독일군이 프랑스를 이기고 있을 때 프랑스와 국경을 맞댄 이탈리아는 잠시 상황을 저울질하더니 독일 편에 서서 프랑스와 영국에 선전포고를 했다. 마치 노쇠하여 쓰러진 코끼리를 덮치는 하이에나 무리와도 같은, 치졸하지만 본능에 충실한 행동이었다. 얼마 지나지 않아 더이상 버틸 힘이 없던 프랑스는 독일과 이탈리아 양쪽에 항복했다. 그러나 섬나라 영국의 상황은 달랐다. 영국은 자국 상공을 누비

장거리 사막 정찰대를 기획하고 창설한 랠프 백놀트.

는 독일 전투기와 폭격기의 공격에 맞서 본토 방어전에 국가의 모든 역량을 쏟아붓고 있었다. 한편 바다 건너 지중해 연안에는, 명목상 독립국이었지만 실질적으로 영국의 영향권에 있던 이집트가 있었다. 이곳에는 불과 3만 6천 명의 영국군이 주둔하고 있었으며, 이집트 서쪽 국경 너머에는 이탈리아의 식민지 리비아가 있었다. 무솔리니의 '현대판 로마제국'은 이미 에티오피아와 소말리아 일대에 50만 명, 그리고 리비아에만 25만 명의 병력을 배치해 제국 확장을 꾀하고 있었다. 다음 목표가 이집트와 수에즈 운하일 것이라는 사실은 불 보듯 뻔했다. 수에즈 운하가 무너지면 극동의 영국 식민지가 단

절될 상황이었다. 병력 규모에서만도 영국군은 리비아 주둔 이탈리아군의 7분의 1 수준밖에 안 되는 열세였다. '해가 지지 않는 나라'라 불리던 대영제국에 또 하나의 거대한 위기가 다가오고 있었다.

이집트를 지키는 영국군 중동사령관은 아치볼드 웨이벨 장군이었다. 그는 임박한 이탈리아군의 공격을 어떻게 막아낼지 고심하던 중, 프랑스가 항복한 다음 날인 1940년 6월 23일에 알렉산드리아 집무실에서 한 면담 신청자를 만났다. 그 방문자는 영국 육군 소령 랠프 백놀트Ralph Bagnold였다. 그는 자신이 오랜 세월 축적해 온 경험에서 비롯된 특별한 구상을 웨이벨 장군에게 설명하기 위해 찾아온 것이었다. 백놀트 소령은 1차 세계대전 당시 유럽 전선에 참전한 경력이 있었고, 선천적으로 모험심이 강한 인물로 1920~30년대에 주로 이집트와 주변 사막을 탐험했다. 카이로Cairo를 기점으로 이집트 각지의 사막을 포드 A형 트럭으로 횡단하며, 새로운 오아시스를 발견하거나 때로는 고고학적 유물을 찾아내기도 했다. 이런 경험을 통해 그는 사막 이동에 필요한 자신만의 노하우를 쌓아 이를 기록으로 정리했다. 예컨대 저압 타이어를 사용해 모래 위를 주행하는 방법, 나침반이 철제 물체의 영향을 받지 않도록 태양을 이용하는 항법을 고안한 것도 그였다(이 장비는 훗날 '백놀트 태양 컴퍼스'로 불리게 된다). 1935년 군에서 예편되었던 그는 전쟁이 다시 발발하자 조국을 위해 기꺼이 소령 계급장을 달고 복귀한 것이었다.

이러한 배경을 지닌 백놀트가 웨이벨 장군에게 제안한 계획은 간단하면서도 대담했다. 트럭을 이용해 소수의 병력을 적 후방 깊숙한 사막으로 은밀히 침투시켜 정찰 임무를 수행하는 것이었다. 그의 판단에 따르면, 끝없이 펼쳐진 사막은 마치 광활한 바다와 같아 이동 중 적에게 발각되지 않고 몰래 접근할 가능성이 높았다. 나아가 백놀트는, 필요하다면 적의 작은 거점이나 보급 기지를 기습해 일종의 '해적 작전'을 벌일 수도 있다고 자신 있게 설명했다. 웨이벨은 그의 대담한 구상을 상당히 마음에 들어했다. 사실 웨이벨 자신도 1차 세계대전 당시 이집트 원정군 출신으로 사막 작전에 익숙했고, 영국군은 이미 비슷한 개념의 사막 정찰부대를 운용한 경험이 있던 터였다. 그는 즉시 백놀트의 제안을 수락하며 장비 지원을 약속했고, 부대 창설을 준비하라고 지시했다. 예상보다 빠른 승낙에 고무된 백놀트는 즉시 해야 할 일들을 정리했다. 우선 순위는 인원 모집이었다. 그는 이집트 주둔 영연방군을 대상으로, 독립심과 모험심이 강하고 일교차가 무려 20~30도에 이르는 혹독한 사막 환경에서도 불평 없이 임무를 수행할 강인한 체력과 정신력을 지닌 지원자를 찾았다. 호주군은 자국의 병력 사정이 빠듯하다며 참여를 거부했으나, 뉴질랜드 2사단에서는 놀랍게도 사단 병력의 절반이 지원 의사를 밝혔다. 백놀트는 뉴질랜드군 특유의 강인함과 독립적인 기질에 큰 기대를 걸었다. 사실 당시 뉴질랜드군은 영국군 사령부에서도 영연방 소속 부대 중 최고로 평가받고 있었다. 뉴질랜드군의 지휘관 버나드 프레이버그Bernard Freyberg 장군은 1차 세계대전에서부터 수많은 부상을 입어 몸에 흉터가 없는 곳이 없을 정도로 용맹했으나, 지나치게 무모하다는 평도 받았다. 한번은 부하에게 "아마도 내 호르몬 분비선에 뭔가 이상이 있는 것 같아"라고 농담 섞인 말을 했다고도 전해진다. 처음에 프레이버그는 호주군처럼 병력을 보내지 않으려 했으나, 중동군 사령부의 아더 스미스Arthur Smith 소장이 직접 설득한 끝에 병력 파견에 동의했다.

한편 백놀트는 부대의 핵심 전력이 될 차량을 구하기 위해 나섰다. 그는 카이로 시내를 샅샅이 뒤져, 어느 쉐보레 자동차 대리점에서 14대의 사륜구동 차량을 구걸하다시피 해서 손에 넣었다. 여기에 미국제 윌리스 지프도 사용됐다. 부대원 모집을 시작한 지 불과 10일 만인 1940년 7월 초, 마침내 '장거리 정찰대LRP: Long Range Patrol'가 탄생했다. 장교 2명과 병사 85명으로 구성된 소규모 부대였다. 창설 직후 곧바로 훈련이 시작됐는데, 실제 사막에서의 생존 기술, 차량 운전, 유지 및 보수, 수리 같은 것들이 지겹도록 반복됐다. 차량에 장착된 브라우닝 30구경 혹은 50구경 기관총, 공군용 비커스 K 기관총, 보포스 37mm 대전차포 등 다양한 무기의 훈련은 물론 개인 화기 사격, 폭발물 설치, 무선 통신 교육도 필수였다. 필요 없다고 판단된 차량의 지붕은 과감히 제거됐으며, 측면에는 구멍이 뚫린 직사각형 마스턴 철판Marston mat이 비치됐다. 이는 백놀트의 과거 경험에서 착안한 것으로, 모래톱에 빠질 때 견인력을 높여주는 장비였다. 가장 중요한 물은 공식적으로 1인당 하루 6파인트(약 3.4리터)가 지급됐다. 평상시라면 충분해 보였지만, 극한의 전시 상황에서 그 양이 과연 충분할지는 누구도 장담할 수 없었다.

한 달 남짓한 시간 동안 부대의 구성과 훈련이 어느 정도 갖춰지자, 백놀트는 하루라도 빨리 '자신들의 가치'를 상관에게 증명하고 싶어 했다. 이들이 작전을 펼칠 무대는 이집트 서부에서 리비아를 거쳐 알제리 동부에 이르는 광대한 '대사막지대Great Sand Sea'였다.

이곳은 유럽의 웬만한 나라 몇 개가 통째로 들어갈 정도로 넓었고 나비나 할미새 같은 작은 생명체만 드물게 보이는, 지구상에서 가장 인적이 드문 지역 중 하나였다. 해 질 녘 황금빛 모래언덕dune들은 마치 이 세상이 아닌 듯 아름다웠다! 그러나 이 평화로워 보이는 사막은 끝없는 모래와 사암 바위뿐이었고 때로는 바늘처럼 날카로운 모래바람이 불어 시야를 칠흑같이 가렸으며, 생명줄 같은 식수는 몇 안 되는 오아시스에서나 간신히 구할 수 있었다.

첫 번째 임무는 1940년 8월 7일, 2대의 트럭에 나누어 탄 7명의 병력으로 시작됐다. 지휘관은 사막 전문가이자 백놀트의 과거 탐험 친구인 팻 클레이턴Pat Clayton이었다. 그의 정찰대는 이집트 지중해 연안을 따라 이동하다가 마트루Matruh에서 남서쪽으로 방향을 틀어 대사막지대로 들어섰다. 8월 8일에는 국경을 넘어 리비아 동부의 오아시스 도시 쿠프라Kufra까지 이동했고, 이곳에서 사흘 동안 이탈리아군의 동향을 살피며 주요 보급 창고의 위치를 확인했다. 큰 움직임이 없음을 확인한 후 정찰대는 카이로로 귀환했는데, 13일간 이동 거리가 무려 2,500km에 달했다. 그들이 카이로에 돌아왔을 때의 모습은 참으로 볼 만했다. 덥수룩한 수염, 물 부족으로 씻지 못한 탓에 먼지와 땀으로 얼룩진 피부와 군복은 카이로의 고위 장교들에게 적잖은 충격을 주었다. 그러나 웨이벨 장군은 누구보다 기뻐하며 임무 완수를 치하했다. 모든 전황이 암울하던 시기에 장거리 사막 정찰대의 성공적인 귀환만큼 웨이벨을 기쁘게 한 일은 없었다. 그는 장거리 사막 정찰의 가능성을 확인했고, 즉시 부대를 확대하고 개편하라고 명령했다. 그 결과 부대는 R, T, W 총 3개의 '소정찰대'로 나뉘었다. R은 지원 임무를, T와 W는 전투 임무를 맡았다. 각 소부대는 25명의 병력과 10대의 트럭으로 구성됐다. 1940년 후반기부터는 영국 본토 병력뿐 아니라 앞서 언급한 마이크 새들러와 같은 남부 로디지아(오늘날의 짐바브웨) 출신 병사들도 합류했다.

육지의 해적이 되다

비커스 기관총을 조준하고 있는 장거리 사막 정찰대원.

1940년 9월 5일, 장거리 정찰대는 이집트 침공을 준비하던 이탈리아군에 대항해 본격적인 임무를 시작했다. 이 작전에는 R, T, W 3개의 소정찰대가 모두 참가했는데, 리비아 국경까지 가자 R정찰대는 보급을 위해 귀환했고 T정찰대는 자유 프랑스와의 연합 가능성을 확인하기 위해 남쪽의 프랑스령 차드로 이동했으며 W정찰 대만 계속 서진했다. W정찰대는 이전에 확인했던 이탈리아군의 연료 집적소들을 공격했고, 계속 이동하다가 유조 트럭들을 만나 연료를 노획했다. 게다가 수천 통이나 되는, 전혀 생각지도 못했던 군사우편까지 얻었다. 정찰대가 귀환했을 때는 이미 이집트에 대한 이탈리아군의 전면 공격이 시작된 상태였으며, 이들은 영국군을 밀어붙이며 이집트 안쪽으로 100㎞ 이상을 전진하고 있었다. 이러한 상황에서 적 후방에서의 장거리 정찰대의 은밀한 성공은 카이로의 영국군 사령부에 전해진 한 줄기 빛 같은 소식이었다. 정찰대는 10월에도 비슷한 임무를 수행했다. 이번에는 이탈리아군 후방 기지 인근에 지뢰를 매설하고 수차례 정찰했으며 교전 끝에 리비아인 포로도 잡을 수 있었다. 카이로에 귀환해서 포로를 심문한 결과는 놀라웠다. 이탈리아군이 이미 장거리 정찰대의 존재를 알고 있고, 이들의 위력을 생각보다 심각하게 보고 있다는 증언이었다. 게다가 정찰대에 대응하기 위해 이탈리아군이 전방에 있는 일부 병력들을 리비아 남부 사막 쪽으로 돌리기까지 한다는 이야기도 들을 수 있었다. 그야말로 정찰대의 작전이 의도한 대로 먹히고 있다는 증거였다. 카이로의 영국군 사령부에서는 정찰대가 이탈리아군 사령관인 그라치아니Rodolfo Graziani 원수의 사령부를 공격했다는 어마어마한 소문이 나기도 했다. 일련의 작전이 성공하자 백놀트는 1940년 11월에 중령으로 진급했다. 그는 휘하의 정찰대를 '장거리 사막 정찰대LRDG: Long Range Desert Group'라는 이름으로 바꾸고 2개의 확대된 정찰대로 개편했다. 한편 이탈리아군은 이집트에 들어온 이후 시디 바라니Sidi Barrani에

7개의 진지를 구축하고 움직이지 않고 있었다. 이제는 영국군이 공격할 차례였다. 이 과정에서 장거리 사막 정찰대는 계속해서 적진의 바다 한가운데를 마구 휘저으며 이탈리아군을 혼란에 빠뜨렸다. 이들은 적에 대한 정보를 더 많이 가져왔고, 영국군 지휘부에 확실한 인정을 받게 되었다.

이제 정찰대는 영국군의 반격에 앞서 주요 목표물인 이탈리아군의 비행장과 보급기지 등을 공격하려 했다. 하지만 문제가 하나 있었다. 바로 목표물들의 위치가 정찰대의 작전 반경보다 더 서쪽에 있었다는 점이다. 이에 정찰대는 작전 범위를 넓히기 위해 다양한 방법을 모색했고, 백놀트는 해결책을 찾고자 11월에 리비아 남쪽의 프랑스령 차드에 가게 된다. 그곳의 프랑스 당국은 어느 편인지 애매모호한 태도를 취해왔는데(당시 아프리카의 많은 프랑스령 식민지가 이런 상황이었다) 차드에 간 것을 계기로 이들의 의중을 확인하고 지원을 요청하기 위해서였다. 놀랍게도 백놀트가 만난 프랑스군 도르나노Jean Colonna d'Ornano 대령은 연합군 편에 서는 것에 대단히 호의적이었고, 정찰대에 보급을 비롯한 전면적인 지원을 약속하기까지 했다. 다만 이 외눈 안경을 쓴 프랑스 대령에게 소선이 하나 있었으니, 이탈리아군을 공격할 때 자신들도 함께 참가한다는 것과 이들의 차량에 프랑스 국기를 함께 부착해야 한다는 것이었다. 백놀트는 흔쾌히 제안을 수락했고, 마침내 영국과 프랑스의 연합 부대가 리비아 중서부 무르주크Murzuk의 사막 한가운데 있는 이탈리아군 기지를 공격하기로 합심했다. 한편 1940년 12월 9일, 영국군의 오코너Richard O'Connor 장군은 반격을 위해 '컴퍼스 작전Operation Compass'을 시작하며 본격적으로 이집트와 리비아의 이탈리아 10군을 공격하기 시작했다. 진지에 틀어박혀 있던 이탈리아군은 이집트 서부에 이어 리비아 동부의 키레나이카Cyrenaica에서 순식간에 무너지며 무려 13만 명 이상이 포로로 잡히는 참패를 겪었다. 지중해 인근 북쪽에서 들어오는 영국군의 공격에 발맞춰 1940년 12월 27일에 76명으로 이루어진 정찰대 공격 부대가 리비아 중서부 후방의 무르주크로 향했다. 사막을 가로질러 1,500km 이상을 이동한 정찰대는 1월 11일에 무르주크의 이탈리아군을 공격했다. 이탈리아군의 허를 찌른 정찰대는 적 수비대와 2시간 동안 격전을 펼친 끝에 항복을 받아냈고 25명을 포로로 잡았다. 동시에 정찰대는 수천 발의 탄약과 3대의 적 비행기도 파괴했다. 이들은 여세를 몰아 트라게르Tragher 같은 다른 사막의 기지들도 공격했다. 이탈리아군은 후방에 위치한 자신들 앞에 귀신같이 나타난 영국군의 모습에 대단히 당황했다. 정찰대는 계속 원정을 이어갔는데, 1월 31일 게벨 셰리프Gebel Sherif 근처에서 이탈리아군의 아우토사하라 중대Compagnia Autosahariana(영국의 장거리 사막 정찰대와 유사한 역할을 했던 이탈리아군 정찰부대. 하지만 리비아 내에서만 활약했다)와 항공기의 합동 매복 공격을 받게 된다. 치열한 전투 끝에 T정찰대의 지휘관인 클레이턴 대위가 부상을 입었고 2명의 다른 동료들과 함께 포로로 잡히고 말았다. 그는 이탈리아의 아브루초Abruzzo 지역으로 끌려가 전쟁의 나머지 기간을 포로수용소에서 지내야만 했다.

이 전투에 참여했던 부대원 중에는 뉴질랜드 출신의 로널드 무어Ronald Moore 일병이 있었다. 그는 이탈리아군의 공격을 받아 타고 있던 트럭이 파괴되면서 모든 보급품을 잃었다. 그러나 무어는 항복을 선택하지 않았다. 대신 그는 동료 3명과 함께 약 7.5리터짜리 물통 하나와 잼 1병만을 챙겨, 남쪽에 있는 연합군 기지를 향해 사막을 걸어서 이동하기로 결심했다. 당시 4명 모두 건강 상태가 좋지 않았고, 심지어 무어는 발에 파편이 박혀 부상을 입은 상황이었다. 그럼에도 그들은 앞으로 열흘 동안 극한의 기후 속에서 무려 340km에 달하는 사막을 걸어야 했다. 군화 밑창이 닳아 해지자 나중에는 거친 모래

'무어의 행군'의 주인공인 로널드 무어 일병.
© Auckland War Memorial Museum

밭을 양말만 신고 걸었다. 한낮에는 타는 듯한 열기와 견디기 힘든 갈증에 시달렸고, 밤에는 기온이 10도 이하로 떨어져 몸을 잔뜩 웅크린 채 서로 밀착해 체온을 나누며 추위와 싸워야 했다. 그러다 기적적으로 무어를 포함한 3명이 프랑스군 트럭에 발견되어 구조되었다. 무어는 이 초인적인 행군으로 2차 세계대전 기간 뉴질랜드군 최초로 영국 수훈 훈장을 받았다. 이 믿기 힘든 생존기는 연합군 사이에서 '무어의 행군Moore's March'으로 알려졌고, 가혹한 환경에서 기적처럼 살아남은 인간 승리의 이야기로 널리 회자되었다. 비록 정찰과 전투 과정에서 희생이 있었지만, 종합적으로 보면 이 작전에서 얻은 것이 훨씬 더 많았다. 정찰대는 광범위하게 활동하며 단순한 정찰 임무를 넘어 적의 주의를 분산시켰고, 결과적으로 전선에서 병력을 빼내도록 만들었다. 당시 이탈리아군은 마치 해적처럼 사막을 누비던 장거리 사막 정찰대를 견제하기 위해 연대급 병력, 즉 5,500명 이상의 병력을 후방으로 돌려야 했다.

장거리 사막 정찰대는 카이로로 돌아온 뒤 여러 작전에서 문제가 있던 차량들을 신형 포드 트럭으로 교체했다. 그리고 일몰과 일출 때의 위장 효과를 극대화하기 위해 차량을 인상적이면서도, 어쩌면 귀엽게 보이기까지 하는 핑크색으로 도색했다. 이 무렵 장거리 사막 정찰대의 활약은 영국 본토에도 알려져 있었다. BBC는 이들을 마치 아프리카에서 '낭만적인 모험을 즐기는 탐험가'처럼 묘사하며 대대적으로 선전했다. 당시 전황을 볼 때 영국은 여전히 독일에 밀리고 있었지만, 북아프리카에서 이탈리아군을 격파한 승전 소식과 적 후방에서 신출귀몰 활약하는 장거리 사막 정찰대의 이야기는 국민의 사기를 끌어올리는 거의 유일하면서도 충분한 소재였다.

한편 이탈리아군이 계속 무기력하게 패배하자 지도자 무솔리니는 화가 나다 못해 우울증에 걸릴 지경에 이르렀다. 같은 편인 히틀러 역시 무솔리니가 상의 없이 벌여놓은 전황에 크게 불만을 품었지만 그렇다고 동맹국을 완전히 외면할 수도 없었다. 결국 그는 무능한 '파시스트 동반자'를 돕기 위해 직접 행동에 나섰다. 이렇게 해서 독일 아프리카 군단이 '한 장군'의 지휘 아래 북아프리카 사막에 모습을 드러내게 된다.

리비아 사막 택시 서비스

1941년 2월 초, 리비아의 트리폴리Tripoli 시내에서는 대규모 군 퍼레이드가 열리고 있었다. 그러나 이날의 행렬은 기존 이탈리아군의 그것과는 사뭇 달랐다. 사막색으로 칠해진 독일군 차량과 전차

들이 끊임없이 줄지어 지나
갔던 것이다. 사실 당시 독일
군은 이제 막 장비를 전달받
았고, 보유한 전차의 수도 많
지 않았다. 그러나 새로 부임
한 독일군 사령관은 영국군
의 정찰병이나 스파이가 이
퍼레이드를 지켜볼 것이라
예상했고, 그들을 속이기 위
해 전차를 시내 안에서 몇 번
이고 반복해서 돌게 했다. 이
것이 훗날 '사막의 여우'로
불리게 되는 에르빈 롬멜Erwin

모래톱에 빠진 지휘차량을 부하들과 함께
밀고 있는 '사막의 여우' 롬멜 장군.
© Cassowary Colorizations

Rommel 전설의 서막이었다. 롬멜은 또 다른 기만책으로, 캔버스로 만
든 가짜 전차들을 사막에 줄지어 세워놓고 이를 영국군 항공기의
정찰에 의도적으로 노출시켰다. 그 결과 영국군은 독일군의 전력이
실제보다 훨씬 크다고 믿게 되었다. 이러한 기만 전술은 롬멜의 특
기였으며, 여기에 번개 같은 속도전까지 더해졌다.

영국군이 전혀 예상하지 못한 3월 말, 롬멜은 전격적인 기습을
감행했다. 그 결과 영국군은 무려 800km나 되는 거리를 동쪽으로 밀
려났다. 아이러니하게도 당시 독일군 최고사령부가 롬멜에게 기대
했던 역할은 영국군을 '적당히' 막아 현상 유지를 하는 것이었다. 하
지만 그가 예상보다 훨씬 더 큰 승리를 거두자 독일군은 아프리카

전선에 대한 지원을 확대할 수밖에 없었고, 이는 전투의 규모를 키우는 동시에 독일에도 새로운 전략적 부담을 안겼다. 이 과정에서 과거 이탈리아군을 철저히 격파했던 영국군의 리처드 오코너 중장마저 독일군에게 포로로 잡히는 등, 영국군은 그야말로 총체적인 위기에 빠졌다. 영국군에게는 다시 한번 전세를 뒤집고 사기를 끌어올릴 결정적인 무언가가 필요했다. 바로 이 시점에, 장거리 사막 정찰대는 본연의 임무를 충실히 수행하는 것은 물론 작전 수행 능력을 한층 더 끌어올리는 데 박차를 가했다.

장거리 사막 정찰대와 합동 작전을 수행한 특공부대 SAS
(우측 끝의 인물은 SAS의 창설자인 데이비드 스털링).

1941년 8월, 부대장이었던 백놀트가 중동군 사령부 참모로 영전하면서 장거리 사막 정찰대는 새 지휘관을 맞았다. 백놀트의 오랜 탐험 친구이자 부대 창립 멤버였던 가이 프렌더거스트Guy Prendergast 중령이었다. 프렌더거스트 역시 배놀트 못지않은 모험심을 지닌 인물로, 직접 비행기를 몰며 작전에 참여할 정도로 적극적이었다. 그해 11월, 장거리 사막 정찰대는 새로 편성된 영국 제8군 소속으로 전환되었다. 이때부터 불과 넉 달 전에 창설된 특수 공수부대 SAS와 합동 작전을 펼치게 된다. 장거리 사막 정찰대가 적 후방 깊숙한 목표 지점까지 SAS를 태워 나르면, SAS는 그곳에서 마음껏 적진을 유린하고 돌아오는 식이었다. 1941년 12월, 정찰대와 SAS는 시르트Sirte, 엘 아게일라El Agheila, 아즈다비야Ajdabiya에 위치한 추축군 비행장을 기습했다. 이 일련의 작전에서 무려 적 항공기 150대 이상을 파괴하는 대성과를 거두었다. 이들은 대담하게도 야간에 차량을 몰고 비행장 안으로 진입했으며, 경비병이 근처에 있어도 아랑곳하지 않았다. 어둠 속에서 접근하는 차량을 본 경비병들은 그들이 자연스럽게 지나가는 아군이라고 착각했다. SAS 대원들은 적 전투기와 차량에 흡착식 폭탄을 몰래 설치했고 기관총과 수류탄으로 가능한 한 많은 피해를 입혔다. 비행장이 순식간에 쑥대밭이 된 후 그들은 아무 일 없었다는 듯 적진을 빠져나와 장거리 사막 정찰대와 합류해 기지로 복귀했다. 1942년 초, SAS가 자체 운송 수단을 마련하기 전까지 장거리 사막 정찰대는 SAS를 적진 깊숙이 태워다 주고, 임무를 마친 그들을 다시 이집트로 데려오는 '수송 임무'를 계속 맡았다. SAS는 이러한 지원을 높이 평가하며 장거리 사막 정찰대를 "리비아 사막에서 운행하는 택시 서비스"라고 불렀다. 이어 1942년 3월부터 7월까지, 장거리 사막 정찰대는 리비아의 트리폴리와 벵가지Benghazi

사이를 잇는 추축군 주요 이동 경로를 감시하는 임무도 수행했다. 3개의 정찰대가 약 열흘 간격으로 교대하며 작전에 투입되었고, 사막색 위장막과 덤불을 이용해 차량과 병력을 철저히 숨겼다. 저녁이 되면 도로 30m 이내까지 은밀히 접근해 적군의 움직임을 세밀하게 관찰하기도 했다. 하루 종일 같은 위치에서 같은 자세로 적의 동태를 살피는 일에는 상당한 인내심이 필요했다. 그러나 정찰대는 추축군의 차량 이동, 전차 배치 등 모든 정보를 실시간으로 상부에 보고했고, 대규모 병력 이동이 포착되면 즉시 카이로의 중동군 사령부에 경고를 보냈다. 당시 영국군에게 장거리 사막 정찰대는 북아프리카 전선에서 '천 리 앞을 내다보는 눈과 귀'나 다름없었다. 특히 1942년 중반, 영국군이 계속 밀리던 시기에는 그 존재 가치가 더욱 빛났다.

1942년 6월 말, 영국군의 요새였던 토브룩Tobruk이 독일군에게 함락됐다. 영국군은 동쪽으로 후퇴하기 시작했고, 그 과정에서 9월에는 추축군의 통신선과 비행장을 한 번에 타격하려는 특공 작전이 계획되었다. 장거리 사막 정찰대가 맡은 목표는 벵가지 북동부에 있는 바르세Barce의 이탈리아군 비행장과 그 부속 시설이었다. 작전에는 정찰대 B전대가 투입됐으며 17대의 차량에 47명의 병력이 참여했다. 바르세의 이탈리아군은 장갑차, 포병 부대, 그리고 3개 이상의 폭격기 및 전투기 전대를 보유하고 있었다. 영국군의 목적은 이곳을 공격해 이집트로 진격하는 추축군에 대한 압박을 더는 것이었다. 정찰대는 이집트 기지에서 출발해 1,850km 거리의 사막을 은밀히 횡단했고, 11일 만에 목표지에 도착했다. 이들은 2개 부대로 나뉘었다. 비행장을 직접 공격하는 T1부대와 퇴로를 확보하기 위해 주변 이탈리아군 부대를 공격하는 G1부대였다. 정찰대는 자신들이 발각되지 않고 이동했다고 생각했지만, 사실 이탈리아군은 항공 정찰로 그들의 움직임을 파악하고 이미 방어 준비를 하고 있었다. 게다가 이동 중 일부 차량이 파손되었는데, 하필이면 그 안에 노획한 20*mm* 브레다Breda 기관포가 실려 있었다. 강력한 화기를 잃은 것은 아쉬웠지만, 이런 예기치 못한 문제는 작전에서 늘 발생하는 일이었다. 어둠이 내린 밤 11시, 정찰대는 모든 전방 라이트를 켜고 추축군 차량인 척 하며 대담하게 전진했다. 이동 중 이탈리아군의 소형 L3 탱켓Tankette 을 발견하자 기관총 사격을 퍼부어 무력화시켰다. 한편 T1부대는 메인 도로를 따라 비행장으로 진입했다. 그리고 보초를 빠르게 제압한 뒤 유조 트럭을 파괴해 활주로 일대를 거대한 불바다로 만들었다. 이탈리아군은 영국군의 공격을 예상했지만, 정면 도로로 진입할 것이라고는 생각하지 못했다. 이때부터 장거리 사막 정찰대의 '야간 불꽃 파티'가 시작됐다. 차량에 실린 모든 화기를 총동원해, 보이는 전투기와 폭격기를 닥치는 대로 파괴했던 것이다. 일부 대원은 차량에서 내려 비행기 주유구에 인화성 시한 폭탄을 부착했다. 1시간 동안의 파괴 작전에서 부상자는 한 명도 없었고, 차량 손실도 없었다. 영국군 보고서에 따르면 이 작전으로 파괴된 이탈리아 항공기는 총 32대에 달했다. 공격 후 부대들은 집결지에서 재정비했고, 그 시점에서 파손 차량은 4대뿐이었다. 그러나 분노한 이탈리아군이 귀환로 곳곳에 매복해 공중과 육상에서 추격하기 시작했다. 결국 이집트 기지까지 돌아온 차량은 3대뿐이었고, 8명이 부상했으며 10명이 포로로 잡혔다. 뼈아픈 손실이었지만 이 작전은 추축군 배후에서 카운

터펀치를 날리며 엄청난 혼란을 초래했다. 당시 영국군은 이탈리아군을 상대로 총 4차례의 유사한 특공 작전을 벌였는데, 유일하게 성공을 거둔 것은 장거리 사막 정찰대의 작전이었다. 이 타격은 2달 뒤 영국군이 엘 알라메인 전투에서 반격해 승리하는 데 크게 기여했다.

사막의 바다를 떠나다

뉴질랜드 파파쿠라에 있는 장거리 사막 정찰대 기념비.

1943년이 되자 북아프리카 전역의 전세는 확실히 연합군 쪽으로 기울기 시작했다. 동쪽에서는 이집트의 영국군이 추축군을 몰아붙였고, 서쪽에서는 알제리에 상륙한 미군이 동쪽으로 진격했다. 전투 경험이 거의 없었던 미군은 초반에 다소 고전했지만 전투를 통해 귀중한 경험을 쌓아 곧 적군을 압도하기 시작했다. 마침내 5월

13일, 튀니지에서 추축군 23만 명이 연합군에 항복하며 아프리카 전선의 전투는 종지부를 찍었다. 이제 전장은 유럽으로 옮겨갔다.

1943년 5월 말, 장거리 사막 정찰대는 튀르키예 앞바다에 있는 그리스의 레로스Leros 섬으로 파견됐다. 섬을 점령한 후 방어 임무를 수행하던 중, 9월에 독일군 공수부대가 낙하산 침공을 감행했다. 이 중에는 독일 특수부대인 브란덴부르거(11장) 부대 일부도 포함돼 있었다. 장거리 사막 정찰대는 치열하게 맞섰으나, 의외로 압도적인 독일 공군의 화력을 견디지 못하고 철수할 수밖에 없었다. 잠시 기존 부대로 복귀했던 대원들은 곧 새로운 특수 임무를 부여받고 다시 모였다. 이번 활동 무대는 발칸반도의 유고슬라비아였다. 부대는 다시 2개 전대와 그 산하 8개의 정찰대로 재편되었으며, 이번에는 기존 주축이었던 뉴질랜드 전대가 빠지고 영국과 로디지아 전대만 참여했다. 정찰대원들은 사막에서 익힌 침투 기술을 살려 낙하산을 타고 적진 깊숙이 침투했다. 현지의 파르티잔과 대독 저항 세력과 접선해 철도와 교량 파괴 공작을 펼치기도 했다. 이들의 목표는 특히 세르비아 지역의 독일군 보급망을 붕괴시키는 것이었다. 또한 크로아티아 앞 아드리아해 연안의 여러 섬에도 은밀히 잠입해 연합군과 연락망을 유지하고, 폭격 및 공격 목표에 대한 정보를 제공하여 적의 거점을 파괴하는 데 기여했다. 이처럼 전쟁의 남은 기간 동안 장거리 사막 정찰대는 더 이상 사막이 아닌 유럽 각지에서 유사한 임무를 수행하게 되었다. 그리고 1945년 5월 8일, 마침내 유럽에서 전쟁이 끝났다. 런던 피카딜리 광장에는 수많은 영국 시민이 모여 승전을 축하했고, 그와 동시에 장거리 사막 정찰대는 공식적으로 해산됐다.

추축군의 입장에서 장거리 사막 정찰대는 마치 끝없는 바다에서 상선을 약탈하는 해적과 같은 존재였다. 병력 규모는 작았지만, 언제 어디서 나타나 공격할지 몰라 늘 긴장을 늦출 수 없게 만드는 두렵고도 성가신 상대였기 때문이다. 그 '사막의 해적'은 광활한 모래바다를 마음껏 누볐고, 단순히 상선을 약탈하는 데 그치지 않고 마침내 그 배와 선단을 침몰시키는 데까지 나아갔다.

5부.
최후의 몸부림

전쟁은 인간의 가장 추악하고 잔인한 모습을 여과 없이 드러낸다. 패배가 눈앞에 다가온 마지막 순간, 기존에는 상상조차 하지 못했던 방식을 도입해 전황을 뒤집으려 하지만 그 결과가 달라지는 경우는 거의 없다. 결국 자국민이나 자기 편을 이런 극한 상황에 몰아넣은 이들의 최후는 대개 불행했고, 그들이 죽음으로 몰아넣은 사람들의 마지막은 더욱 비참했다.

13장

한트샤르

알라를 믿었던 히틀러의 무슬림 전사들

무장 친위대 소속 무슬림 병사들(1943~1945)

고유의 페즈(모자)를 착용한 한트샤르 병사들과 부대 마크.
© Bundesarchiv, Bild 146-1973-116-11 / CC-BY-SA 3.0

"나는 우리에 대한 보스니아 무슬림의 충성심을 조금도 의심하지
않는다. 그들은 1차 세계대전 때 그들의 아버지가 그랬듯
이번에도 충실한 우리 편이 될 것이다."

하인리히 힘러(한트샤르를 창설한 나치 친위대 수장)

1948년 12월, 『팔레스타인 포스트』(현 『예루살렘 포스트』) 기자 에밀리오 트라우브너Emilio Traubner는 지중해 연안 야파Jaffa 인근에서 취재 중이었다. 날씨는 맑고 청명했지만, 이곳은 불과 7개월 전 이르군 Irgun(1931~1948년 활동한 팔레스타인 내 강경 시온주의 유대인 무장단체)과 아랍군 사이에서 격렬한 전투가 벌어졌던 곳이었다. 마을 건물 대부분은 폐허가 되었고, 부서진 가재도구와 탄피가 사방에 널려 있어 전투의 흔적이 여전히 생생했다. 인적이 드문 마을을 걷던 트라우브너는 한 아랍인의 대저택에 들어섰고, 집 안을 둘러보다가 작고 때묻은 노트 한 권을 발견했다. 그것은 한 사람의 일기장이었는데, 뜻밖에도 세르보-크로아티아어Serbo-Croatian로 쓰여 있었다. 마침 크로아티아 출신 유대인이었던 그는 곧바로 일기를 읽기 시작했다. 일기의 주인공은 '유수프 베고비치'라는, 사라예보 인근에 살던 보스니아 무슬림이었다. 일기에 따르면 그는 군 복무를 위해 팔레스타인에 파견되었고, 그곳에서 취사병으로 일하며 아랍 전사들에게 식사를 제공했다. 동시에 무슬림 전투원으로서 유대인에 맞선 '지하드Jihad'(이슬람이 이교도와 벌이는 투쟁)에도 참여했다. 더 놀라운 내용은 따로 있었다. 베고비치는 자신과 같은 보스니아인들이 무려 수천 명에 달한다고 기록했다. 중동 팔레스타인 땅에, 그것도 유럽 출신 보스니아인 수천 명이라니? 언뜻 어울리지 않는 이 조합은 트라우브너의 호기심을 강하게 자극했다. 도대체 무슨 이유로, 유럽에 살던 수천 명의 보스니아인들이 머나먼 팔레스타인까지 와서 싸우게 된 것일까? 그 해답은 2차 세계대전 전후의 복잡한 국제 정세와 그들의 종교인 이슬람이 얽힌 결과에 있었다. 그리고 이 기묘한 이야기는 5년 전인

1943년으로 거슬러 올라간다.

가장 '독일스럽지' 않은 독일군 부대의 창설

1942년 말에서 1943년 초, 나
치 지도부 고위층은 복잡하고도
불리한 상황에 직면해 있었다. 소
련의 동부 전선에서는 독일군이
스탈린그라드에서 포위되어 전멸
위기에 처했고, 북아프리카의 엘
알라메인 전투에서는 영국군에게
패해 후퇴 중이었다. 그러나 유럽
대륙, 그중에서도 발칸반도의 유
고슬라비아에서는 또 다른 양상이

나치 친위대의 수장인 하인리히 힘러.
© Bundesarchiv, Bild 183-R99621
/ CC-BY-SA 3.0

펼쳐지고 있었다. 독일군이 그곳을 점령하고 있기는 했지만, 그들은
마음 놓고 활동할 수 없었다. 발칸반도의 가파른 산악 지형은 무수
한 은신처를 제공했고, 이곳에는 공산주의 계열의 파르티잔과 세르
비아계 우파 민족주의 세력인 체트닉Chetnik 등 다양한 반독 게릴라
조직이 활동하고 있었다. 게릴라 문제 외에도 유고슬라비아 자체가
다양한 민족과 종교가 얽힌 지역이었다. 러시아 정교를 믿는 세르비
아인, 가톨릭의 크로아티아인, 이슬람교를 믿는 보스니아인 사이에
는 극심한 반목이 들끓었다. 특히 보스니아 전역을 포함하는 크로아
티아에는 극우 정치가 안테 파벨리치Ante Pavelić가 이끄는 추축국 괴

뢰국이 세워져 있었다. 문제는 지역 게릴라의 힘이 크다 보니 스스로 치안을 유지하는 데 다른 지역보다 더욱 애를 먹고 있다는 것이었다. 보스니아인의 상당수는 과거 오스만제국 지배 시절 이슬람으로 개종했으며, 이 때문에 이웃한 세르비아인이나 크로아티아인과 빈번한 충돌을 겪고 있었다. 당시 크로아티아 괴뢰국의 인구 구성은 630만 명 중 크로아티아인이 330만 명(52%), 세르비아인이 193만 명(31%), 보스니아 무슬림이 70만 명(11%)이었다. 세르비아인들은 독일과 협력하는 크로아티아인들을 증오했고, 크로아티아인들역시 과거 '유고슬라비아의 주인' 행세를 하던 세르비아인을 미워했다. 특히 우스타샤Ustaša(크로아티아 괴뢰국의 집권 극우 파시스트 정당) 소속 병사들은 세르비아인에 대해 극도로 잔혹한 테러를 자행했다. 그들의 정책은 세르비아인 3분의 1을 추방하고 3분의 1을 가톨릭으로 강제 개종시키며, 나머지 3분의 1은 학살하는 것이었다. 또한 두 민족 모두 보스니아 무슬림을 이질적인 존재로 여기며 수시로 박해와 학살을 가했다. 이렇게 서로 죽고 죽이는 인종 청소가 일상처럼 벌어졌으며, 파르티잔과 체트닉은 독일군과 싸우기 전 서로 전투를 벌이기도 했다. 이처럼 다양한 갈등이 얽히고설켜 있어서 당시 유고슬라비아의 상황은 도저히 풀 수 없는 실타래처럼 복잡했다. 독일 역시 불안정한 점령 상태에서 현지 치안을 유지하고, 자신들을 공격하는 게릴라를 소탕해야 하는 이중의 부담을 안고 있었다. 소련과 북아프리카 전선이 긴박해지면서 발칸반도에 독일군을 추가로 투입하는 것은 사실상 어려웠다. 바로 이런 상황 속에서, 과거라면 상상도 못 할 계획이 서서히 구체화되기 시작했다.

나치 독일의 무장 친위대와 비밀경찰 게슈타포의 수장이었던 하인리히 힘러는 유고슬라비아의 복잡한 정세를 주시하던 중, 인구도 적고 박해를 받던 크로아티아 내 보스니아계 무슬림에 눈길을 돌렸다. 힘러의 판단에 따르면 이들은 세르비아인과 크로아티아인에게 오랫동안 박해를 받아 분노가 쌓여 있었고, 그 분노를 표출할 기회를 찾고 있었다. 그는 이 분노를 파르티잔이나 체트닉 같은 게릴라 세력에 돌리면 어떨까 하는 생각을 품었는데, 이 아이디어는 단순히 '박해받는 보스니아 무슬림'의 처지만을 고려해서 나온 것은 아니었다. 1차 세계대전 전후 보스니아를 지배했던 오스트리아-헝가리 제국은 보스니아 무슬림만으로 이루어진 전투 부대를 운용한 적이 있었다. 이 부대는 오스트리아-헝가리군이 참전한 거의 모든 전선에 투입되어 뛰어난 전투 능력과 엄격한 훈련, 규율로 높은 평가를 받았다. 게다가 힘러 자신도 이슬람이라는 종교에 관심이 있었고, 적어도 '전사'로서 이들의 용맹을 높게 평가했다. 문제는 나치 이데올로기와 이슬람이라는 종교가 어울리지 않는다는 점이었다. 무엇보다 보스니아 무슬림은 인종적으로 독일인이 아니었다. '금발과 벽안의 순수 게르만계가 아니면 받아들이지 않는다'는 강박에 가까운 기준을 세웠던 힘러가 이슬람 전사들을 무장 친위대에 편입한다는 발상은 상당한 내부 반발을 불러왔다. 그런데도 힘러는 특유의 자의적 해석으로 이를 정당화했다. 보스니아 무슬림이 결코 열등한 슬라브족이 아니며, 고대 아리아인과 고트족의 후손으로 현대의 페르시아(이란)인과 같은 뿌리를 지녔다고 주장한 것이다. 1942년 12월, 힘러는 보스니아 무슬림을 무장 친위대에 편입시키는 계획을 세워 히틀러에게 보고했다. 그는 이 부대가 편성되면 보스니아 북동부에 출몰하는 공산주의자 요시프 브로즈 티토의 파르티잔을 전담해 소탕할 수 있다고 강조했다. 처음에는 주저하던 히틀러도 전황이 더욱 악화된 1943년 2월 결국 이 계획을 승인했다. 그리하여 독일군 중에서도 가장 '게르만적'이고 엘리트로 평가받던 무장 친위대 안에, 아이러니하게도 '지극히 비非독일적인' 최초의 이슬람 부대가 창설되었다.

이슬람 전사를 모으다

한트샤르 병사들을 사열하는 이슬람 성직자, 하지 아민 알 후세이니.

최초의 비독일계 무장 친위대를 모집하는 임무는 유고슬라비아에 주둔하던 제7무장친위대 사단, '프린츠 오이겐Prinz Eugen'의 사단장

아르투어 플렙스Artur Phleps가 맡았다. 그는 먼저 크로아티아 괴뢰정부와 협상 테이블에 앉아 새 부대 창설에 필요한 기본 조건을 조율했다. 크로아티아의 수장 안테 파벨리치Ante Pavelić는 자신의 정치 세력인 우스타샤의 존재감을 대외적으로 드러내고 싶어 했으므로, 부대 이름에 '우스타샤'를 포함시키고 병사들이 크로아티아군 군복을 입기를 원했다. 또한 주력을 보스니아 무슬림이 아니라 크로아티아계 가톨릭 병사로 구성하고 싶다고 독일 측에 제안했다. 심지어 독일이 동의만 하면 즉시 6,000명의 우스타샤 대원을 보내겠다고까지 약속했다. 동시에 파벨리치는 보스니아 무슬림 중심의 부대가 탄생할 경우 자칫 '보스니아 독립 운동'과 결합될 가능성을 크게 경계하여 독일 측에 이러한 우려를 전달했다. 독일이 파벨리치의 제안을 전부 수용한 것은 아니었지만 적어도 그의 우려를 의식해 부대 이름 앞에 '크로아티아'라는 단어를 붙였다. 결국 공식 명칭은 '제13 무장친위대 산악사단 한트샤르13th Waffen Mountain Division of the SS Handschar' 혹은 '크로아티아 제1사단'으로 결정되었다. 여기서 '한트샤르'는 오스만튀르크 시대 경찰이 사용하던 전투용 곡도曲刀를 뜻한다.

1943년 3월, 독일군은 18일 동안 보스니아 전역 11개 지역을 돌며 대대적인 모병 캠페인을 벌였다. 그러나 현실은 쉽지 않았다. 모집 성과가 부진하자 나치는 팔레스타인 출신으로 베를린에 망명 중이던 반영反英 성향의 이슬람 율법학자, 하지 아민 알 후세이니Haj Amin al-Husseini에게 도움을 청했다. 영국과 유대인에 강한 반감을 지닌 알 후세이니는 즉시 자그레브와 사라예보를 비롯한 여러 도시를 방문해 병사 모집에 나섰다. 특히 사라예보의 모스크에서 연설할 때 그는 보스니아인들을 "나침반 없이 방랑하는 불운한 민족"이라고 묘사했고, 청중들은 눈물을 흘리며 공감했다. 그는 "입대 목적이 곧 보스니아 무슬림 보호"라고 공개적으로 말해 무슬림들의 가슴에 직접 호소했다. 이 발언은 보스니아인과 크로아티아인 사이의 갈등을 인정하는 셈이었기에, 가톨릭 크로아티아계 괴뢰정부 관리들을 곤혹스럽게 만들었다.

그럼에도 불구하고 모병 성과는 기대에 미치지 못해 최종적으로 약 8,000명에 그쳤다. 결국 나치는 가톨릭 크로아티아인까지 모집 범위를 넓혔다. 이후 인원은 점차 채워져 최종적으로 26,000명 규모가 되었다. 이 중 23,200명은 보스니아 무슬림이었으며, 알 후세이니가 알바니아까지 직접 가서 설득한 덕분에 1,000명의 알바니아 무슬림이 추가로 합류했다. 나머지 2,800명은 크로아티아 가톨릭 병사였다. 부사관과 병사 대부분은 비독일인이었고, 장교는 거의 전적으로 독일인이었다. 의사소통을 원활히 하기 위해 세르보-크로아티아어가 가능한 발칸 출신의 '현지 독일인Volksdeutsche'도 많이 모병되었다. 한편 본토 독일인들은 자신들을 더 '순수'하고 '우월'한 독일인으로 여겨 같은 독일계 내부에서도 정서적 갈등이 있었다. 부대에는 대대 단위로 무슬림 사제 이맘Imam이 배치되었고, 가톨릭 크로아티아 병사들을 위한 군종 신부도 있었다. 병사들은 오스만튀르크 시절부터 전해진 붉은색 페즈Fez를 전투모로 착용했는데, 이것이 훗날 한트샤르 부대의 상징이 되었다. 군복 왼쪽과 철모에는 크로아티아 특유의 붉은색 체스판 무늬 마크가 달렸다. 이후 부대원들은 보스니아나 독일이 아닌 프랑스 리옹Lyon 남부로 이동해 6개월 동안 정규

군사 훈련을 받게 되었다.

1943년 8월, 한트샤르 부대는 새로운 지휘관을 맞이했다. 1차 세계대전에서 한쪽 눈을 잃었던 칼 구스타프 자우버츠바이히Karl-Gustav Sauberzweig 대령이었다. 전쟁 초기 서유럽 곳곳에서 용맹을 떨친 그는 타고난 용기와 뛰어난 리더십을 인정받았고, 무슬림 부대를 이끄는 임무를 위해 국방군에서 무장친위대로 전출된 인물이었다. 세르보-크로아티아어를 한 마디도 못했지만 자우버츠바이히는 특유의 친화력과 결단력으로 곧 병사들의 신뢰를 얻었다. 그는 이슬람 관습을 존중해 병사들 앞에서는 술과 돼지고기를 삼갔고, 이는 보스니아인 병사들의 마음을 사로잡았다. 당시 훈련지였던 프랑스에서 많은 병사들은 전등과 실내 화장실을 처음 보며 놀라워했는데, 자우버츠바이히는 이런 20세 전후의 풋풋한 젊은이들을 자식처럼 챙겼다. 이렇듯 사단장과 병사들 사이의 관계는 좋았지만, 부대 안에는 처음부터 독일군에 침투하려고 입대한 파르티잔 출신 병사들이 있었다. 그들은 정보를 빼내고, 나아가 부대 내 반란을 일으키려는 의도를 품고 있었다. 1943년 9월 16일, 남프랑스 빌레프랑슈Villefranche 훈련장에서 마침내 파르티잔 병사들에게 그 기회가 왔다. 정찰대대 소속 파르티잔 출신 병사 4명이 반란을 일으켜 동료 보스니아인과 크로아티아 병사들을 설득해 대규모 반독일 투쟁을 시도했던 것이다. 이 과정에서 몇몇 독일군을 포로로 잡았고 그중 5명을 살해했다. 주동자가 적었기에 반란은 곧 진압되었지만, 사건을 지켜본 나치는 다른 병사들 가운데서도 비슷한 불순분자가 있을 것이라 확신했다. 즉시 색출 작업이 시작되었고, 그 결과 보스니아 출신 825명이 '충성심을 믿을 수 없는 인물'로 분류되어 전출되었다. 이들은 전투 부대가 아닌 건설 및 노동 부대로 보내졌으며, 이를 거부한 200여 명은 죄수 신분으로 강제수용소에 이송되었다.

그 후 한트샤르 부대는 동부 독일 슐레지엔의 노이하머Neuhammer로 이동해 나머지 훈련을 마쳤다. 그리고 마침내 1944년 2월 15일, 고향 유고슬라비아로 향하라는 명령이 떨어졌다. 그러나 반란 사건 이후였던 탓에 장교와 부사관 수는 여전히 크게 부족했다. 나치는 부대의 귀환을 위해 전국에서 열차를 모아 무려 93량을 확보했다. 귀환 여정은 7일이 걸렸으며, 파르티잔의 공격을 피하기 위해 열차는 느리게 이동했다. 실제로 열차가 폭발물 공격을 받는 일까지 있었다. 그러나 긴장 속에서도 보스니아 병사들의 마음은 설렘으로 가득했다. 고향으로 돌아가 파르티잔과 세르비아인들의 위협에서 동족을 지키고자 하는 열망이 그들을 들뜨게 했던 것이다. 이제, 고향에서의 본격적인 전투가 눈앞에 다가와 있었다.

고향에서 싸우다

한트샤르 병사들에게 주어진 임무는 크로아티아 동부와 보스니아 북동부, 즉 사바Sava, 스프레사Spreča, 드리나Drina 강 사이의 약 $60km$ ×$100km$ 구역을 지키는 일이었다. 독일군은 이곳을 '보안 구역'이라 불렀는데, 겉으로는 크로아티아 괴뢰국의 영토였지만 실제로는 파르티잔 지도자 티토의 세력이 장악한 지역이었기 때문이다. 이 일대는 북쪽으로 헝가리와 맞닿은 전통적인 유럽의 곡창지대였으며, 독일계 이주민들도 상당수 거주하고 있었다. 나치 입장에서 이곳은 곡물 생산뿐 아니라 독일계 주민 보호를 위해서라도 반드시 안정시켜야 하는 전략적 요충지였다. 부대는 동부 크로아티아의 빈코비치 Vinkovci에 사단 사령부를 두고 작전에 대비했다. 1944년 3월, 한트샤르는 마침내 첫 실전에 돌입했다. 3월 9일부터 시작된 작전에서 이들은 자그레브와 베오그라드를 잇는 철도를 보호하고, 파르티잔의 주요 거점인 보수트 숲과 사바 강 일대에서 소탕 작전을 벌였다. 사단 규모의 독일군이 들어온 것을 확인한 파르티잔은 정면 충돌을 피하며 서남부 보스니아 쪽으로 점차 물러났다. 이 과정에서 부대장 자우버츠바이히는 500명 이상의 파르티잔을 사살했다고 보고했다. 부대가 사바 강을 건너 보스니아 북동부로 진입하자, 병사들은 마치 조국을 해방하러 돌아온 군대라도 된 듯 들떠 있었다. 그러나 전투

전투 중 산악에서 물자를 이동하는 한트샤르 부대원들(1944년).

가 이어지면서 상황은 달라졌다. 한트샤르 병사들은 파르티잔을 돕는 민간인들(사실 티토의 파르티잔 부대에도 1만 명 가량의 무슬림들이 있었다)과 세르비아인들을 마주할 때 점점 폭력적으로 변했다. 수백 명의 민간인이 학살당했으며 그 방식은 잔혹하기 이를 데 없었다. 총을 쓰지 않고 대검으로 찌르거나 개머리판으로 가격했고, 심지어 산 채로 불태우는 경우도 있었다. 전쟁의 온갖 상황에 단련된 나치 장교들조차 경악할 정도였다. 투즐라 인근에서는 진지 구축을 위해 강제노동에 동원된 유대인들을 감시하던 중 사소한 실수를 빌미로 집단 학살을 벌이는 일도 있었다. 전투 초기의 들뜸은 온데간데없이 사라지고, 부대의 잔혹성이 점차 노골적으로 드러나고 있었다.

1944년 4월, 한트샤르 사단은 '부활절 계란 작전Operation Osterei'을 감행했다. 이 작전으로 파르티잔의 대규모 부대가 주둔하던 마예비차 산 일대를 공격해 380명을 사살하고 200명 이상을 포로로 잡는 성과를 거두었다. 5월이 되자 독일군은 파르티잔을 완전히 몰아내기 위해 전쟁 중 유럽에서 벌어진 최대 규모의 게릴라 소탕전, '5월의 나무 작전Operation Maibaum'을 계획했다. 독일군은 작전을 위해 제7무장친위대 사단 '프린츠 오이겐'과 한트샤르가 포함된 무장친위대 제5산악군단을 동원했고 파르티잔에 반대하는(동시에 보스니아 무슬림에도 적대적인) 우익 체트닉 게릴라까지 투입했다. 목표는 파르티잔 제3군단이 드리나 강을 건너 세르비아로 후퇴하는 것을 차단하는 것이었다. 한트샤르는 보스니아 동부로 진입해 몇몇 마을에서 사단 규모의 파르티잔과 맞붙었고, 비록 잠깐이지만 소속 제28연대 일부가 포위될 정도로 치열한 전투를 벌였다. 그러나 비정규군인 파르티잔은 압도적인 독일군 전력을 막기 어려웠고, 패주 끝에 부대가 양분되었다. 결국 독일군은 파르티잔을 약화시키고 보스니아에 묶어두는 전략적 목표를 달성했다.

궁지에 몰린 파르티잔 지도자 티토는 5월 말 이후 반격을 준비했다. 그는 3개 사단 규모의 병력을 세 갈래로 나누어 북쪽 드리나 강을 향해 공격하려 했다. 이를 감지한 독일군은 '보름달 작전 Operation Vollmond'으로 선제 타격을 하기로 했다. 독일군은 파르티잔의 전투력이 그다지 강하다고 생각하지 않았다. 하지만 6월 7일부터 벌어진 전투는 독일군의 예상을 크게 벗어났다. 파르티잔 부대가 로파르Lopare에서 대부분 신병이었던 한트샤르 제28연대 1대대와 이들을 지원하는 포병대를 궤멸시켰던 것이다. 더욱 충격적인 것은, 전투 후 파르티잔이 전사한 독일군의 시신을 절단하고 훼손했다는 목격담이었다. 이 소식은 독일군과 한트샤르 병사들을 극도로 분노하게 만들었고, 전투는 피비린내 나는 혈투로 변했다. 독일군의 최종 보고서에 따르면 파르티잔 1,500명 이상이 사살되고 탄약 9만 발이 노획되었다. 그러나 독일군(한트샤르)도 300명 이상이 전사 또는 실종되고 500명 이상이 부상당하는 손실을 입었다. 이후 제27연대장이던 데시데리우스 함펠Desiderius Hampel이 새로운 사단장으로 부임했다. 그리고 독일군은 그간의 전투들을 보며 보스니아 무슬림의 '쓸모'를 인정했고, 두 번째 무슬림 부대를 창설하기로 했다. 6월, 무슬림 병사들로 구성된 제23무장친위대 사단 '카마Kama'가 헝가리에서 편성되었는데, 부대의 이름은 발칸반도에서 목동들이 쓰던 작은 단검에서 유래했다. 7월, 한트샤르는 파르티잔의 임시 비행장을 기습해 연합군의 보급품 투하를 저지했고, 이어 각지의 파르티잔 기지를 끊임없이 공격해 1944년 늦여름까지 900명 이상의 사망자를 냈다. 티토에게 이들 무슬림 병사들은 세르비아계 체트닉과 함께 악마같은 존재로 여겨졌다. 그러나 티토의 분노와 별개로 독일군 전세는 이미 급격하게 기울고 있었다. 파르티잔은 연합군의 항공 보급을 꾸준히 받으며 독일군과 한트샤르를 강하게 압박했다. 이때 멀리 북동쪽에서는 새로운 포성이 울리기 시작했다. 우크라이나와 루마니아를 해방한 소련군이 유고슬라비아를 향해 거침없이 진군하고 있었던 것이다.

기구한 운명

1944년 8월, 동쪽과 서쪽에서 동시에 협공을 받는 나치 독일의 운명은 이미 결정된 것이나 마찬가지였다. 이 무렵 티토는 한트샤르 병사들에게 탈영을 권유하며, 파르티잔에 합류하면 과거의 잘못을 묻지 않고 전원 받아들이겠다고 약속했다. 그 결과 9월 한 달 동안만 2,000명 이상의 보스니아계 병사들이 부대를 이탈했다. 이제 그들이 선택할 수 있는 길은 3가지였다. 티토의 파르티잔에 들어가거나, 극우 크로아티아 민족주의 조직인 우스타샤에 가담하거나, 아니면 고향 보스니아로 돌아가 숨어 지내는 것이었다. 실제로 한트샤르 병사 중 약 700명은 파르티잔에 합류했고, 독일군은 이를 크게 우려했다. 비록 현재는 보스니아인들이 같은 편이었지만, 언제 총부리를 독일군 쪽으로 돌릴지 알 수 없었기 때문이다. 이런 불안 속에서 독일군은 한트샤르 병사들을 크로아티아의 수도 자그레브로 옮겨 단순 경비 임무를 맡기려 했다. 그러나 '고향 보스니아를 떠난다'는 소식은 오히려 탈영을 부추겼다. 10월 20일, 소련군이 베오그라드를 점령하자 일부 보스니아 병사들은 이슬람 성직자를 중심으로 독일군에 반란을 일으켰다. 이에 보스니아인에게 배신당했다며 격노한 무장친위대 수장 하인리히 힘러는 즉시 그들의 무장을 해제하라고 명령했고, 결과적으로 보스니아계 병사의 70%가 무기를 빼앗겼다. 1944년 초, 전투에 막 투입되었을 때만 해도 한트샤르 사단은 대다수가 보스니아인으로 구성되어 있었으나 이 시점에는 독일인과 보스니아인이 절반씩 섞인 소규모 전투 부대로 축소된 상태였다. 부대는 제28연대장 한스 한케Hans Hanke 중령의 지휘 아래 3개 보병 대대와 1개 포병 대대 그리고 정찰대로 재편되었으며, '한케 전투단 Kampfgruppe Hanke'이라는 이름으로 불렸다. 이들의 새 임무는 세르비아를 점령하고 도나우 강을 넘어 서진하려는 소련군을 저지하는 것이었다. 11월 중순, 한케 전투단은 세르비아와 크로아티아의 경계 지역 바티나Batina에 투입됐다. 이곳을 흐르는 도나우 강은 길었고, 그들이 맡은 방어 구간은 더 길었다. 방어력을 집중할 수 없는 불리한 상황 속에서, 11월 20일 소련군은 도하를 위해 부교를 설치하고 3개 사단을 강 건너로 투입했다. 치열한 전투 끝에 한케 전투단은 막대한 피해를 입었고 처음 1,200명이던 병력은 200명만 남아 서쪽으로 후퇴했다. 잔존 병력은 11월 25일까지 자그레브에서 재집결한 뒤 다른 독일군 사단에 흡수되어 헝가리 남부로 이동했다. 이즈음 한트샤르는 더 이상 순수한 독일군 부대가 아니었고, 전선에서 흘러들어온 여러 집단의 패잔병들이 섞인 '잡다한 혼성 부대'가 되어 있었다.

해방된 베오그라드에 진입하는 소련군.

1945년이 되자 전황은 더욱 악화됐다. 독일군은 '헝가리의 바다'로 불리는 남부 발라톤 호수 주변에 마르가레테 방어선Margarethe Line을 구축하고 소련군과 대치하고 있었다. 3월에는 전쟁 말기의 마지막 독일군 공세인 '봄의 소생Frühlingserwachen, Operation Spring Awakening' 작전에 투입되기도 했지만, 소련군은 이를 우회해 오스트리아 빈을 점령하고자 북상했다. 이 시점에서 한트샤르 부대원들에게 남은 것은 '승리'가 아니라 '생존'이었다. 그들은 소련군보다는 조금이라도 관대한 대우를 기대할 수 있는 미군이나 영국군에 항복하기 위해 북서쪽 오스트리아를 향해 필사적으로 이동하기 시작했다. 북쪽의 슬로베니아를 거치며 소규모 전투가 이어졌고, 소련군의 야크Yak 전투기와 슈투르모빅Sturmovik 공격기가 끊임없이 기총소사를 퍼부었다.

운명의 5월이 찾아왔다. 5월 8일 독일이 항복하면서 유럽 전쟁은 공식적으로 끝났지만, 한트샤르 병사들에게 전쟁은 여전히 진행 중이었다. 남쪽 보스니아로의 귀환은 이미 불가능했다. 복수심에 불탄 파르티잔에게 붙잡힌 병사들이 집단 처형되고 있었기 때문이다. 마침내 5월 11일, 오스트리아 장크트 파이트Sankt Veit에서 영국군과 접촉한 이들은 무기를 내려놓았다. 포로들은 곧 기차에 실려 이탈리아 동북부 해안의 리미니Rimini로 이송됐다. 무장친위대 경력이 자신들을 위험에 빠뜨릴 수 있다고 판단한 일부 포로들은 왼팔 아래 새겨진 친위대의 혈액형 문신을 지우려고 필사적으로 노력했지만 모두 허사였다.

이후 학살 주동 혐의를 받은 한트샤르 소속 장교와 병사 38명이 전쟁 범죄로 유고슬라비아로 이송됐다. 전 사단장 자우버즈바이히 역시 이 명단에 포함되었으나, 강한 심리적 압박 속에서 조사를 받던 중 자살했다. 마지막 사단장이었던 함펠은 포로수용소에서 탈출해 독일과 오스트리아에 숨어 지내며 종전 이후까지 살아남았다. 1947년 8월, 보스니아 사라예보에서 열린 전쟁 범죄 재판에서 이들은 5,000명 이상의 세르비아인과 유대인을 살해한 혐의로 기소됐다. 재판 결과 10명이 사형을, 나머지는 5년에서 종신형까지의 금고형을 선고받았다. 그러나 전후 국제 정치의 변화로 대부분은 1952년 이전에 석방됐다. 재판을 받지 않은 많은 병사 출신 포로들과 그들과 함께 이동한 보스니아 난민들은 이탈리아 반도의 남쪽 끝 타란토Taranto의 수용소로 이감됐다. 신생 유고슬라비아의 지도자 티토는 이들을 전쟁 범죄자로 규정하고 즉각 송환을 요구했지만, 보스니아 전사들은 귀국 시 자신들의 운명을 잘 알고 있었기에 결코 돌아가려 하지 않았다. 이 와중에 벌어진 이스라엘과 아랍의 전쟁은 이들에게 전혀 뜻하지 않은 기회가 되었다. 같은 이슬람을 믿는 아랍 국가들, 특히 시리아와 이라크는 전투 경험이 풍부한 보스니아 전사들을 간절히 원했다. 당시 뉴스 보도에 따르면 시리아로만 약 3,500명의 보스니아 무슬림이 건너간 것으로 추정된다. 그들은 이제 막 창설된 아랍권 군대의 전투 교관이 되거나 직접 전투병으로 나서 이스라엘과의 전쟁에 참전했다. 그리고 이와 함께 기구한 그들의 운명은 또 한 번 새로운 전장 위에서 마침표를 찍게 되었다.

전후 강대국들의 이해관계 속에서 독자적인 국가를 세우지 못했던 보스니아는 유고슬라비아 연방이 해체되는 과정에서 1992년 3월, 마침내 독립을 선언했다. 그러나 한트샤르 부대에서 복무했던 이 기구한 운명의 사나이들은 고향 보스니아는 물론 다른 어느 곳에서도 크게 기억되지 않고 있다. 그들은 역사 속에서, 나치의 편에 서서 잔혹한 학살을 저지르고 종국에는 다수가 탈영하며 무너진 무장친위대의 한 부대로만 남았을 뿐이다. 지금의 보스니아는 다시 한 번 세르비아계와의 내부 갈등으로 어수선하다. 종교와 인종 등 오랜 세월에 걸쳐 쌓인 민족 간 반목과 갈등은 쉽게 치유되지 않고, 언제라도 다시 폭발할 수 있는 불씨로 남아 있다. 발칸의 땅에서, 과거처럼 이웃끼리 서로를 죽이고 죽였던 비극의 살육이 다시 반복되지 않기를 간절히 바란다.

14장

국민돌격대

최후의 일인까지 희생하라!

전쟁의 마지막 단계에서 동원된 독일 민간인들(1944~1945)

판처파우스트를 휴대한 국민돌격대와 이들이 팔에 둘렀던 피아 식별띠.
© Bundesarchiv, Bild 183-J31320 / CC-BY-SA 3.0

"적이 독일 영토에 발을 들이려는 곳이라면, 우리는 그 어디에서든
끊임없이 맞서 싸워야 한다. 무기를 들 수 있는 모든 독일인들은
전투에 나설 것을 촉구한다."

히틀러의 국민돌격대 포고령 중

나치의 선전 영화 〈콜베르크〉의 한 장면(독일 UFA 제작).

나치 독일의 선전상 요제프 괴벨스Paul Joseph Goebbels는 1944년, 전쟁으로 하루하루가 긴박하게 돌아가던 와중에도 한 편의 영화를 제작하는 데 거의 집착하다시피 매달렸다. 그 영화의 제목은 〈콜베르크Kolberg〉로, 동부 독일의 한 도시 이름에서 따온 것이었다. 배경은 독일인들에게 암울한 기억으로 남아 있던 나폴레옹 전쟁 시기였다. 영화의 줄거리는 이렇다. 나폴레옹의 프랑스군에 포위된 콜베르크가 시장과 시민들의 군건한 단결로 버티고, 마침내 포위를 뚫고 해방되며 기적적으로 승리를 거둔다는 이야기. 한눈에 봐도 선전 냄새가 짙게 풍기는 서사였다. 괴벨스가 여기에 심혈을 기울인 이유를 단순히 '선전 영화를 책임지는 장관으로서의 임무'라고만 볼 수도 있다. 그러나 이 영화가 받은 나치의 지원 수준을 보면 이야기는 달라진다. 감독은 괴벨스가 크게 만족했던 영화 〈유대인 쥐스Jud Süß〉를 만든 악명 높은 선동 영화의 귀재, 파이트 할란Veit Harlan이었다. 당시 드물었던 총천연색 필름으로 촬영됐고, 전시 상황임에도 무려 18만 7천 명이 넘는 엑스트라가 참여했다. 나폴레옹 시대의 군복과 장비가 새로 제작되었으며 제작비는 760만 라이히스마르크(오늘날 가치로 약 3,400만 유로, 한화로 550억 원에 달하는 금액)였다. 당시는 전쟁이 막바지로 치달으며 독일이 가장 심각한 위기를 맞고 있던 시기였다. 그런데도 '단 하나의 영화'에 이처럼 엄청난 인력과 자금을 쏟아부은 것은, 이 영화가 제3제국에게 단순한 오락물이 아니라 중요한 전략 프로젝트였음을 보여준다. 왜냐하면 〈콜베르크〉의 이야기는 더 이상 옛날이야기가 아니었기 때문이다. 연합군의 압도적인 공세로 독일 전역이 '20세기판 콜베르크'가 될 위기에 처해 있었고, 따라서 국민의 항전 의지를 극적으로 끌어올려야 했던 것이다. 결국 〈콜베르크〉는 '모두가 끝까지 버틴다면 승리할 수 있다'라는 비장하지만 긍정적인 메시지를 전하려 했다. 그러나 나치는 영화에서 멈추지 않았다. 이들은 최후의 한 사람까지 끌어 모아, 현실에서 '현대판 콜베르크'를 재현하려는 구체적이고도 잔혹한 계획을 세우기 시작했다.

제국의 종말

1944년 여름은 2차 세계대전 전체를 통틀어 독일에 가장 혹독한 시기였다. 지난 5년 동안 독일은 한때 유럽 대륙과 북아프리카, 그리고 대서양까지 장악하며 승승장구했지만, 1943년 중반 이후부터는 사방에서 몰려드는 적군에 밀려 후퇴를 거듭하고 있었다. 그리고 마침내 1944년 6월, 독일의 운명을 가를 2개의 거대한 사건이 연달아 터졌다. 서쪽에서는 미군과 영국군이 프랑스 노르망디에 상륙해 '유럽 제2전선'을 열었고, 동쪽에서는 소련군이 '바그라티온 작전

Operation Bagration'을 개시해 독일군의 핵심 전력인 중부집단군을 사실상 전멸시켰다. 이 작전에서 독일군 15만 명이 포로로 잡혔고, 그중 5만 7천 명은 모스크바에서 강제로 행진하며 소련 시민들에게 공개적으로 모욕을 당했다. 길가에 늘어선 모스크바 사람들은 분노를 감추지 못했고, 경비병들이 지켜보는 가운데서도 독일군 포로들에게 침을 뱉거나 심지어 주먹질을 하기도 했다. 연

1944년, 바그라티온 작전으로 소련군의 포로가 된 독일 병사들이 모스크바 시내에서 행진을 기다리고 있다.

합군의 진격은 동쪽과 서쪽에서 하루가 다르게 이어졌다. 8월에는 소련군이 폴란드 바르샤바 바로 근처까지 진출했고, 미군의 지원을 받은 자유 프랑스군이 8월 25일 파리를 해방시켰다. 이제 다음 목표가 어디인지는 누구나 알고 있었다. 바로 제3제국의 심장부, 독일 본토였다.

연합군 병사들은 자신들의 부대가 수도 베를린을 먼저 점령해 전쟁을 끝내겠다고 외치며 사기를 끌어올렸다. 이러한 외부의 압박에 더해 설상가상으로 7월 20일에는 슈타우펜베르크Claus von Stauffenberg 대령을 중심으로 히틀러 암살 시도가 벌어졌다. 이 사건은 독일 내부에서 나치에 대한 공개적인 저항이 폭발하기 시작했음을 보여주

었다. 한때 히틀러가 "천 년은 갈 것"이라고 호언했던 제국은 이제 서서히, 그러나 확실하게 종말을 향해 가고 있었다.

전황이 급격히 나빠지자 나치 지도부와 독일군 내부에서는 '국민 총동원'으로 마지막 한 방을 준비해야 한다는 목소리가 점점 커졌다. 사실 독일은 이미 1943년 2월, 스탈린그라드 전투에서 패배한 이후 국가 총력전 체제로 방향을 틀고 있었다. 이 전환의 중심에는 선전상 요제프 괴벨스가 있었다. 그는 사람들을 선동하고 사로잡는 악마적인 재능을 발휘해 베를린 스포츠 궁전에서 연설을 했다. 그 자리에서 그는 독일 국민들에게 가능한 모든 자원을 총동원해 전쟁을 수행하자고 호소했다. 이 연설 이후 독일이라는 '전쟁 기계'는 가동률을 최고로 끌어올리며 돌아가기 시작했다. 그러나 1년 반이 지난 1944년 중반, 전황은 오히려 더 악화됐다. 상황을 심각하게 여긴 독일군은 당장 필요한 병력을 최소 50개 사단 이상으로 추산했다. 하지만 정상적인 징집 방식으로는 병력을 채울 방법이 보이지 않았다. 이에 독일군은 우선 부대 편성을 조정했다. 전통적으로 9개 보병대대로 이루어진 보병사단을 6개 대대까지 줄인 것이다(사실 이런 임시편제는 1942년 이후에도 가끔 시행된 적이 있었다). 여기에 40세 이상으로 그간 징집 대상이 아니었던 일반인까지 새로 불러들였다. 또 함정과 전투기를 잃고 육상에서 대기하던 해군과 공군 병사들을 보병으로 전환시켰다. 이렇게 급하게 꾸린 부대에 나치는 '국민척탄병 Volksgrenadier'이라는 거창한 이름을 붙여 1944년 가을부터 전선에 투입했다. 병력 수는 여전히 부족했지만, 국민척탄병은 독일군 정식 사단의 일원으로 전방에서 싸웠다. 병력 감소로 약해진 화력은 자동

화기를 대량으로 투입해 보완하려 했다. 이 시기에 세계 최초의 실전형 자동돌격소총인 슈투름게베어 44Sturmgewehr44가 보급되면서, 기존의 볼트액션Bolt Action 방식 단발 소총인 Kar-98k를 대체했다. 또 휴대가 간편하고 전차를 효과적으로 파괴할 수 있는 대전차 무기 판처파우스트Panzerfaust도 보병 분대에 대량 보급됐다. 그나마 국민척탄병은 무기와 군복이 갖춰진 '정규군'이었다. 그러나 전황은 그 정도로 버틸 수 있는 상황이 아니었으니, 나치는 여기에서 멈추지 않고 한 발 더 나아가려 했다.

16세에서 60세까지

국민돌격대에 소집되어 행진하는 독일인들.
© Bundesarchiv, Bild 146-1971-033-15 / CC-BY-SA 3.0

연합군이 사방에서 밀려오며 독일의 패배가 거의 확실해졌지만, 총통 아돌프 히틀러는 끝까지 굴복할 생각이 없었다. 그의 머릿

속에서는 패배의 책임이 모두 자신을 배신한 무능한 독일인들에게 있었고, 그들은 스스로 그 대가를 치러야 했다. 이제 그는 독일 국민을 마지막 한 사람까지 끌어내 전쟁에 내몰려 했다. 1944년 9월, 히틀러는 측근이자 비서인 마르틴 보어만Martin Bormann에게 최후의 전쟁 자원으로서 600만 명의 독일인을 추가로 징집하라는 명령을 내렸다. 이 징집 대상은 이미 국민척탄병에도 들어갈 수 없는, 그러나 여전히 거동이 가능한 모든 독일인 남성이었다. 성인과 미성년을 가리지도 않았다. 16세의 어린 히틀러 유겐트 단원들부터 1차 세계대전에 참전했던 60대 노병까지 포함됐다. 연령 폭은 무려 40년 이상으로, 1884년생부터 1928년생까지가 대상이었다. 총참모장 하인츠 구데리안Heinz Guderian 장군은 1813년 나폴레옹의 프랑스군과 싸웠던 프로이센 민병대를 떠올리며, 부대 이름을 '향토돌격대Landsturm'로 하자고 제안했다. 하지만 히틀러는 '전 독일 국민'이 대상이라는 점을 강조하며 '국민돌격대Volkssturm'라는 이름을 선택했다. 문자 그대로 전 국민을 전쟁에 동원하겠다는 뜻이었다. 이에 따라 당시 독일과 오스트리아 전역에 있던 41개의 관구에서 관구 지도자들이 행정적 동원 책임을 맡았다. 각 관구는 그 아래 행정 단위인 크라이스의 병력 동원을 책임졌다. 독일 제국 전역의 920개 크라이스가 모두 국민돌격대 소집 대상이었으며, 나치는 각 크라이스에서 최소 1개 대대 규모의 병력을, 그것도 '자신의 고향을 방어하는 병력'으로 제공할 수 있으리라 계산했다. 최종적으로 몇 명이 실제로 소집되었는지는 정확히 알 수 없지만, 히틀러가 지시한 600만 명에는 한참 못 미쳤음이 확실하다. 일부 여성들도 보조부대에 편성되어 의료 활동을 하거나 총기 사용을 배우기도 했다. 1944년 10월 18일, 친위대 수장 하인리히 힘러가 전국 라디오 방송을 통해 국민돌격대 창설을 공식적으로 선포했다. 이 날짜는 131년 전 라이프치히 전투에서 프로이센을 포함한 유럽 연합군이 나폴레옹을 무너뜨린 날이었지만, 1944년의 전황은 다시 독일에게 승리를 약속해 주지 않았다.

아직 각 지역별로 얼마나 소집해야 하는지조차 제대로 파악되지 않은 상황에서, 이들에게 입힐 옷과 쥐여줄 무기를 마련하는 일이 가장 큰 고민거리로 떠올랐다. 당시 나치는 정규군에 지급할 보급품조차 부족했기 때문이다. 군복의 경우, 경찰관이나 소방관 혹은 히틀러 유겐트처럼 이미 제복이 있는 사람들은 그대로 입고 나오면 되었지만, 많은 사람들은 기본적인 군복조차 배급받지 못했다. 문제는 이렇게 제대로 된 군복 없이 전선에 나가게 되면, 전투 중에 적군이 이들을 정규군이 아니라 게릴라나 테러분자로 오인할 수 있다는 점이었다. 그렇게 되면 이들은 국제법의 보호를 받지 못하고, 심지어 현장에서 즉결처형될 위험까지 있었다. 이에 대한 임시방편으로 '독일 국민돌격대Deutscher Volkssturm'라고 쓰인 완장이 대량 제작되어 모든 대원의 팔에 부착되었다. 일부 1차 세계대전 참전용사들은 당시 입던 군복을 그대로 꺼내 입었고, 운 좋게 국민돌격대 전용 군복과 계급장을 지급받은 경우도 있었다. 그러나 이 계급장이 악명 높은 친위대의 것과 비슷하게 생겨, 포로가 되었을 때 오히려 적군에게 친위대원으로 오해받아 더 가혹한 대우를 받는 사례도 있었다.

장비와 무기 사정은 더 열악했다. 철모가 턱없이 부족해 많은 대원이 그냥 개인 모자를 쓰고 나왔으며, 심지어 노획한 프랑스군의 아드리앙Adrian 헬멧을 쓰는 경우도 있었다. 총기 역시 상황은 비슷했다. 독일, 영국, 프랑스, 이탈리아, 벨기에, 소련 등 유럽 각국에서 쓰던 소총과 기관총이 마구잡이로 동원되었고, 그중 일부는 19세기산 구식 무기였다. 이런 무기들의 문제는 제각각 다른 구경의 탄약을 써야 한다는 점이었다. 보급하는 입장에서는 치명적인 골칫거리였다. 전쟁 말기의 심각한 물자 부족을 고려해 부품을 단순화한 'VG-1-5' 같은 저가형 기관단총이 개발되기도 했지만, 수량이 너무 적어 큰 도움이 되지는 못했다. 설령 운 좋게 총을 받았다 해도 30발 이상의 탄약을 지급받는 일은 거의 불가능했다. 그나마 상대적으로 꾸준히 공급된 무기는 '연합군 전차 킬러'로 불린 대전차 무기 판처파우스트였다. 이런 이유로 당시 국민돌격대 사진 속에는 판처파우스트를 들고 있는 대원들의 모습이 자주 등장한다. 하지만 판처파우스트를 제대로 쓰려면 적 전차에 30~50m까지 접근해야 했고, 발사 직후 적의 반격에 목숨을 잃을 위험이 매우 컸다.

국민돌격대 대원들은 소집되자마자 다른 독일군과 마찬가지로 히틀러에게 충성 맹세를 해야 했다. 당시 독일인들은 주 6일 근무를 하던 상황이었는데, 많은 이들이 국민돌격대 훈련을 위해 유일한 휴일이던 일요일마저 반납해야 했다. 일요일이면 대원들은 지역 일대에서 6시간 이내의 단거리 행군을 하거나 무기 사용법을 배우는 훈련에 나섰다. 그러나 실제로 무기를 직접 다뤄볼 기회를 얻는 사람은 극소수에 불과했다. 이런 상황에서 훌륭한 전투 성과를 기대하는 것은 처음부터 무리였다. 현실이 이렇다 보니 국민돌격대를 두고 독일 사회에서는 여러 블랙 유머가 쏟아져 나왔다. 그중 하나는 "국민돌격대야말로 독일의 가장 소중한 자원"이라는 것이었는데, 그 이유가 무척 신랄했다. 그들에게는 '금'(노인들의 금니), '은'(노인들의 백발), 그리고 '납'(전쟁 부상자들의 몸에 박힌 파편)이 많기 때문이라는 것이었다. 이 짧고 강렬한 농담이 당시 국민돌격대의 처지를 정확히 요약하고 있었다.

한편 국민돌격대원들의 각오와 태도는 싸우게 된 지역에 따라 극명하게 갈렸다. 서부 독일의 대원들은 가능한 한 전투를 피하고 싶어 했으며, 미군이나 영국군이 하루라도 빨리 와서 이 지긋지긋한 전쟁을 끝내주길 바랐다. 반면 동부 독일의 대원들은 상황이 달랐다. 다가오는 소련군의 위협 앞에서 가족과 이웃을 지켜야 한다는 절박한 사명감으로 똘똘 뭉쳤다. 지난 3년 반 동안 이어진 독일과 소련의 전쟁은 문자 그대로 '민족 말살의 전쟁'이었다. 독일이 소련을 침공하며 수많은 민간인을 학살했던 과거가 이제는 소련군의 복수라는 이름으로 독일 땅에서 되풀이될 상황에 놓인 것이다. 실제로 1944년 10월, 소련군이 동프로이센 접경 마을 네메스도르프 Nemmersdorf를 잠시 점령했을 때, 현지 주민들은 무차별적으로 살해당했고 여성들은 집단 성폭행을 당했다. 독일군이 반격해 마을을 되찾았을 때 그들이 목격한 광경은 그야말로 지옥이었다. 옷이 벗겨진 채 학살된 남녀 시신이 마을 곳곳에 나뒹굴고 있었던 것이다. 나치는 이 사건을 영상으로 제작해 전국에 퍼뜨렸고, 특히 동부 지역 독일인들이 이를 보고 경악해 많은 이들이 소련군을 피해 서쪽으로 필사적으로 달아났다. 이로 인해 동부 독일의 국민돌격대원들은 비록 자신을 희생하더라도 가족을 서쪽으로 피신시키겠다는 결의를 다졌다. 나치는 이런 분위기를 이용해 "승리 아니면 시베리아행!Sieg oder Sibirien!"이라는 자극적인 구호로 국민들을 선동했다.

1944년 11월 16일, 베를린에서는 괴벨스 주재로 국민돌격대의 사열 및 행진이 열렸다. 민간복과 군복이 뒤섞인 대원들이 우중충한 늦가을 날씨 속에서 무표정하게 브란덴부르크문을 지나갔다. 그들 가운데 웃는 얼굴은 단 한 명도 없었다. 자신들을 기다리는 운명이 얼마나 험난한지 이미 잘 알고 있었기 때문이었다.

결국 국민돌격대는 서부 지역에서 약 15만 명, 동부 지역에서 약 65만 명이 동원된 것으로 추정된다. 그리고 머지않아, 이들이 적과 맞닥뜨릴 시간이 다가오고 있었다.

지옥이 된 조국

1945년이 되자 독일 동부는 소련군에게 무자비하게 유린당하고 있었고, 미국과 영국군 역시 봄부터 라인 강을 건너 내륙으로 깊숙이 진군하고 있었다. 북부와 남부의 일부를 제외한 대부분의 지역이 이미 연합군의 손에 넘어갔으며, 4월이 되자 동부전선에서 독일이 지키고 있는 곳은 수도 베를린, 요새로 선포된 브레슬라우Breslau (현재 폴란드 브로츠와프), 그리고 발트해 연안의 쿠를란트Kurland 정도만 남게 되었다. 서방 연합군과 소련군은 사전에 수도 베를린을 소련군이 공격하기로 합의했기 때문에, 미군은 엘베 강 서쪽에서 진군을 멈췄다.

그리고 마침내 4월 16일, 소련군은 제3제국의 심장부를 향한 베를린 공세를 개시했다. 이 작전에는 게오르기 주코프Georgy Zhukov, 이반 코네프Ivan Konev, 콘스탄틴 로코소프스키Konstantin Rokossovsky 등이 지휘하는 3개의 전선군, 약 230만 명이 동원되어 나치를 끝장내겠다는 결의로 전진하고 있었다. 베를린 시내는 이미 극도의 혼란에 휩싸였다. 확인되지 않은 유언비어가 사방에 퍼졌고, 자살용 약을 구하려는 사람들과 유언을 남기거나 관련 공증을 받으려는 사람들이 몰려 약사와 변호사 들은 하루 종일 쉴 틈이 없었다. 도시 곳곳의 관청에서는 기밀 문서를 태우는 연기가 자욱하게 피어올랐다. 절망에 몰린 일부 시민들은 남아 있는 술을 약탈해 마시거나 무분별한 성적 방탕에 빠져 현실을 부정하려 했다. 그러나 아무리 눈을 돌리려 해도, 소련군은 거대한 포격과 함께 점점 가까이 다가오고 있었다. 독일은 77만 명의 병력을 동원해 이를 막으려 했고, 그중에는 정규군 사이에 섞여 싸우는 국민돌격대도 있었다. 남성들이 국민돌격대에 징집되자 집에 남은 여성들은 가족을 부양하기 위해 배급을 받거나 식량과 생필품을 구하러 다녀야 했다. 그러나 이 과정에서 많은 이들이 폭격과 포탄에 희생됐다. 그 시절의 베를린은 단테의 『신곡』에 묘사된 것처럼 사람들이 지옥불 속을 걸어 다니는 듯한 광경이었다.

4월 25일, 마침내 소련군은 베를린을 완전히 포위했고 도시는 거대한 감옥이 되었다. 시내의 전투는 건물 하나하나를 두고 벌이는 처절한 시가전으로 변했다. 이 과정에서 양측의 희생은 눈덩이처럼 불어났으며, 전투 경험이 부족한 국민돌격대의 피해는 특히 심각했다. 당시 베를린의 국민돌격대는 약 92개 대대, 총 6만 명으로 추산되었는데, 이 가운데 비교적 무장을 제대로 갖춘 30개 대대가 최전선에 배치되었다. 그들은 폐허가 된 건물이나 포탄 구덩이에 몸을 숨기고, 진격해 오는 소련군 전차와 장갑차를 기다렸다가 판처파우스트를 발사해 적 전차나 차량을 파괴했다. 실제로 베를린 공방전에서 파괴된 소련군 전차 2,000여 대 중 상당수가 이 무기에 의해 격파되었다고 전해진다. 그러나 설령 전차를 무너뜨렸더라도, 곧 이어진 소련군 보병의 대규모 공격 앞에서 국민돌격대는 주변에 정규군의 지원이 없는 한 쉽게 제압당했다. 판처파우스트를 발사했을 때 발생하는 강력한 후폭풍을 무시하고 근처에 서 있다가 화상을 입거나 목숨을 잃는 안타까운 사고도 적지 않았다.

판처파우스트 사용법을 교육받는 독일 여성.

시간이 지날수록, 특히 고령의 대원들 사이에서는 더 이상의 전투가 무의미하다고 판단해 부대를 떠나는 경우가 늘어났다. 민간복을 입은 대원이라면 도망칠 수 있었지만, 군복 차림의 대원이나 히틀러 유겐트가 탈영하다 붙잡히면 즉결처형을 당했다. 실제로 탈영병으로 간주된 많은 이들이 교수형을 당했고, 나치는 경고의 의미로 그 시신을 시내 대로변에 무참히 걸어두었다. 이런 잔혹한 행위는 전투가 끝나는 순간까지 이어졌다.

그렇다고 모든 국민돌격대가 전투를 포기한 것은 아니었다. 대표적인 예가 약 770명 규모의 '지멘스슈타트Siemensstadt 출신 대대'였다. 대원 대부분이 50대 장년층으로 1차 세계대전 참전 경험이 있었다. 이들은 무기 다루는 법을 잘 알고 있었으며, 심지어 박격포 등 중화기를 운용하는 중대까지 보유했다. 또 다수의 대원은 같은 지멘스 공장에서 근무하던 동료들로 서로 간의 유대감이 깊었고, 지휘관들 역시 경험이 풍부하고 유능했다. 이 모든 조건은 그들을 다른 부대보다 강하게 만들었고, 실제 전투에서 정규군 못지않은 활약을 이끌어냈다. 이 부대는 4월 21일 베를린 동부 프리드리히스펠데 Friedrichsfelde에서 소련군과 처음 맞붙어 무려 열흘 동안이나 진지를 사수했다. 그러나 끝까지 버티던 그들 역시 대부분 전사하거나 부상을 입고 쓰러졌다. 전쟁 말기 철십자훈장이 남발되며 명예가 퇴색하긴 했지만, 이 대대에서만 무려 26명이 훈장을 받을 정도로 그들의 전과는 공식적으로 인정되었다.

당시 독일 전역 곳곳에서는 파괴와 저항이 뒤섞인 혼란이 이어졌고, 그 속에서 수많은 사람들이 목숨을 잃었다. 그러나 4월 말, 히틀러의 자살 소식이 전해지면서 모든 것이 끝나가고 있다는 사실이 뚜렷해졌다. 더 이상 저항을 이어가는 것은 무의미했다. 특히 서부에서는 남은 사람들, 그중에서도 청소년과 노인을 살려야 한다는 판단 아래 국민돌격대 지휘관들이 부대원들과 함께 항복을 시도했다. 미군과 영국군은 노인과 아이들이 섞여 있는 부대가 무더기로 항복하는 광경에 어이가 없었지만, 비교적 부드럽게 이들을 대했다. 심지어 독일 아이들과 연합군 병사들이 함께 기념사진을 찍는 모습도 종종 보였다. 하지만 상황이 항상 그렇게 순조로운 것은 아니었다. '이동식 즉결심판 처형부대'나 함께 있던 나치 광신도들이 끝까지 싸울 것을 강요하면 항복조차 마음대로 할 수 없었기 때문이다.

반면 동부에서는 상황이 달랐다. 일부 국민돌격대원들은 오히려 이런 나치 광신도의 주장에 동조하며 끝까지 저항하자고 목소리를 높였다. 소련군이 포로들을 잔혹하게 학살한다는 소문이 널리 퍼져 있었기 때문이다. 예를 들어 4월 20일 독일 동부 작센의 니더카이나Niederkaina 마을에서 격렬한 전투 끝에 소련군이 마을을 일시 점령했고, 그 과정에서 약 200명의 국민돌격대원을 포로로 잡게 되었다. 이들은 헛간 건물에 수용되어 이송을 기다리고 있었는데, 마침 전선을 시찰하던 소련군 장성이 독일군 저격수의 총탄에 맞아 숨지는 사건이 벌어졌다. 이 사건은 현장에 있던 소련군 병사들의 분노를 폭발시켰다. 격분한 병사들은 헛간에 갇힌 독일 포로들에게 휘발유를 끼얹고 불을 질러 산 채로 태워 죽였으며, 인근에 있던 다른 포로들도 마구잡이로 총살했다. 더 큰 문제는, 이런 사건이 예외적이지 않았다는 점이었다. 당시 소련군은 종종 독일군 포로를 즉석에서 처형했으며, 독일군 역시 소련군 포로들을 같은 방식으로 학살했다. 이러한 보복과 학살이 반복되면서, 잃을 것이 없다고 여긴 국민돌격대와 잔존 독일군은 오히려 더욱 격렬하게 저항하게 되었다.

독일 영년零年

전후 폐허를 치우고 있는 독일인들. © Deutsche Fotothek

1945년 5월 8일(소련은 하루 늦은 5월 9일), 마침내 독일이 항복하며 유럽 전쟁이 막을 내렸다. 그 순간 독일 전역에서는 동쪽과 서쪽을 향해 끝없이 이동하는 수백만 명의 독일군 포로 행렬이 이어졌다. 베를린에서만 약 48만 명이 포로로 잡혔고, 소련군에 잡힌 전체 독일군 포로는 무려 300만 명에 달했다. 이들 중 상당수는 전후 소련의 재건 사업에 동원되거나 각지의 노동수용소로 보내졌다. 전후 통계에 따르면, 소련군에 포로가 된 독일군 중 약 100만 명이 학대, 굶주림, 질병 등으로 목숨을 잃었다고 한다.

미군과 영국군도 1944년 6월 노르망디 상륙작전 이후부터 1945년 4월까지 약 280만 명의 독일군을 포로로 확보했다. 특히 1945년 3월 이후 포로가 급격히 늘어나자, 연합군은 이들을 제대로 수용하고 먹이는 것조차 어려워졌다. 독일 서부와 중부에는 위생 시설이 거의 없는 거대한 야외 수용소가 철조망만 두른 채 세워졌고, 그 안에서 많은 포로들이 질병과 영양실조에 시달렸다. 포로를 부양할 능력이 한계에 이른 상황에서 전쟁 피해를 복구하고 독일 사회를 재편하려는 승전국들은 농부, 노동자, 엔지니어 등 즉시 활용할 수 있는 인력이 필요했다. 결국 일부 독일군 포로들이 석방되었고, 그중에서도 국민돌격대 출신처럼 전쟁 막바지에 징집된 민간인 노인과 청소년 들이 우선적으로 풀려날 수 있었다.

고향으로 돌아온 국민돌격대와 정규군 포로들 앞에 펼쳐진 것은 대부분 폭격으로 무너진 폐허 같은 조국의 모습이었다. 많은 사람은 가족의 생사조차 알 수 없었고, 설령 살아남았다 해도 말로 다할 수 없는 고초를 겪은 경우가 많았다. 특히 소련군 점령지의 여성들이 그러했다. 앞으로 점령군이 자신들을 어떻게 대할지 알 수 없었고, 날마다 온갖 소문이 떠돌았다. 그렇다고 좌절 속에 주저앉아 있을 수는 없었다. 사람들은 무너진 벽돌 더미를 하나하나 치우며 그 대가로 받은 빵 몇 조각으로 허기를 달랬다. 고된 나날이었지만 끔찍한 전쟁에서 살아남았다는 사실 하나만으로도 감사한 이들이 많았다. 이들이 바로 전후 '라인 강의 기적Miracle on the Rhine'을 일궈낸 서독 부흥의 주역이었다. 전쟁에서 '마지막 소모품'처럼 쓰였던 이들이, 전후에는 가장 먼저 일어나 공동체의 재건을 이끌었던 것이다.

15장

가미카제

악마만이 생각해 낼 수 있었던 부대

태평양전쟁 말기에 등장한 일본의 자살 특공대(1944~1945)

가미카제 대원의 모습과 이들이 출격 시 머리에 둘렀던 머리띠.

"조종사처럼 귀중한 인력을 그렇게도 무의미하게 소모하다니! 내가
그 자리에 있었다면, 그런 명령을 내린 자를 즉시 사살했을 것이다."

가미카제에 대해 보고받은 태평양 방면 연합군 총사령관 더글라스 맥아더

어릴 적, 우는 아이를 달래기 위해 "호랑이가 온다, 울음 뚝 그쳐라!" 하고 타이르는 어른들의 말을 들어본 적이 있을 것이다. 일본에도 비슷한 표현이 있다. "무쿠리 코쿠리 도깨비가 오니 울음 그쳐라!"라는 말이다. 여기서 '무쿠리'와 '코쿠리'는 각각 몽골Mongol과 고려Goryeo를 뜻하는 일본어다. 이 말의 기원은 1274년으로 거슬러 올라간다. 당시 중국 대륙을 지배하던 원나라는 약 30년간의 전쟁 끝에 고려를 복속시키고, 다음 목표를 황금이 널렸다는 바다 건너 '지팡구(일본)'로 정했다. 원나라의 쿠빌라이 칸Kublai Khan은 일본에 사신을 보내 조공을 요구했지만 당시 일본을 지배하던 가마쿠라 막부는 이를 무시했다. 결국 1274년 10월, 일본과 고려의 900척에 달하는 여·몽 연합함대가 쓰시마를 거쳐 일본 본토 하카타(오늘날의 후쿠오카현)에 상륙했다. 해안의 일본군은 순식간에 무너졌고, 연합군은 손쉽게 승리할 것처럼 보였다. 그러나 갑작스럽게 들이닥친 태풍이 200척이 넘는 함선을 침몰시키면서 원정군은 철수할 수밖에 없었다. 7년 후인 1281년, 쿠빌라이는 다시 일본 정복을 시도했다. 이번에는 4,000척의 함선과 15만 명의 군대를 동원했다. 원정군은 쓰시마와 이키 섬을 거쳐 다시 하카타에 도착했다. 일본군은 그동안 해안에 높이 2m의 방벽을 쌓아 방어 태세를 갖췄지만, 거대한 함대와 투석기, 그리고 초기 형태의 수류탄인 '테츠하우鉄砲'를 앞세운 원나라군의 위세에 압도됐다. 그러나 이번에도 거대한 태풍이 원정군을 덮쳤다. 이 폭풍으로 15,000명 이상이 익사했고, 동원된 함선의 90%가 넘는 약 3,500척이 바닷속으로 사라지고 말았다. 살아남은 병사들은 허겁지겁 퇴각했고, 일본은 또다시 세계 최강의 몽골

군으로부터 살아남았다. 일본인들은 이 바람을 신이 내려준 바람이라 믿고 '신풍神風' 또는 '가미카제かみかぜ'(신풍의 일본어 훈독)라 불렀다. 그리고 자신들이 신의 선택을 받은 민족이라고 자부했다. 그리고 663년 뒤인 1944년, 일본은 다시 '신의 바람'을 갈망하게 되었다. 그 무대는 일본 제국이 최악의 패배에 직면한 태평양의 필리핀이었다.

다시 '신의 바람'을 일으키다

1944년 6월은 일본 제국, 특히 해군에게 치욕적이면서도 치명적인 달이었다. 6월 19일부터 20일 사이 필리핀해와 마리아나해 사이에서 미군과 일본군이 맞붙은 거대한 해전이 벌어졌다. 이 결정적인 전투에서 일본 해군은 항공모함 3척을 잃었고, 무려 470기 이상의 항공기가 격추됐다. 미군이 이 전투를 두고 "마리아

가미카제를 제안한
오니시 다키지로 해군 중장.

나의 칠면조 사냥Great Marianas Turkey Shoot"이라 조롱했을 정도였다. 이때 일본 해군항공대는 사실상 괴멸했다. 더 큰 문제는 항공기 자체의 손실보다도 다수의 베테랑 조종사들이 함께 전사하면서 향후 미 해군의 공세에 맞서 싸울 항공 전력이 크게 약화되었다는 점이었다. 7월이 되자 미군은 치열한 전투 끝에 괌과 사이판을 점령했고, 곧바로 일본 본토 폭격을 위한 대규모 항공 기지를 건설하기 시작했다.

이제 미군의 다음 목표는 누구나 예상할 수 있었다. 바로 맥아더가 줄곧 외쳤던 "나는 반드시 돌아갈 것이다shall return"의 무대, 필리핀이었다. 이곳이 미군의 손에 떨어지면 동남아시아에서 일본으로 향하는 주요 석유 수송로가 끊겨, 일본의 전쟁 수행 능력에 치명적인 차질이 생길 것은 불 보듯 뻔했다. 도쿄의 일본군 대본영(일본군 최고사령부)은 큰 충격에 빠졌고, 제국이 '누란累卵의 위기'에 처했음을 절감했다. 결국 10월 17일, 미 해군이 필리핀의 술루안 섬Suluan Island을 공격하며 필리핀 공략의 서막이 올랐다. 이 전투는 곧 역사상 최대 규모의 해전, 레이테 만Leyte Gulf 해전으로 이어졌다. 양측이 최대의 해전을 벌였을 만큼 필리핀은 전략적으로도 심리적으로도 중요한 땅이었다. 일본의 연합함대는 세계 최대 전함인 야마토大和와 무사시武藏까지 투입하며 사력을 다해 저항했다. 하지만 항공 전력이 거의 남아 있지 않은 상태에서 미 해군 제7함대와 제3함대의 항공모함 기동부대를 막아내기란 불가능에 가까웠다. 결국 연합함대의 해상 전력은 사실상 붕괴하고 만다. 이후 맥아더의 상륙군은 요란한 팡파르 속에, 2년 반 전 비참하게 탈출했던 필리핀 땅을 다시 밟게 된다.

마닐라에 막 부임한 일본 해군 제1항공함대 사령관 오니시 다키지로大西 瀧治郎 중장은 급격히 악화되는 전황을 지켜보며 무력감을 감추지 못하고 있었다. 그의 부대는 레이테 만의 일본 해군을 지원하는 임무를 맡았지만, 미군이 수백 대의 항공기를 보유한 데 비해 그가 동원할 수 있는 것은 고작 41대뿐이었다. 게다가 그마저도 태평양전쟁 초기에 활약하던 A6M 제로 전투기와 방탄 능력이 떨어지는 B6N 텐산 뇌격기 등으로, 미군의 F4U 코르세어나 F6F 헬켓 전투기와는 성능 차이가 매우 컸다. 전쟁 기간 동안 격추·교환 비율을 보면 코르세어는 일본기를 상대로 11:1, 헬켓은 무려 19:1이라는 압도적인 수치를 기록했다. 이처럼 절망적인 상황에서 오니시 중장은 깊은 고민 끝에 10월 19일, 휘하 제201해군항공대 장교들과의 회의에서 충격적인 명령을 내렸다. 항공기에 250kg 폭탄을 장착해, 미군 항공모함을 향해 그대로 돌격하라는 것이었다. 사실상의 '자살 공격' 명령이었다. 목표를 정확히 타격하면 최소 일주일 이상 전선에서 항공모함을 이탈시키거나 운이 좋으면 격침시킬 수 있다는 계산이었다. 물론 태평양전쟁 초기부터 양측에서 조종사가 마지막 순간에 적함으로 기체를 던지는 사례는 있어왔다. 하지만 대부분은 대공포에 피격되거나 기체가 고장 나 더 이상 귀환이 불가능할 때, 조종사가 스스로 선택하는 최후의 행동이었다. 처음부터 죽음을 전제로 한 작전 명령은 어느 나라에서도 전례가 없었다.

오니시의 명령이 내려지자, 사령관을 대신해 회의에 참석했던 제201해군항공대 부사령관 타마이 아사이치玉井浅一는 즉시 부대 회의실로 부하들을 소집해 이 작전의 효용성과 실행 가능성에 대해 의견을 나누었다. 이후 남은 것은 특공 인원을 선발하는 일이었다. 타마이는 23명의 조종사를 특공대원으로 차출했고, 사관학교 시절부터 잘 알던 세키 유키오関行男 중위에게 특공대장을 맡아달라고 요청했다. 결혼한 지 불과 5개월밖에 되지 않은 23세의 청년 장교 세키는 잠시 눈을 감고 조용히 생각한 뒤, 자살 공격 임무를 수락했다. 죽으라는 명령을 받아들인 이유를 묻자 "그저 명령이었기 때문"

이라고 담담히 말했다고 전해진다.

자살특공대가 편성된 지 6일이 지난 10월 25일, 드디어 첫 공식 출격이 결정되었다. 제1항공함대 사령관 오니시 중장은 머나먼 저 승길로 떠나는 조종사들에게 "여러분의 고귀한 정신이 조국을 지켜 줄 것"이라는, 지나치게 형식적이고 상투적인 연설을 남기고 그들을 전송했다. 세키 유키오 중위가 이끄는 5대의 A6M 제로 전투기는 250kg 폭탄을 장착한 채 레이테 만을 향해 날아올랐다. 이들의 목표는 얼마 전 일본 해군의 중앙전대를 격파한, '태피 3Taffy 3'로 불린 미 해군 호위 항모 기동부대였다. 오전 10시 50분경 세키의 편대는 카사블랑카급 호위 항공모함인 킷컨베이USS Kitkun Bay, 팬쇼베이USS Fanshaw Bay, 그리고 화이트플레인스USS White Plains를 공격하려 했으나 거센 대공포 사격에 밀려 물러날 수밖에 없었다. 이후 세키는 진로를 바꿔 또 다른 호위 항공모함 세인트 로USS St. Lo를 발견했고, 곧바로 그 불운한 배의 비행갑판으로 직강하했다. 엄청난 폭발과 함께 갑판에 커다란 구멍이 뚫렸고 곧 화재가 번졌다. 문제는 폭발 지점 바로 아래 좌현 쪽에 위치한 탄약고였다. 이곳에 있던 폭탄과 어뢰가 연쇄 폭발을 일으키면서 2차 폭발과 화재가 발생했다. 불길은 순식간에 선체 전체로 번졌고, 세인트 로는 거대한 폭발 끝에 불과 30분 만에 침몰했다. 배에 타고 있던 889명의 승조원 가운데 113명이 사망하거나 실종되었다. 주변의 구축함들이 즉시 구조에 나섰지만 기름과 화염에 휩싸인 바다 위에서 수백 명이 목숨을 건 사투를 벌이는 장면은 말 그대로 지옥도였다. 이날 세키 중위는 자살특공대의 첫 희생자가 되었고, 미군은 처음으로 명백한 의도를 가진 자살 공격을 목격했다. 처음에는 어안이 벙벙했고, 곧 이들의 의도를 이해한 뒤에는 경악을 금치 못했다. 그러나 이것은 시작에 불과했다. 일본 해군은 이 부대를 '신풍특별공격대神風特別攻擊隊'라 불렀고, '신풍'의 일본어 훈독을 따라 세계에 '가미카제'라는 이름으로 널리 알려지게 되었다. 일본군이 수백 년 동안 잠들어 있던 '신의 바람'을, 머나먼 필리핀에서 마치 판도라의 상자를 열 듯 다시 불러낸 셈이었다. 그러나 이 '신의 바람'이 과연 또다시 국난을 벗어나게 해줄지는 아무도 알 수 없었다.

자살특공대, 미군을 뒤흔들다

가미카제 특공 교육을 받는 예비대원들.

항공모함 세인트 로가 침몰한 바로 다음 날인 10월 26일, 일본군은 훨씬 더 많은 가미카제 특공기를 동원해 미군 함대를 공격했다. 이날 투입된 특공기는 무려 55대에 달했다. 첫 번째 목표였던 7

척의 미군 항공모함에는 경미한 손상만 입혔으나, 40척에 달하는 다른 함선들을 공격해 5척을 침몰시키고 23척에 심각한 피해를 주었다. 이제 이런 자살 공격이 일본군의 '계획된 공식 전술'임이 명확히 드러났다. 그러나 미군의 시각에서 보면 이는 도저히 이해할 수 없는 행위였다. 반면 일본군은 이 공격 방식이 일정한 성과를 거두었다고 판단해 이를 대대적으로 확대하려 했다. 일본은 수많은 자살 특공대 지원자가 출격을 열망하고 있다고 대내외에 선전했다. 20세기 현대의 문명 국가가 국가 차원에서 공식적으로 자살 공격을 명령하고 그것을 대대적으로 홍보하는 믿기 힘든 상황이 벌어졌다.

가미카제 대원들의 운명이 험난했듯, 그들의 훈련 과정도 혹독하기 그지없었다. '투지를 심어준다'는 명분 아래 조교의 몽둥이질과 가혹 행위는 일상이었고(사실 당시 일본군 전체가 이런 분위기였다), 30일간의 훈련은 연료 부족이나 작전 지연 등의 이유로 2달 이상 이어지기도 했다. 이런 과정에서 지원자들은 일본이라는 국가와 그 체제에 대해 다시 생각하게 되었고, 많은 이들이 처음 품었던 국가를 향한 헌신에 회의를 느꼈다고 전해진다. 한편 가미카제 조종사들에게는 출격부터 적 함선과 충돌할 때까지의 행동을 세세하게 규정한 매뉴얼이 있었다. 하지만 그 내용은 조종사의 안전과는 무관했고, 오직 적에게 최대한의 피해를 주는 데 초점이 맞춰져 있었다. 매뉴얼이 지목한 최적의 충돌 지점은 항공모함의 경우 비행갑판이나 격납고로 이어지는 엘리베이터였다. 설령 함선을 침몰시키지 못하더라도, 며칠간 전장을 이탈하게 만드는 것이 목표였다. 심지어 매뉴얼에는 조종사가 마지막 순간에 외쳐야 할 구호까지 적혀 있었는데, 그 한 마디는 바로 '필살必殺'이었다. 대원들은 죽으면 야스쿠니 신사에 합사되어 '군신'으로 대우받는다고 세뇌교육을 받았다. 그들의 목숨은 더 이상 개인의 것이 아니었고, 모두 조용히 최후를 기다리는 사형수와 다름없었다.

1945년이 되자 전선은 점점 일본 본토 쪽으로 북상했다. 2월 19일, 미군은 도쿄에서 남쪽으로 약 1,080㎞ 떨어진 작은 섬 이오지마硫黃島에 상륙했고 이곳에서 태평양전쟁 기간 중 '최악의 전투'로 기록된 참혹한 전투를 치렀다(공격에 나선 미 해병대와 해군 병력 가운데 26,000명 이상이 전사하거나 부상을 입었다). 육상에서 "만세萬歲!"를 외치며 돌격하는 일본군은 물론, 하늘에서 벌떼처럼 달려드는 가미카제 공격이 끊임없이 미군을 괴롭혔다. 호위 항공모함 비스마르크해 USS Bismarck Sea는 가미카제의 폭탄이 엘리베이터를 관통해 격납고에서 폭발하면서 침몰했다. 또 다른 항공모함 새러토가USS Saratoga도 폭탄이 비행갑판을 뚫고 들어가 대형 피해를 입었고, 이로 인해 120명 이상이 목숨을 잃었다. 이 외에도 구축함 4척과 수많은 상륙정이 심각한 손상을 입었다.

3월 11일, 일본군은 장거리 가미카제 공격으로 중부 태평양 캐럴라인 제도의 울리시Ulithi 환초에 있는 미 해군 기지를 노렸다. 이곳은 비교적 후방이었지만, 당시 15척의 미군 항공모함이 집결해 있었다. 규슈의 기지에서 발진한 30대의 특공기는 약 4,000㎞를 날아 일몰 무렵 미군을 기습했고, 에섹스급 정규 항공모함 랜돌프USS Randolph가 후방 갑판에 큰 피해를 입었다. 당시 랜돌프의 수병들은 비행 임무를 마치고 영화 관람으로 하루를 마무리하던 중이었기에,

이 공격은 문자 그대로 '불의의 일격'이었다. 그 결과 26명이 사망하고 105명이 부상당했으며, 비행갑판에 커다란 구멍이 뚫려 긴급 수리를 받아야 했다. 이 무렵, 해군 함선 지휘관들은 전후방을 가리지 않는 가미카제 공격 때문에 신경쇠약 직전까지 내몰렸다.

이륙 직후 랜딩 기어를 착탈하도록 단순하게 설계된
가미카제 전용 항공기인 Ki-115 쓰루기.

4월, 미군은 기존 계획이었던 대만 공략을 우회하고 곧바로 오키나와沖繩 공격에 돌입했다. 이 작전에는 필리핀 작전 때와 마찬가지로 대규모 미 해군 함대가 투입되었고, 이 함대야말로 일본이 손꼽아 기다리던 가미카제의 다음 표적이었다. 미군도 오키나와가 일본 본토에서 불과 600㎞ 떨어져 있어 육군 항공기조차 가미카제 공격을 감행할 수 있다는 점을 잘 알고 있었다. 이에 따라 미군은 사전에 오키나와와 일본 본토의 항공 기지를 B-29 폭격기로 공격했다. 그러나 일본은 남은 항공 전력을 최대한 보존했고, 심지어 가미카제 전용 항공기 제작에까지 착수했다. 나카지마 항공제작소가 만든 Ki-115 쓰루기劍(일본어로 '칼'을 뜻함)는 동체를 목재와 강철로 제작했으며, 일본이 보유한 다양한 항공기 엔진 재고를 활용할 수 있도록 설계되었다. 착륙 장치는 이륙 직후 버리도록 제작되었는데, 이는 출격한 가미카제 대원이 돌아올 가능성이 전혀 없음을 전제로 한 지극히 비정한 발상이었다. 또한 MXY-7 오카櫻花(일본어로 '벚꽃'을 뜻함. 마치 벚꽃이 지듯 자신의 목숨을 버리라는 일본 군부의 어처구니없는 사상이 집약된 작명이다)라는 로켓 추진 유인 자폭기도 개발되었다. 이 기체는 대형 폭격기에서 투하되었고, 독일의 V1/V2 로켓을 유인화한 일종의 유도 미사일이었다. 하지만 정확성은 형편없어 미군이 이를 '바카 폭탄'이라 불렀는데, '바카'는 일본어로 '바보'를 뜻한다. 작전 도중 기상 악화나 기타 사정으로 부득이 귀환하는 대원들도 있었다. 이들은 부대 안에서 혹독한 질책과 공개적인 멸시를 받았다. 이런 비난을 피할 수 있는 가장 확실한 방법은 다음 출격에서 장렬히 전사하는 것이었다. 그리고 마침내, 수많은 가미카제 대원들이 한꺼번에 투입될 '결전의 날'이 다가오고 있었다.

제국의 마지막 발악, 기쿠스이 작전

1945년 4월 1일, 일본군 대본영은 충격적인 명령을 내렸다. 모든 육해군 전투기를 특수공격기로 전환하라는 것이었다. 다시 말해 거의 모든 전투기가 '가미카제'가 되어야 한다는 의미였다. 이 명령을 구체적으로 실행하기 위해 일본군은 '기쿠스이 작전菊水作戰'을 계획했다. 한마디로, 남아 있는 모든 항공 전력을 쏟아부어 다가오는 미군을 상대로 총공격을 감행한다는 계획이었다. 이 작전은 총 10단계로 나뉘었고, 전체적으로 약 3,000대의 특공기가 준비되어 있었다. 1단계는 4월 6일에 시작되었다. 해군 항공기 391대와 육군 항공기 133대가 출격했고, 그중 해군 215대와 육군 82대가 가미카제 특공기였다. 주요 표적은 외곽에서 대공 탐지 임무를 수행하던 미 해군 구축함들이었다. 구축함 헤인스워드USS Haynsworth를 시작으로 10여 척이 공격을 받았고, 이 작전에서만 미군 구축함 3척이 침몰했다. 공격은 4월 11일까지 이어졌으며, 미 해군의 상징 같은 존재였던 항공모함 엔터프라이즈USS Enterprise와 전함 미주리USS Missouri도 피해를 입었다. 4월 12일부터 시작된 2단계 작전의 규모는 1차와 비슷했지만, 이때 처음으로 'MXY-7 오카' 유인 로켓 자폭기가 실전에 투입됐다. 문제는 이 기체의 속도가 너무 빨랐다는 점이었다. 급강하 시 최고 속력이 무려 시속 1,040km에 달해 일본군 조종사들이 목표물에 정확히 명중시키기 어려웠고, 반대로 미군도 요격이 힘들었다. 이날만 최소 8척 이상의 미 해군 함선이 타격을 입었으며, 그중한 척의 구축함은 오카에 의해 격침됐다. 4월 16일에 실시된 3단계 작전에는 500대 이상의 항공기가 동원됐다. 이어 4월 21일부터 일주일간 진행된 4단계 작전에서는 해군 항공기 845대 가운데 126대가 가미카제로 출격했지만, 이날은 구축함 3척이 손상되는 데 그쳐 상대적으로 피해가 적었다. 하지만 4월 23일에는 다시 한번 이해할 수 없는 충격적인 공격이 벌어졌다. 병원선 컴포트USS Comfort가 가미카제 공격을 받은 것이다. 해군 간호사 6명을 포함해 28명이 사망했고, 배는 긴급 수리를 위해 괌으로 철수해야 했다. 병원선에 대한 공격은 명백한 제네바협정 위반이었으며, 군인의 명예를 중시하는 입장에서도 부끄러운 일이었다. 하지만 이 시점의 일본군은 이미 정상적인 판단력을 상실한 상태였다. 병원선마저 공격할 만큼 절박했던 일본군은 아직 공격을 멈출 생각이 없었다.

가미카제 공격에 의해 화염에 휩싸인 미 해군 항모 '벙커 힐'.

5월 3일, 달이 바뀌자마자 시작된 5단계 작전에서 일본군은 미 구축함 2척을 격침했고, 처음으로 영국 태평양함대 소속 항공모함 포미더블HMS Formidable의 비행 갑판에 직격탄을 날려 큰 손상을 입혔다. 이어 5월 11일부터 시작된 6단계 작전에서 일본군은 이번 작전 전체를 통틀어 가장 큰 성과를 거두었다. 마크 미처Marc Mitscher 중장이 지휘하던 에섹스급 항공모함 벙커 힐USS Bunker Hill을 대파하여 다시는 전장에 복귀하지 못하게 만든 것이다. 그날 아침 야스노리 세이조安則盛三 중위가 몰던 제로기가 벙커 힐의 비행 갑판에 돌진했다. 그 갑판에는 연료와 폭탄이 가득 실린 항공기들이 대기 중이었고, 충돌과 동시에 엄청난 폭발과 화염이 함선을 뒤덮었다. 이어 함교 부근 갑판에도 두 번째 제로기가 자폭해 수병과 조종사를 포함해 396명이 목숨을 잃었다. 벙커 힐은 침몰하지는 않았지만 전쟁이 끝날 때까지 다시 전투에 나설 수 없었다. 벙커 힐의 피해는 태평양전쟁 중 미 항모가 입은 것 중 최악이었다(미처 중장은 이후 기함을 엔터프라이즈로 옮겼으나, 엔터프라이즈도 가미카제 공격을 받아 다시 울리시 환초에서 수리를 마친 랜돌프로 기함을 옮겨야 했다).

그러나 7단계 작전부터는 상황이 달라졌다. 미군의 대공 방어망이 한층 강화되고 전투기의 요격이 늘어나면서 일본군의 공격 성과가 눈에 띄게 줄어든 것이다. 5월 28일 시작된 8단계와 이어진 9단계 작전에서도 마찬가지였다. 시간이 흐를수록 숙련된 조종사들이 전사하거나 소모되고, 그 자리를 훈련이 부족한 신참 비행사들이 채우면서 성과를 기대하기 어려운 상황이 됐다. 그 사이 오키나와에서는 나하那覇가 함락되며 지상전이 거의 막을 내렸다. 더 이상 가망이 없음을 깨달은 일본군은 6월 16일부터 22일까지 해군 전투기 271대(그중 67대가 가미카제 특공기)를 투입해 마지막 총공세를 벌였다. 하지만 기대와는 달리 미군 구축함 1척을 격침하는 데 그쳤다. 이렇게 10단계에 걸친 기쿠스이 작전은 허무하게 막을 내렸다. 최종적으로 연합군 측은 약 1,800대의 가미카제 특공기에 의해 구축함 11척과 보조함 6척을 격침당했고, 무려 279척의 함선이 크고 작은 피해를 입었다. 피해 규모도 컸지만, 미군 병사들에게 더 깊게 남은 것은 바로 자신들을 향해 죽음을 각오하고 돌진해 오는 일본군 전투기의 존재 자체가 주는 극도의 공포였다. 그러나 시간이 지남에 따라 미군은 더욱 촘촘한 대공포화망을 고안하고 이를 실전에 적용했으며, 심리적으로도 이 공포를 극복해 나가고 있었다.

부질없던 최후

일본이 항복하던 8월 15일, 직접 특공기를 타고 출격한 우가키 마토메 해군 소장.

1945년 8월 15일 정오, 일본 라디오에서 정규 방송이 중단되고 특별 방송이 시작되었다. 이날의 방송은 '옥음방송玉音放送'이라 불렸는데, '옥음'이란 임금의 목소리를 뜻한다. 청취자들은 '대단히 특별한 사람'이 일반인에게는 다소 난해한 문어체 용어를 써가며 말하는 목소리를 들었다. 그 목소리의 주인공은 바로 일본 제국의 '쇼와 천황', 즉 히로히토裕仁였다. 이날 그는 국민들에게 생애 처음으로 라디오 방송을 했고, 그 요지는 연합군이 7월에 제시한 '포츠담 선언'을 수락하겠다는 것이었다. 이는 곧 일본 제국의 무조건 항복을 의미했다. 이로써 3년 8개월 동안 이어진 태평양전쟁이 막을 내렸고, 2차 세계대전도 완전히 종식되었다.

　미국과 유럽, 아시아 곳곳에서는 전쟁이 끝난 것과 일본에 맞선 승리를 축하하며 기쁨에 들떴다. 그러나 일본 본토의 분위기는 달랐다. 방송의 의미를 깨달은 수많은 사람들이 전국 곳곳에서 오열했고, 대본영이나 지방의 육해군 장교들은 분을 삭이지 못한 채 어쩔 줄 몰라 했다. 그 무렵, 한 일본 해군 장군은 조용히 글을 쓰고 있었다. 그는 바로 제5항공함대 사령관으로서 가미카제 특공 작전을 지휘해 온 우가키 마토메宇垣纏였다. 우가키는 일기에 "아직 항복 명령을 받지 않았다"라고 적었고, 패전의 책임을 휘하의 특공 대원들이 아닌 자신이 져야 한다고 기록했다. 그리고 직접 특공기에 올라 마지막 임무를 수행하기로 결심했다. 그는 요코스카 D4Y4 급강하 폭격기의 후석에 올라타, 의식용 일본도를 휴대한 채 비행에 나섰다. 이날 10여 대의 가미카제 특공기가 출격했고, 저녁 7시가 조금 지난 무렵에 특공대가 미군 함선을 공격하고 있다는 무전이 수신되었다. 하지만 미군 기록에 따르면 피해를 입은 함선은 없었다. 아마도 우가키와 그의 대원들은 대공포에 맞거나 해상에 추락했을 것으로 추정된다. 그리고 다음 날, 오키나와 최북단 이헤야지마伊平屋島 해변에서 미군 LST에 의해 특공기 1대가 발견되었다. 기체 안에는 카키색 군복을 입고 쌍안경을 낀 일본군 장군과 2명의 대원이 함께 있었다. 그 장군은 바로 실종된 우가키였다. 그의 시신은 그 자리에서 매장되었고, 사후에 그에게 욱일대훈장이 추서되었다.

　옥음방송이 있었던 다음 날 새벽 3시, 도쿄 시부야에 있는 오니시 다키지로 해군 중장의 관저는 무겁고 비장한 공기에 잠겨 있었다. 가미카제의 창안자인 그는, 먼저 자신으로 인해 목숨을 잃은 4,000여 명의 특공대원들에게 용서를 구하는 유서를 쓰고 있었다. 그 후 오니시는 자신의 목과 가슴, 배를 직접 칼로 찌르며 할복을 시도했다. 일반적으로 할복 자살에는 옆에서 고통을 줄여주는 조력자가 있지만, 그는 아마도 깊은 자책감 때문인지 모든 과정을 홀로 마무리하려 했다. 아침이 되어 관저에서 시중을 들던 하인이 쓰러져 신음하는 오니시를 발견해 곧 부관에게 알렸다. 오니시는 병원으로 옮겨졌지만 치료를 거부하며 버텼고, 결국 그날 저녁 과다출혈로 숨졌다. 그가 마지막 순간에 사용한 칼은 지금도 야스쿠니 신사 박물관에 보관되어 있다.

이처럼 수많은 사람을 죽음으로 몰아넣은 인물들은 끝내 스스로 목숨을 끊었다. 어떤 일본인들에게는 그들이 조국의 위기 앞에 몸을 던진 열렬한 애국자처럼 보일 수도 있다. 실제로 일본의 극우 단체들은 지금도 이들을 국가의 위기 앞에서 '일본 정신'을 구현한 비운의 영웅으로 기리고 있다. 그러나 그들이 전쟁 중 선택한 방식은 지극히 반인륜적인 광기였으며, 결코 다시는 반복되어서는 안 될 인류 역사 속 가장 어두운 장면이었다. 특히 그 시기 일본 제국에서 이런 전투 방식이 큰 내부 반발 없이 받아들여지고 실행되었다는 사실만으로도 가미카제는 서구인들은 물론 전 세계인들을 경악하게 만들었다. 더 나아가, 그러한 체제를 견디며 수십 년간 고통을 겪어야 했던 우리 민족에게도 여전히 깊은 충격을 주고 있다.

에필로그

언더독의 거침없는 상승을 꿈꾸며

1990년대에 나온 영화 중 자메이카 봅슬레이 선수들의 좌충우돌 올림픽 출전기를 다룬 〈쿨러닝*CoolRunning*〉이 있다. '자메이카' 하면 카리브해의 따뜻한 태양 아래 해변에서 열대 과일을 먹거나 카세트에서 나오는 레게 음악을 들으면 어울릴 것 같은, 밥 말리와 우사인 볼트의 나라 아닌가? 이 자메이카에서 난데없는 겨울 스포츠인 봅슬레이가 등장하니 너무나도 이질적이다. 영화는 눈도 오지 않는 열대의 땅에서 연습을 위해 우스꽝스럽게 개조한 자칭 봅슬레이(썰매)를 타며 온갖 고난을 겪는 선수들의 모습을 집중적으로 비춘다. 이때까지만 해도 영화는 그저 그런 부류의 코미디 영화, 킬링 타임에 적당한 내용으로 느껴졌다. 하지만 이들이 우여곡절 끝에 올림픽에 출전하며 비장한 각오로 경기에 나서자 극의 분위기가 반전되었다. 선수들은 어려운 상황 속에서도 혼신의 노력을 다해 썰매를 타지만 안타깝게도 레이스 도중 전복이 되었고, 중도에 경기를 그만두어야 할 상황을 맞닥뜨렸다. 하지만 이들은 포기하지 않았다. 선수들이 다시 일어서며 썰매를 들고 당당하게 결승선으로 걸어가자 관중들이(그리고 전 세계의 시청자들이) 감동하며 우레와 같은 박수를 보낸다. 이들은 제3세계의 '동계 스포츠 불모지' 출신으로서 피나는 노력에 더해 진정한 스포츠맨십을 보여주며 전 세계인들을 열광하게 만든다. 사람들은 이렇듯 약자나 비주류에 속한 이들의 도전과 성취의 이야기를 좋아한다. 다양한 이유가 있겠지만, 가장 큰 이유는 아마도 우리 중 많은 이들이 이런 사회적 또는 계층적 약자, 즉 언더독underdog에 속하기 때문일 것이다. 우리는 이 약자들의 성공 또는 (성공하지 못하더라도) 강자의 자리에 도전하는 그 기개와 정신을 통해 대리만족을 느끼고 동시에 미래의 성공을 꿈꾸는 것이다.

본문에 소개한 '스트레인지 아미' 중 많은 이들이 바로 이러한 비주류 출신(국가) 또는 사회적 약자들이었다. 나폴레옹 시기 온 유럽을 호령했던 프랑스의 '영광스러운 군대'는 히틀러의 전격전으로 불과 6주 만에 절단이 나고 말았다. 무려 200만 명이나 되는 프랑스군이 독일에 포로로 잡혀 있었고 프랑스인들에게는 더 이상 아무런 희망이 없어 보였다. 바로 이러한 절망의 밑바닥에서 저항운동인 '레지스탕스'가 시작되었다. 비록 무기나 군복도 없고 당장 막강한 독일군에 맞서 할 수 있는 것이 없었지만, 이들은 사람을 모았고 은밀히 때를 기다렸다. 훗날 연합군이 노르망디에 상륙한 후 두어 달 만에 프랑스 전 국토를 해방시킬 수 있었던 것은 이처럼 때를 기다리며 무기와 정보를 모았던, '마키단'으로 대표되는 레지스탕스 전사들 덕분이었다. 이들과 드골의 자유 프랑스군의 활약으로 전후 프랑스는 다시 승전국 자리를 차지하며 옛 위상을 유지했다.

비슷한 일이 동유럽의 폴란드에서도 벌어졌다. 당대 최강국인 독일과 소련에 의해 국토가 양분된 후 폴란드인은 다른 유럽 국가가 겪어보지 못한 훨씬 더 참혹한 지배를 견뎌야 했다. 소련이 점령한 동부에서는 무려 100만 명 이상의 우익계 또는 지도층 폴란드인이 소련 각지로 끌려갔고 독일 점령지에서는 아우슈비츠를 비롯한 희대의 살인수용소가 가동되었다. 이런 와중에서도 폴란드인 역시 죽음을 무릅쓰고 비밀리에 투쟁에 참여할 인원을 모았고 침략자에 대항할 준비를 했다. 그리고 마침내 때가 되자 결정적인 분노의 한 방을 먹였다. 침략자는 당황했지만 이내 폴란드인을 무자비하게 진압했고 도시를 파괴했다. 그렇게 폴란드의 저항은 짧지만 강렬했던 불꽃을 태우며 꺼져갔는데, 이 '위대한 투쟁'은 프랑스와는 많이 다른 결말에 이르게 되었다. 전후 집권한 폴란드 친소정권 아래에서 이들의 이름은 철저히 금기시되었다. 바르샤바의 전사들이 오늘날처럼 희생을 인정받고 복귀되기 위해서는 반세기라는 시간이 더 필요했다.

진주만이 일본 제국 해군에 공격을 받았을 때 하와이와 서부 태평양 일대에 살던 일본계 미국인처럼 당황한 이들도 없었을 것이다. 더구나 그들이 조국이라 믿었던 미국 정부가 자신들의 가족을 일본 간첩으로 의심하며(추축국인 독일계와 이탈리아계 미국인은 1941년 기준 미국 인구의 20% 이상을 차지했다. 극소수 반미 인사들을 제외하고 처음부터 이들 전부를 수용소로 보내는 것은 현실적으로 불가능한 일이었다. 일본계는 그 와중에 일본을 향한 극도의 증오심까지 결합되며 커뮤니티 전체가 희생양이 된 것이다) 사막의 강제수용소로 보내버리는 상황에서 이들이 느꼈던 배신감과 충격은 이루 말할 수 없었다. 하지만 이들은 이런 현실에서 입대라는 선택을 하게 된다. 미국인으로서 자신들의 애국심과 충성심을 보여주고자 했던 것이다. 이러한 그들의 의지는 우수한 훈련 성적으로 발현되었고, 결국 미군 역사상 최다 훈장을 받는 부대가 되면서 일본계 부대가 그 누구보다 용감한 미군임을 증명했다. 흑인들은 비록 일본인들처럼 수용되지는 않았지만 백인 주류 사회에서 더욱 큰 내부적 차별에 직면했다. 기차와 화장실, 바와 식당에서 흑인과 백인 구역이 다르게 운영되었다는 것이 세계 최대의 민주주의 국가였던 미국의 당시 상황이었다. 이런 와중에도 차별을 극복하려는 노력이 이루어졌지만 흑인이 무지하고 무능력하며 가난하다는 백인들의 편견은 쉽게 없어지지 않았다. 이런 점에서 터스키기 항공대원들은 백인들도 통과하기 어려운 항공 분야에 자원했던 선구자들이다. 이들은 흑인도 같은 인간이며 누구보다도 잘할 수 있다는 신념을 가졌고 이를 실력으로 증명했다.

소련이라는 국가는 사회주의 이상을 실천하기 위해 나름의 다양한 양성평등 정책을 펼쳤다. 서유럽보다 빠르게 투표권이 부여되었고 이미 1920년부터 임신 중지가 합법화되었다. 하지만 이러한 급진적 사회 변화에도 불구하고 그 주류였던 러시아는 전통적으로 유럽 어느 곳보다도 가부장적인 사회였으며 여성에 대한 폭력이나 차별도 심했다. 1941년 독일의 침략 이후 이러한 상황들이 바뀌어 가기 시작했다. 여성이 남성을 대신해 공장과 농장 및 탄광에서 일했고 애국심에 불타던 수많은 여성들이 군대에까지 지원했다. 여성들은 여러 보직 중에서도 전통적인 간호병은 물론 다양한 전투 병과에도 지원했다. 그중에서도 '저격수'라는 보직은 은밀하고 고도의 체력과 인내력을 요한다는 점에서 남성에게도 힘든 임무였다. 다수의 남성들이 의구심을 가지고 지켜보는 가운데 파블리첸코로 대표되는 소련 여성 저격수들은 기대 이상의 엄청난 실력을 보여주며 군 작전과 사기 진작에 크게 기여했다. 미국의 전시 포스터에 나오는 '리벳공 로지Rosie the Riveter'처럼 소련의 여전사들도 '우리도 할 수 있다We can do it'라는 메시지를 훨씬 더 위험한 상황에서 몸소 보여주었던 것이다. 전후 소련 및 서방 사회에서 여성에 대한 사회적 인식이 개선되고 이들의 권리와 지위가 상승한 것은 이러한 '여성 선구자들'의 헌신적인 투쟁이 있었기에 가능했다. 전시라는 험난한 시기에 여성들은 자신의 운명을 스스로 개척했다.

조직 내 비주류라는 점에서 영국과 독일의 특수부대들은 공통점을 가지고 있다. 두 나라 모두 유럽의 전통적인 군사 강국으로, 양국의 고위 장교들은 수많은 부대가 이동하며 싸우는 고전적인 방식에 익숙한 사람들이었다. 이러한 상황 속에서도 시대의 변화를 선도하는 극소수의 사람들이 있었다. 영국의 랠프 백놀트나 오드 윈게이트 또는 독일의 테어도어 폰 히펠 같은 이들이었다. 이들은 발상의 전환을 통해 매우 특별한 소수 부대들을 탄생시켰는데, 주류의 눈에 이들은 여전히 괴짜이자 도무지 그 능력을 알 수 없는 길 잃은 어린 양들에 불과했다. 하지만 그 '능력이라는 송곳'이 바지 주머니를 뚫고 나오는 데는 오랜 시간이 걸리지 않았다. 소수의 특수한 훈련을 받은 정예부대들이 적진을 휘저어 엄청난 혼란에 빠뜨렸다. 지금이야 모든 나라에서 당연시되는 이러한 특수부대들은 시작은 미약했지만 적의 급소를 겨누는 비장의 무기로서 담금질되었고, 종국에는 어느 대군 못지않은 결과물을 보여주며 명성을 얻게 된다.

전쟁은 대부분의 경우 인간의 지극히 본능적이고 극단적인 모습을 드러냈는데, 특히 이런 모습들이 2차 세계대전 말기에 두드러졌다. 나치의 광기 어린 선동에 사로잡힌 독일인들은 이전 같으면 도저히 동원할 생각조차 할 수 없었던 노인, 병약자 및 어린아이까지 전장에 투입했다. 사회에 저항의 목소리를 낼 수 없는 최약자들이 아무런 의미 없이 희생당했다. 일본은 독일보다 더한 광기를 보여주었으니, (세계사에 유래가 없는) 국가가 승인한 '공식적인 자살특공부대'를 조직한 것이다! 이러한 사례들은 당시 양국 지도층의 국민과 대중에 대한 인식을 여실히 보여주었다. 전체의 이익을 위해서 개인은 얼마든지 희생될 수 있는 작은 소모품일 뿐이라는 인식이었다. 다행히도 이러한 비정상적인 '최후 발악의 시기'는 연합군의 승전과 함께 빠르게 종료되었고, 승자와 패자 양측의 많은 사람들이 살아남을 수 있었다. 아이러니하게도 주류에게 버려졌던 '살아남은 약자들'은 전후 패전국의 재건과 부흥에 누구보다도 큰 기여를 하게 된다.

지금까지 전쟁 중 다양한 언더독들의 사례를 살펴보았다. 이들은 약했지만 강해졌고, 소수였지만 다수에 못지않았으며, 그 누구보다도 절실하고 처절했기에 자신의 모든 것을 걸었다. 그 결과 이들 중 어떤 이들은 '오버독overdog'(기득권층)의 반열에까지 오를 수 있었다. 이는 인류의 역사에서 결코 특수한 경우가 아니다. 이러한 일들이 수도 없이 반복되며 인류는 발전해 왔다. 현재의 수많은 언더독들이 거침없이 무한 질주하여 다시 한번 역사를 바꾸어 보기를 기대한다. 물론 좋은 방향으로 말이다.

이준호

참고문헌

1장

『레지스탕스*Resistance*』, 러셀 밀러, 타임라이프, 1979.

『독일 전격전*Blitzkrieg*』, 로버트 워닉, 타임라이프, 1978.

『파리 해방*Liberation*』, 마틴 블루멘슨, 타임라이프, 1979.

『드골 평전*De Gaulle*』, 필리프 라트, 윤미연 번역, 바움, 2002.

〈파리는 불타고 있는가?*Is Paris buring?*〉(1966), 감독: René Clément, Seven Arts Productions

"Emmanuel Macron rend hommage au maquis du Vercors et rappelle ce ≪temps où des Français n'aimaient pas la France≫", Le Monde, 2024. 4/16 https://www.lemonde.fr/politique/article/2024/04/16/emmanuel-macron-rend-hommage-au-maquis-du-vercors-et-rappelle-ce-temps-ou-des-francais-n-aimaient-pas-la-france_6228200_823448.html (https://www.lemonde.fr/politique/article/2024/04/16/emmanuel-macron-rend-hommage-au-maquis-du-vercors-et-rappelle-ce-temps-ou-des-francais-n-aimaient-pas-la-france_6228200_823448.html)

"Jean Moulin: The face of the French Resistance", FRANCE 24, 2023, 7/4 (https://www.france24.com/en/tv-shows/france-in-focus/20230704-jean-moulin-the-face-of-the-french-resistance

2장

『중국-버마-인도*China-Burma-India*』, 돈 모저, 타임라이프, 1979.

〈플라잉 타이거스*Flying Tigers*〉(1942), 감독: David Miller, Republic Pictures

"Flying Tigers veterans saluted for profound friendship", Zhang Yunbi, China Daily, 2023. 10/31 (https://www.chinadaily.com.cn/a/202310/31/WS653fd8fba31090682a5eb84f.html)

"These American mercenaries are revered in China. Their relatives are among the few US invitees to Xi's WWII military parade", Brad Lendon, CNN, 2025. 9/1 (https://edition.cnn.com/2025/08/31/china/flyingtigers-americans-china-world-war-two-intl-hnk-ml)

"Flying Tigers still remembered after 80 years", Global Times, Shan Jie, 2023, 10/30 (https://www.
globaltimes.cn/page/202310/1300851.shtml)

3장

『독일 전격전*Blitzkrieg*』, 로버트 워닉, 타임라이프, 1978.

『Behind Closed Doors: Stalin, the Nazis and the West』, Laurence Rees, BBC Books, 2009.

〈바르샤바 44*Miasto 44*〉(2014), 감독: Jan Komasa, Akson Studio

CNN PRESENTS - WARSAW UPRISING - THE FORGOTTEN SOLDIERS OF WWII https://www.
youtube.com/watch?v=wiKtY-brZKY)

Fighting for Honor (2020, Elita Art, https://www.youtube.com/watch?v=0kJbJ88MOU0)

"Honouring 'silent and unseen' fighters who led Polish resistance", The Gardian, Julian Borger, 2016. 6/10 (https://
www.theguardian.com/world/2016/jun/10/honouring-poland-silent-unseen-fighters-resistance-nazi-
british)

"Poland marks 80th anniversary of Warsaw Uprising, honoring heroes of doomed fight for freedom", VOA,
2024, 8/1 (https://www.voanews.com/a/poland-marks-80th-anniversary-of-warsaw-uprising-
honoring-heroes-of-doomed-fight-for-freedom/7725740.html)

4장

『Blue Division Soldier 1941-45: Spanish Volunteer on the Eastern Front』, 카를로스 카바예로 후라도,
Osprey Publishing, 2009.

『스칸디나비아 전투*Battles for Scandinavia*』, 존 R. 엘팅, 타임라이프, 1981.

"Germany's Elite Spanish Fighters: Spanish SS & The Blue Division" (https://www.youtube.com/
watch?v=ntsZZb4l4os)

"Semiramis: 70 anys de l'arribada del vaixell que va dur a Barcelona 228 homes de la 'División Azul'", RTVE,
2024. 4/5 (https://www.rtve.es/television/20240405/semiramis-barcelona-combatents/16046200)

"Spain's Nazi volunteers defend their right to recognition - and German pensions", James Badcock, The
Telegraph, 2015. 11/30 (https://www.telegraph.co.uk/news/worldnews/europe/spain/11994794/
Spains-Nazi-volunteers-defend-their-right-to-recognition-and-German-pensions.html)

"Germany said to still pay pensions of Spain's Nazi volunteers. The Times of Israel", Tamar Pileggi, 2015,
11/7 (https://www.timesofisrael.com/germany-said-to-still-pay-pensions-of-spains-nazi-
volunteers/?_cf_chl_tk=j5R_P6WsNE9nWrZPdeKrNAD_erNZpzdBVCaNUba7gA4-1762589435-1.0.1.1-
RxqBgLOvpW8m5UL.sBfYPRMAVhFRr8w45bdIh.W5f2U)

5장

『스칸디나비아 전투*Battles for Scandinavia*』, 존 R. 엘팅, 타임라이프, 1981.

『독일 전격전*Blitzkrieg*』, 로버트 워닉, 타임라이프, 1978.

〈겨울 전쟁*Talvisota*〉(1989), 감독: Pekka Parikka, National-Filmi

"Thousands of foreign volunteers are fighting in Ukraine. History suggests it could go badly", Washington Post, Gonrdon Sander, 2022. 3/24 (https://www.washingtonpost.com/history/2022/03/24/war-volunteers-ukraine-spain-china/)

6장

『미국의 전시생활*U.S.A.*』, 로널드 베일리, 타임라이프, 1981.

『회오리치는 일장기*The Rising Sun*』, 타임라이프 편집부, 타임라이프, 1977.

『이탈리아 전선*The Italian Campaign*』, 로버트 월리스, 타임라이프, 1978.

〈Go for broke!〉(1951), 감독: Robert Pirosh, MGM

"Most Decorated" (https://www.youtube.com/watch?v=adjnOrbM2rY)

"He came to D.C. with the Padres. He will leave with something precious", Chelsea Janes, The Washington Post, 2024. 7/23 (https://www.washingtonpost.com/sports/2024/07/23/kyle-higashioka-family-grandfather/)

"442nd Regimental Combat Team webpage partially restored after public outcry", CBS News, Mattew Rodriguez, 2025, 3/18 (https://www.cbsnews.com/losangeles/news/442nd-regimental-combat-team-webpage/)

7장

『이탈리아 전선*The Italian Campaign*』, 로버트 월리스, 타임라이프, 1978.

『유럽 항공전*The Air War in Europe*』, 애드리언 베일리, 타임라이프, 1980.

『미국의 전시생활*The Home Front U.S.A.*』, 로널드 베일리, 타임라이프, 1981.

〈터스키기 에어맨*Tuskegee Airmen*〉(1995), 감독: Robert Markowitz, HBO Pictures

Tuskegee Airmen, Tuskegee University (https://www.tuskegee.edu/legacy/tuskegee-airmen.html)

"A story about sports, Black History Month, a racist comment, and the greatest of pilots", USA Today, Mike Freeman, 2024, 2/4 (https://www.usatoday.com/story/sports/columnist/mike-freeman/2024/02/04/charlie-kirk-black-pilot-comment-tuskegee-airmen/72412319007/)

"Tuskegee Airmen invited to inauguration", NBC News, 2009. 1/17 (https://www.nbcnews.com/id/wbna28695597)

8장

『스칸디나비아 전투*Battles for Scandinavia*』, 존 R. 엘팅, 타임라이프, 1981.

〈Battle for Sevastopol〉(2015), 감독: Sergey Mokritskiy, 20th Century Fox

"A Russian-Ukrainian Joint Battle for Sevastopol", The Moscow Times, 2015. 8/11 (https://www.themoscowtimes.com/2015/08/11/a-russian-ukrainian-joint-battle-for-sevastopol-a48894)

9장

『Behind Closed Doors: Stalin, the Nazis and the West』, Lawrence Rees, BBC Books, 2009.

『영국 항공전*Battle of Britain*』, 레너드 모슬리, 타임라이프, 1979.

『유럽 항공전*The Air War in Europe*』, 애드리언 베일리, 타임라이프, 1980.

『독일 전격전*Blitzkrieg*』, 로버트 워닉, 타임라이프, 1978.

〈허리케인*Hurricane*〉(2018), 감독: David Blair, Lipsync Productions

"Poland fans to unveil flag commemorating WWII pilots", BBC, 2013. 10/15 (https://www.bbc.com/news/uk-24535805)

10장

『중국-버마-인도*China-Burma-India*』, 돈 모저, 타임라이프, 1979.

『스칸디나비아 전투*Battles for Scandinavia*』, 존 R. 엘팅, 타임라이프, 1981.

https://www.bbc.co.uk/history/ww2peopleswar/timeline/factfiles/nonflash/a1121103

The Forgotten Struggle Of The WW2 Burmese Campaign (https://www.youtube.com/watch?v=t7UhfMLtAWA)

Gladiators of World War II - The Chindits (https://www.youtube.com/watch?v=PMxco9uUX9E)

"Army sets up new brigade 'for information age'", BBC, 2015. 1/31 (https://www.bbc.com/news/uk-31070114)

11장

『특공대*The commandos*』, 러셀 밀러, 타임라이프, 1981.

『벌지 전투*The battle of the Bulge*』, 윌리엄 쿨릭, 타임라이프, 1979.

Wehrmacht's Most Elite: German Special Forces, (https://www.youtube.com/watch?v=K8gPMdOjpDw)

How SS and Wehrmacht veterans ended up in Vietnam? (https://www.youtube.com/watch?v=YCVmLA6HZEs)

Last Battles of the Waffen-SS - GERMAN FOREIGN LEGIONNAIRES in the INDOCHINA WAR, (https://www.youtube.com/watch?v=F6Sht_m6AM8)

12장

『Long Range Desert Group』, Kennedy Shaw, Collins, 1945.
『특공대*The commandos*』, 러셀 밀러, 타임라이프, 1981.
『롬멜*Mythos Rommel*』, 마우리체 필립 레미, 박원영 옮김, 생각의 나무, 2003.
『사막의 격전*The War in Desert*』, 리처드 콜리어, 타임라이프, 1977.
〈Sea of Sand〉(1958), 감독: Guy Green, A Tempean Film
〈SAS: Rogue Heroes〉(2022), 감독: Tom Shankland, Kudos, BBC One (UK)
Long Range Desert Group, Tik History (https://www.youtube.com/watch?v=8u2yq5tRN9U&t=15s)

13장

『Himmler's Bosnian Division: Waffen-SS Handschar Division 1943-1945』, George Lepre, Schiffer Military History, 1997.
『티토: 위대한 지도자의 초상*Tito: A Biography*』, 재스퍼 리들리, 유경찬 옮김, 을유문화사, 2003.
『나치스 제3제국*The Nazis*』, 로버트 에드윈 허츠슈타인, 타임라이프, 1980.
『빨치산과 게릴라*Partisans and Guerrillas*』, 로널드 베일리, 타임라이프, 1979.
The Complete History of the Bosnian SS (https://www.youtube.com/watch?v=hw5qlxFWL0E)

14장

『독일의 전시생활*The Home Front: Germany*』, 찰스 위팅, 타임라이프, 1982.
『나치스 제3제국*The Nazis*』, 로버트 에드윈 허츠슈타인, 타임라이프, 1980.
The Fall of Nazi Germany: The Final Year of WWII Uncovered (https://www.youtube.com/watch?v=NYv1Ddrb8ig)
Das Ende des Zweiten Weltkriegs: Schlachtfeld Deutschland (https://www.youtube.com/watch?v=liR3qWe3aZ0)
41 Tage der Gewalt: Die letzten Wochen des Zweiten Weltkriegs (https://www.youtube.com/watch?v=2R_gr52mI7Y)
"Hitlers letztes Aufgebot" (https://www.deutschlandfunk.de/volkssturm-im-zweiten-weltkrieg-hitlers-letztes-aufgebot-100.html)

15장

『B-29의 일본 폭격 *Bombers over Japan*』, 키스 휠러, 타임라이프, 1982.

『원폭과 일본 패망 *The Fall of Japan*』, 키스 휠러, 타임라이프, 1983.

The day of the Kamikaze (https://www.youtube.com/watch?v=18Az28Tmz0A)

Timewatch-The Kamikaze Pilot (https://www.youtube.com/watch?v=7lbr1ejzds8)

Remembering Japan's kamikaze pilots. 2014, 2/26 (https://www.bbc.com/news/magazine-26256048)

"A US Navy captain ordered a military funeral for a kamikaze pilot during WWII", Here's why. 2025. 4/12

(https://mainichi.jp/english/articles/20250412/p2g/00m/0in/037000c)